中国建筑业统计年鉴

CHINA STATISTICAL YEARBOOK ON CONSTRUCTION

国家统计局固定资产投资统计司 编

Compiled by the Department of Investment and Construction Statistics, National Bureau of Statistics

2018

中国统计出版社
China Statistics Press

图书在版编目（CIP）数据

中国建筑业统计年鉴 . 2018 / 国家统计局固定资产投资统计司编 . -- 北京 : 中国统计出版社 , 2018.8
ISBN 978-7-5037-8604-4

Ⅰ . ①中 … Ⅱ . ①国 … Ⅲ . ①建筑业－统计资料－中国－ 2018 －年鉴 Ⅳ . ① F426.9-66

中国版本图书馆 CIP 数据核字 (2018) 第 185565 号

中国建筑业统计年鉴—2018

作　　者 / 国家统计局固定资产投资统计司
责任编辑 / 佘竞雄
封面设计 / 李雪燕
版式设计 / 张　冰
出版发行 / 中国统计出版社
通信地址 / 北京市丰台区西三环南路甲 6 号　邮政编码 /100073
电　　话 / 邮购（010）63376909　书店（010）68783171
网　　址 / http://www.zgtjcbs.com/
印　　刷 / 河北鑫兆源印刷有限公司
经　　销 / 新华书店
开　　本 /890mm×1240mm　1/16
字　　数 /628 千字
印　　张 /20.5
版　　别 /2018 年 9 月第 1 版
版　　次 /2018 年 9 月第 1 次印刷
定　　价 /160.00 元

如有印装差错，由本社发行部调换。

《中国建筑业统计年鉴—2018》

说　明

《中国建筑业统计年鉴—2018》是一部全面反映中国建筑业发展情况的权威资料。本书收集了全国和各省、自治区、直辖市2017年度有关建筑业发展方面的统计数据。

《中国建筑业统计年鉴—2018》资料直接由2017年全国建筑业统计报表基层数据库加工形成。为保证本年鉴数据与历史数据的可比性，2017年建筑业年鉴的范围是具有资质等级的所有独立核算的建筑业企业。具体包括：总承包建筑业企业、专业承包建筑业企业和劳务分包建筑业企业。

本年鉴资料分为五个部分：一、综合；二、按经济类型分组的建筑业企业；三、中央和地方建筑业企业；四、按资质等级分组的建筑业企业；五、各行业建筑业企业。每部分资料的编排，根据制度和实际工作要求，既有按经济类型的分组，又有按行业的分组。在各分组中又分别设置了反映建筑业总产值、各种用途的房屋建筑竣工面积、技术装备、实收资本、资产和负债、利润和税金等方面情况的表式。

使用本年鉴资料时请注意以下几点：

1. 本年鉴资料的统计数据除第四部分以外，均不包括劳务分包建筑业企业数据。
2. 本年鉴资料各项相加不等于总计均由于四舍五入的缘故。
3. 本年鉴资料由国家统计局固定资产投资统计司编印并负责解释。
4. 本年鉴资料各表中的“空格”表示该项统计指标数据不是本表最小单位数、数据不详或无该项数据。

咨询电话：010-68782615　010-68782617　010-68783476
邮箱：tzjzc@gj.stats.cn

由于编辑时间比较仓促，本书难免存在一些不妥之处，欢迎广大读者批评指正。

目　录

一、综　合

二、按经济类型分组的建筑业企业

三、中央和地方建筑业企业

四、按资质等级分组的建筑业企业

五、各行业建筑业企业

一、综　合

1-1 历年建筑业企业概况

年 份	总 计	国有企业	集体企业	港澳台商投资企业	外商投资企业	其 他
企业单位数(个)						
1995	24133	7531	15348	329	312	613
2000	47518	9030	24756	635	319	12778
2001	45893	8264	19096	622	274	17637
2002	47820	7536	13177	632	279	26196
2003	48688	6638	10425	535	287	30803
2004	59018	6513	8959	511	386	42649
2005	58750	6007	8090	516	388	43749
2006	60166	5555	7051	479	370	46711
2007	62074	5319	6614	482	365	49294
2008	71095	5315	5843	474	363	59100
2009	70817	5009	5352	444	351	59661
2010	71863	4810	5026	416	331	61280
2011	72280	4642	4847	393	303	62095
2012	75280	4602	4640	385	295	65358
2013	78919	3847	3728	390	272	70682
2014	81141	3753	3589	369	261	73169
2015	80911	3603	3318	343	249	73398
2016	83017	3593	3154	326	222	75722
2017	88074	3453	2873	334	218	81196
从业人员(万人)						
1995	1497.9	824.3	631.9	5.0	5.4	31.3
2000	1994.3	635.6	887.5	8.2	4.4	458.6
2001	2110.7	590.7	739.9	7.7	4.3	768.1
2002	2245.2	543.8	579.2	7.4	4.5	1110.4
2003	2414.3	524.3	505.6	7.0	6.0	1371.3
2004	2500.3	467.4	386.4	6.8	8.1	1631.6
2005	2699.9	480.0	361.6	8.6	10.8	1838.9
2006	2878.2	467.6	332.0	8.9	8.1	2061.6
2007	3133.7	470.1	317.0	9.8	11.4	2325.4
2008	3315.0	472.1	266.8	10.5	9.2	2556.4
2009	3672.6	518.9	246.8	10.9	10.2	2885.7
2010	4160.4	576.9	246.5	12.2	9.8	3315.1
2011	3852.5	444.9	220.4	11.3	9.9	3166.0
2012	4267.2	457.8	216.2	13.0	10.3	3570.0
2013	4528.4	387.7	187.1	16.5	10.1	3927.0
2014	4537.0	371.2	175.0	15.4	8.6	3966.7
2015	5093.7	417.6	169.0	17.9	9.2	4480.0
2016	5184.5	438.1	168.2	16.1	8.7	4553.4
2017	5529.6	428.4	158.7	19.0	7.7	4915.8
建筑业总产值(亿元)						
1995	5793.75	3670.25	1899.47	33.60	33.19	157.24
2000	12497.60	5053.79	4035.84	99.18	67.49	3241.30
2001	15361.56	5362.81	3775.89	102.55	73.06	6047.25
2002	18527.18	5582.86	3338.50	113.87	91.38	9400.57
2003	23083.87	6060.23	3270.73	123.71	129.39	13499.81
2004	29021.45	7325.61	2756.12	137.03	202.46	18600.23
2005	34552.10	8432.03	2815.20	172.54	249.03	22883.30
2006	41557.16	9218.56	2904.48	240.52	274.87	28918.73
2007	51043.71	10630.90	3153.65	281.95	396.32	36580.90
2008	62036.81	12231.66	3216.43	321.07	387.14	45880.52
2009	76807.74	15190.05	3281.75	334.59	415.17	57586.19
2010	96031.13	18148.59	3655.27	443.96	439.68	73343.64
2011	116463.32	20436.81	4306.49	612.68	658.17	90449.18
2012	137217.86	22930.19	4919.00	649.74	476.99	108241.94
2013	160366.06	20739.02	4524.68	621.96	607.72	133872.68
2014	176713.42	22069.45	4681.80	661.67	643.20	148657.29
2015	180757.47	21767.07	4364.40	693.34	606.24	153326.42
2016	193566.78	23849.02	4388.75	683.99	525.21	164119.81
2017	213943.56	26414.38	4317.92	799.36	547.30	181864.60

注：1.1993年至1995年数据为各种经济成分的建制镇以上建筑业企业数据，1996年至2001年数据为资质等级(旧资质)四级及四级以上建筑业企业数据，2002年及以后数据为所有具有资质等级的施工总承包、专业承包建筑业企业(不含劳务分包建筑业企业)数据。不同口径数据不可比，以下各表同。

2.从业人员数1993年至1997年为年平均人数，1998年以后为期末从业人员数。

1-2 各地区历年建筑业总产值

单位：万元

地　区	2011	2012	2013	2014	2015	2016	2017
全国总计	**1164633207**	**1372178580**	**1603660633**	**1767134162**	**1807574736**	**1935667774**	**2139435590**
北　京	60462182	65882953	74643608	82097957	84367296	88411905	97367136
天　津	29864545	32585701	36944362	41234862	44889031	48918102	42623475
河　北	39726620	48650907	52449010	56257460	52525685	55176920	56559607
山　西	23249108	26681679	30343656	31034918	29312627	33184739	35665732
内蒙古	13946780	14409969	15711619	14029344	11234710	12208089	11221932
辽　宁	62175226	75473898	86291908	78511248	54137623	39267133	36883257
吉　林	16266485	19904251	22114408	25209990	22163142	22835626	22183702
黑龙江	20291604	23739606	24719359	21507487	16803928	17166070	15600670
上　海	42982774	48434396	52059216	54999411	56524682	60461948	64264178
江　苏	151228450	184235512	219936099	245929317	247858134	257917605	279567105
浙　江	149074191	173327449	202000242	226681864	239805916	249893700	272358259
安　徽	35972621	42304412	49655149	54829260	56959353	60472899	68296702
福　建	36926157	44245439	54617501	66892117	76058135	85314477	99936479
江　西	20954692	27895708	34699763	41226336	46024920	51790284	61668126
山　东	64829000	72813321	84676747	93134585	93817165	100874251	114777540
河　南	52793558	60090765	70032014	79118891	80476477	88079865	100865825
湖　北	55864461	70434219	84652690	100595890	105928564	118623973	133907311
湖　南	39150173	44079197	52838426	60209689	66308249	73042164	84230021
广　东	57740058	65144293	78639046	83565022	88656844	96523073	113720455
广　西	15530712	18670580	22898810	26089057	29534213	34491858	42100723
海　南	2554722	2831087	2863073	2763289	2786308	3077648	3227630
重　庆	33288252	39756696	47312167	55522069	62569430	70358133	76056646
四　川	52566461	62403298	72099080	80666569	87682363	99596805	114003379
贵　州	8247195	10392175	13791526	16402443	19477443	23629517	29329581
云　南	18684014	23836606	29066031	30546749	32689286	38672163	47263584
西　藏	1244723	864044	769961	712462	1069180	1112848	1479179
陕　西	29083000	35293886	40003635	45577098	47526147	53292345	62274691
甘　肃	9258410	13646284	17208628	18145239	18490185	19472432	18254227
青　海	3194161	3257576	4137110	4329067	4095059	4106249	4069313
宁　夏	4279174	4669527	5689201	6251634	5245276	5112543	5492109
新　疆	13203699	16223145	20796588	23062840	22557365	22582411	24187018

1-3 各地区历年建筑业增加值

单位：万元

地 区	2011	2012	2013	2014	2015	2016	2017
全国总计	**220709789**	**265833118**	**330715095**	**352701493**	**360646592**	**376268194**	**397653331**
北 京	7684808	8455591	8882603	11556743	12374185	11992728	13196715
天 津	3810030	4434651	6103410	6773566	6633673	5819291	5056101
河 北	6557397	7330468	7828774	7703232	7549635	7698960	7796446
山 西	3572106	3928679	4296490	4932394	4613403	4802403	4927266
内蒙古	3760028	3487830	4209568	3277060	2524242	2705942	2371956
辽 宁	11213212	13798131	16450578	13436094	10653841	7386056	6078919
吉 林	3216260	3837962	3728284	3948020	3741626	3555705	3259024
黑龙江	3260269	3631982	3342731	2857191	2471102	2513823	2196750
上 海	6772969	7155228	7091417	7919425	8341694	8351462	8697384
江 苏	34214250	43365335	53721598	59075446	59965223	62777870	67170550
浙 江	28144275	36475974	41908146	46535584	47131356	48072275	50044131
安 徽	8101048	9008371	11804336	12584516	12065110	12483526	12760557
福 建	10413396	13812188	17298340	19964916	22708762	23337047	28052249
江 西	3489463	5121627	6600618	7696058	8412210	8581142	9402880
山 东	13029984	15263559	20555089	21594913	20785208	22093044	23984351
河 南	10338387	11170082	14416686	15537090	16183629	22717205	22230885
湖 北	9753665	12344343	16723655	16943867	19603679	20658923	21267395
湖 南	6524823	7694186	12475763	12658939	12771357	13215044	13798135
广 东	11096309	14496424	18191008	18910440	19627225	20960249	23387631
广 西	2601685	3028638	4110712	5102975	5351872	5837382	6359425
海 南	293769	419433	532658	522172	529872	567181	548581
重 庆	6903107	7437832	10844204	12658540	15012469	15729911	16725020
四 川	9436351	11030457	13196437	13057357	13737916	13920073	15145133
贵 州	1543010	1863504	2544521	2720597	2748978	3479562	4566222
云 南	2723818	3715905	5758699	5514584	5516539	6463148	6870063
西 藏	249086	199643	180677	189116	237366	254695	391732
陕 西	6084540	5589472	8385847	8944771	9032737	9977874	11258396
甘 肃	1800243	2649077	3184643	3375392	3280338	3458439	3237404
青 海	587061	713605	805281	823585	795363	885271	758647
宁 夏	942241	986566	982544	1067396	919356	925282	916691
新 疆	2592201	3386374	4559780	4819516	5326625	5046678	5196692

1-4 各地区历年建筑业企业利税总额

单位：万元

地 区	2011	2012	2013	2014	2015	2016	2017
全国总计	**80326121**	**91650257**	**113011138**	**119542527**	**121246415**	**129634961**	**138590949**
北 京	4213539	4519673	5844844	6875732	7349600	8917102	9432255
天 津	1732510	1946890	2590580	2777399	2799689	1893774	1425399
河 北	2543420	2924228	3242959	3350020	3168841	3154539	3117008
山 西	1203412	1508774	1820183	1920827	1791482	1875183	1912882
内蒙古	1577208	1391319	1692996	1249338	876431	1041437	947423
辽 宁	4406630	5041639	5990333	4861814	3555861	2457749	2066967
吉 林	1486739	1414761	1648728	1986631	1699015	1706209	1605989
黑龙江	1321917	1338823	1320366	1139018	1009930	1033061	864225
上 海	3235023	3188506	3609429	3830527	3850587	3979520	3766924
江 苏	10507771	12832832	15627231	17197193	17412582	18152927	19879894
浙 江	8446268	9491741	10991236	11978895	11860231	12251854	12862771
安 徽	2388143	2747434	3395413	3591232	3605796	3920993	4097385
福 建	2585482	3073914	3781422	4666004	5239494	5617680	6880843
江 西	1284587	1887482	2483173	2966238	3243655	3694775	3849524
山 东	4982185	5489015	6954610	7140505	6965335	7255596	8018715
河 南	3813920	4377000	5643611	5898465	6076899	8323331	8769455
湖 北	4340945	5325901	7094715	7321789	8581829	8723892	9125371
湖 南	2670291	3072326	3926595	4290182	4546480	5029670	5479262
广 东	4681641	5153304	6489116	6595583	6825711	7225411	8364654
广 西	763425	922608	1164273	1330585	1480038	1674973	1795576
海 南	152954	191257	224759	204953	209769	251251	254367
重 庆	2684015	2931725	3912970	4483103	5046994	5556924	5938185
四 川	3509512	4180712	4908532	4758121	4773725	5308407	5973766
贵 州	450259	524406	808721	897638	1048181	1240056	1873186
云 南	1209705	1586479	2122145	2157574	2192726	2675437	3223259
西 藏	96188	71782	74995	73675	117347	151126	257758
陕 西	2231137	2106642	2774949	2841450	2857946	3219250	3421425
甘 肃	629559	959885	1167134	1249420	1223100	1282825	1290936
青 海	195250	232512	274375	267847	266768	302159	249170
宁 夏	258211	291077	314680	417739	370798	415244	399642
新 疆	724273	925611	1116070	1223033	1199575	1302610	1446735

1-5 各地区历年建筑业企业劳动生产率

按建筑业增加值计算　　　　单位：元/人

地区	2011	2012	2013	2014	2015	2016	2017
全国总计	**43951**	**57427**	**65794**	**63396**	**64650**	**65507**	**64675**
北京	41691	95018	107462	71839	76173	72419	76475
天津	58343	75162	74731	66835	73271	58633	53634
河北	43060	52919	63505	52665	54225	52996	51687
山西	33776	41544	40773	46302	46372	42777	47213
内蒙古	51098	63707	78435	64249	62191	65514	66103
辽宁	32233	54886	68417	55510	62350	56604	54590
吉林	48304	59774	66887	48919	42420	44409	52303
黑龙江	35408	36194	32796	33355	33577	37500	36689
上海	53051	62817	60020	60016	65978	66225	72065
江苏	56411	61866	68655	71324	71960	74220	75055
浙江	50651	57790	62243	62698	60256	61843	63558
安徽	51802	56179	67150	71972	72219	73643	72625
福建	38061	69046	70353	71402	77335	72500	73278
江西	41990	51576	58780	56834	50767	50951	41106
山东	42401	49478	67455	64949	66787	68488	68693
河南	43899	53486	57148	60364	57859	83333	78243
湖北	45627	71933	96315	82105	84197	79898	83526
湖南	40143	48902	63207	59840	57718	57671	51567
广东	50621	79374	89082	84859	87455	91045	88728
广西	42998	45601	57864	57656	54246	51167	45626
海南	42776	65607	74453	71926	68399	69846	67681
重庆	36359	49010	67564	69164	75063	72351	69802
四川	25524	45412	48665	42903	46342	42926	38329
贵州	44379	57246	65912	54563	49351	48705	57024
云南	30486	40714	58138	51174	48562	48873	45578
西藏	44931	60656	72029	66319	68448	76692	82677
陕西	66948	56362	69536	64507	70915	72976	73800
甘肃	35558	50478	54731	52442	53868	55052	51965
青海	48452	55378	61133	58492	62128	61281	53050
宁夏	39302	53050	46129	44827	46773	48425	40561
新疆	44295	52133	58180	59124	67092	66006	66520

1-6 各地区历年建筑业企业利润总额

单位：万元

地　区	2011	2012	2013	2014	2015	2016	2017
全国总计	**41682014**	**47761416**	**60792546**	**64071299**	**64512325**	**69860467**	**74917778**
北　京	2167770	2434013	3497480	4359641	4793765	6753169	7413574
天　津	795439	959364	1431440	1585585	1594082	975834	716017
河　北	1269976	1471745	1655376	1631303	1556748	1546509	1625368
山　西	492236	693319	897318	939166	938078	972077	1011316
内蒙古	1053728	862190	1094841	732513	466159	606330	522326
辽　宁	2243114	2560777	3146240	2546761	1687885	1211374	1076331
吉　林	890268	744665	910687	1103577	969580	911451	897599
黑龙江	589187	617830	669765	508877	465291	512383	375135
上　海	1666874	1626865	1932910	2000895	1944607	2177425	2130971
江　苏	5958651	7273779	8993262	9804439	9853946	9926289	10602583
浙　江	4115722	4596818	5304842	5762559	5508776	5737787	6277004
安　徽	1271248	1508867	1877388	1933931	1868732	2036222	2120874
福　建	1264702	1512126	1853834	2341151	2631144	2794527	3381660
江　西	623721	948041	1282397	1564530	1628910	1868010	1979296
山　东	2917723	3186855	4167033	4248640	4071327	4152766	4654021
河　南	2000910	2329006	3120944	3210117	3374644	4385270	4739890
湖　北	2314637	2785518	3796429	3910209	4726061	4757195	5151008
湖　南	1247697	1496487	1905149	2081834	2163387	2303014	2467631
广　东	2516868	2834588	3636718	3725486	3848750	4182841	4610876
广　西	262368	342674	444218	506360	543178	677543	757487
海　南	64449	104329	128077	114985	114026	121232	124545
重　庆	1553431	1627276	2297778	2741950	3069254	3265730	3401191
四　川	1771901	2101350	2504299	2311696	2214991	2664357	2790624
贵　州	143920	164725	324210	352333	456094	601084	1010509
云　南	618811	849340	1198003	1209599	1235338	1470239	1631372
西　藏	57535	39714	48405	45911	78414	115781	201138
陕　西	1043804	1002895	1397940	1293256	1286412	1634188	1709967
甘　肃	293320	484956	588756	637693	621023	643716	609139
青　海	83480	112724	146330	139149	141696	155138	108203
宁　夏	112525	131135	121468	211386	178708	199499	203533
新　疆	276000	357447	419012	515769	481322	501491	616592

1-7　按经济类型划分的建筑业企业主要经济指标

指　标	计量单位	合计	内资企业		
				#国有	#集体
企业个数	个	88074	87522	3453	2873
从业人员	万人	5529.63	5502.89	428.40	158.70
自有固定资产原价	亿元	19974.40	19770.81	3150.06	415.71
自有固定资产净价	亿元	11089.34	10964.82	1618.63	247.90
自有施工机械设备总台数	万台	1022.56	1019.42	43.04	37.82
自有施工机械设备净值	亿元	5481.84	5469.51	207.30	113.23
自有施工机械设备总功率	万千瓦	25500.56	25444.39	1136.46	579.61
建筑业总产值	亿元	213943.56	212596.90	26414.38	4317.92
建筑业增加值	亿元	39765.33			
#本年固定资产折旧	亿元	1202.11	1191.61	202.30	16.98
#应付职工薪酬	亿元	24099.14	23927.47	2285.41	578.59
房屋施工面积	万平方米	1318374.06	1310759.41	132877.12	29439.67
房屋竣工面积	万平方米	419072.29	417399.85	25525.79	14199.07
利润总额	亿元	7491.78	7419.45	713.43	152.20
税金总额	亿元	6367.32	6334.43	644.29	203.94
劳动生产率					
按总产值计算	元/人	347963	347529	484734	256788
按增加值计算	元/人	64675			
技术装备率	元/人	9914			
动力装备率	千瓦/人	4.6			
房屋竣工率	%	31.8	31.8	19.2	48.2
产值利润率	%	3.5	3.5	2.7	3.5
产值利税率	%	6.5	6.5	5.1	8.2

1-7 续表

指 标	计量单位	港澳台商投资企业	#港澳台商独资企业	外商投资企业	#外商独资企业
企业个数	个	334	79	218	73
从业人员	万人	19.03	3.03	7.71	2.49
自有固定资产原价	亿元	149.32	83.74	54.27	13.76
自有固定资产净价	亿元	95.97	58.81	28.56	7.19
自有施工机械设备总台数	万台	2.39	0.18	0.74	0.12
自有施工机械设备净值	亿元	9.76	0.81	2.57	0.32
自有施工机械设备总功率	万千瓦	41.91	3.31	14.26	0.81
建筑业总产值	亿元	799.36	146.03	547.30	263.68
建筑业增加值	亿元				
#本年固定资产折旧	亿元	7.77	4.70	2.73	0.76
#应付职工薪酬	亿元	104.32	16.23	67.35	28.86
房屋施工面积	万平方米	5341.91	192.78	2272.73	1108.64
房屋竣工面积	万平方米	1261.93	27.47	410.51	77.49
利润总额	亿元	41.87	7.96	30.45	20.67
税金总额	亿元	21.19	5.06	11.70	5.36
劳动生产率					
按总产值计算	元/人	368320	442816	583552	855888
按增加值计算	元/人				
技术装备率	元/人				
动力装备率	千瓦/人				
房屋竣工率	%	23.6	14.2	18.1	7.0
产值利润率	%	5.2	5.4	5.6	7.8
产值利税率	%	7.9	8.9	7.7	9.9

1-8　建筑业企业主要经济指标完成情况

指　　标	计量单位	2017年	2016年	2017年比2016年增减(%)
建筑业企业个数	个	88074	83017	6.1
从事建筑业活动的平均人数	万人	6148.5	5744.0	7.0
签订合同额	亿元	439461.2	372158.3	18.1
#本年新签合同额	亿元	254619.6	211496.8	20.4
建筑业总产值	亿元	213943.6	193566.8	10.5
建筑工程产值	亿元	189164.6	171864.2	10.1
安装工程产值	亿元	17882.0	15775.0	13.4
其他产值	亿元	6896.9	5927.5	16.4
竣工产值	亿元	116744.0	112881.6	3.4
建筑业增加值	亿元	39765.3	37626.8	5.7
#本年固定资产折旧	亿元	1202.1	1178.0	2.0
#应付职工薪酬	亿元	24099.1	22929.8	5.1
房屋施工面积	万平方米	1318374.1	1264216.3	4.3
房屋竣工面积	万平方米	419072.3	422382.3	-0.8
年末自有施工机械设备净值	亿元	5481.8	5602.1	-2.1
年末自有施工机械设备总功率	万千瓦	25500.6	25365.3	0.5
实收资本	亿元	36441.9	32602.5	11.8
资产合计	亿元	204664.1	182482.1	12.2
#流动资产	亿元	161978.2	144471.4	12.1
#固定资产	亿元	14278.0	13650.2	4.6
负债合计	亿元	136900.7	121505.3	12.7
#流动负债	亿元	122841.2	109658.5	12.0
利润总额	亿元	7491.8	6986.0	7.2
税金总额	亿元	6367.3	5977.4	6.5
按建筑业总产值计算的劳动生产率	元/人	347963	336991	
按建筑业增加值计算的劳动生产率	元/人	64675	65507	
技术装备率	元/人	9914	10805	
动力装备率	千瓦/人	4.6	4.9	
人均利税	元/人	22541	22569	
房屋竣工率	%	31.8	33.4	
资产负债率	%	66.9	66.6	
产值利润率	%	3.5	3.6	
产值利税率	%	6.5	6.7	

1-9 各地区建筑业企业签订合同情况

单位：万元

地 区	签订合同额	上年结转合同额	本年新签合同额
全国总计	**4394612390**	**1848416543**	**2546195847**
北 京	317686030	162626054	155059977
天 津	119879039	57296367	62582671
河 北	115749341	51342174	64407167
山 西	85892827	36495242	49397585
内 蒙 古	22346665	9040240	13306425
辽 宁	77912690	35122031	42790659
吉 林	36692575	13473480	23219095
黑 龙 江	26157993	9203505	16954488
上 海	204932265	100288230	104644035
江 苏	448885119	175806494	273078625
浙 江	452345437	161887952	290457485
安 徽	128745717	50202995	78542722
福 建	184368487	70668135	113700351
江 西	117100107	48984992	68115115
山 东	204728927	79648007	125080920
河 南	180954322	67448698	113505623
湖 北	302514101	131772288	170741814
湖 南	184731892	82624634	102107258
广 东	309854949	148442557	161412392
广 西	82071307	29105482	52965825
海 南	7746817	3749782	3997034
重 庆	123371331	49362001	74009330
四 川	236329756	106591990	129737766
贵 州	78806417	34433182	44373235
云 南	102870702	40798978	62071724
西 藏	2394847	871398	1523449
陕 西	140146163	55099445	85046719
甘 肃	35075510	14755511	20319999
青 海	9504654	4869966	4634688
宁 夏	9470713	3191146	6279567
新 疆	45345691	13213587	32132104

1-10　各地区建筑业企业承包工程完成情况

单位：万元

地　区	直接从建设单位承揽工程完成的产值	自行完成施工产值	分包出去工程的产值	从建设单位以外承揽工程完成的产值
全国总计	**2107480220**	**2051366948**	**56113272**	**88068642**
北　京	98966458	82819461	16146997	14547675
天　津	41848666	40500233	1348433	2123241
河　北	55951479	55192021	759458	1367586
山　西	35536522	35267100	269423	398632
内蒙古	11172565	11142885	29680	79047
辽　宁	36863732	36366466	497266	516791
吉　林	21988525	21710726	277800	472977
黑龙江	15595595	15440180	155416	160490
上　海	66404813	57238334	9166479	7025844
江　苏	262578476	261590244	988232	17976861
浙　江	267068179	264241295	2826884	8116964
安　徽	67258614	66705824	552790	1590878
福　建	97556623	97217917	338706	2718563
江　西	59816635	59089334	727302	2578793
山　东	113336660	112107825	1228836	2669715
河　南	98488220	97816240	671980	3049585
湖　北	133080351	131938863	1141488	1968448
湖　南	83088223	82646123	442100	1583898
广　东	119830421	108910780	10919641	4809675
广　西	41592036	41240623	351412	860100
海　南	3200863	3198678	2185	28953
重　庆	74785408	73348938	1436470	2707707
四　川	109951115	108358542	1592573	5644838
贵　州	29156716	29012831	143884	316749
云　南	46898775	45936033	962742	1327551
西　藏	1646749	1472759	173990	6420
陕　西	62265846	59953892	2311954	2320799
甘　肃	18338509	18076406	262103	177822
青　海	3551448	3444966	106482	624347
宁　夏	5520808	5436094	84714	56015
新　疆	24141191	23945338	195854	241680

1-11 各地区建筑业总产值和竣工产值

单位：万元

地 区	建筑业总产值	#装饰装修产值	#在外省完成的产值
全国总计	**2139435590**	**120171533**	**743845306**
北 京	97367136	10708547	67819093
天 津	42623475	1081921	23030649
河 北	56559607	1980445	16903270
山 西	35665732	1191530	13726440
内蒙古	11221932	263941	1016964
辽 宁	36883257	2303904	9124093
吉 林	22183702	1044238	2907732
黑龙江	15600670	387926	2750827
上 海	64264178	7029788	34269354
江 苏	279567105	15303161	130943491
浙 江	272358259	18696079	140128813
安 徽	68296702	2411138	16204129
福 建	99936479	4102830	41901999
江 西	61668126	3058566	22206004
山 东	114777540	7039755	20063371
河 南	100865825	4299265	21426322
湖 北	133907311	5942436	50581462
湖 南	84230021	3505137	28079966
广 东	113720455	15725520	21968714
广 西	42100723	1613250	6762016
海 南	3227630	164258	98330
重 庆	76056646	2594167	12459637
四 川	114003379	3930577	23027150
贵 州	29329581	618821	6861966
云 南	47263584	1585137	3667882
西 藏	1479179	43188	9187
陕 西	62274691	2267067	19242086
甘 肃	18254227	469630	3182312
青 海	4069313	153716	1563768
宁 夏	5492109	135650	439283
新 疆	24187018	519945	1478998

1-11续表

单位：万元

地 区	按构成分组			竣工产值
	建筑工程产值	安装工程产值	其他产值	
全国总计	**1891646297**	**178820278**	**68969015**	**1167440199**
北 京	91582472	4302268	1482396	40897209
天 津	37264637	4148603	1210235	17036579
河 北	46158093	7597182	2804332	28387581
山 西	31221569	3538026	906137	14053856
内蒙古	9655554	694558	871820	5235520
辽 宁	30185070	5249310	1448876	17244302
吉 林	18042283	2685854	1455565	13238416
黑龙江	12878688	2263457	458525	8021395
上 海	54364739	8514463	1384976	34710834
江 苏	262274644	15229688	2062773	215425412
浙 江	245242415	20113845	7002000	161184500
安 徽	57908246	5292527	5095930	31886640
福 建	92155258	7048978	732244	54363668
江 西	53494224	4591239	3582663	34290753
山 东	97415935	14332169	3029435	56213020
河 南	86617850	9626027	4621949	49936517
湖 北	118927643	10966689	4012979	68813338
湖 南	72357349	6103266	5769407	49835284
广 东	97170448	12881285	3668722	60809736
广 西	35943320	3645760	2511643	22334930
海 南	2735149	344292	148190	2053725
重 庆	68583504	4522034	2951108	37535849
四 川	98613678	10545658	4844043	56811784
贵 州	26003508	2355169	970904	11971194
云 南	41858504	3010966	2394114	23661550
西 藏	1329229	136215	13735	800968
陕 西	55475099	4824151	1975441	22993441
甘 肃	15732398	1801735	720094	8725950
青 海	3460744	408791	199778	2504806
宁 夏	5009701	399064	83344	3386687
新 疆	21984345	1647013	555661	13074756

1-12 各地区建筑业企业房屋建筑面积

地　区	房屋施工面积（万平方米）	#本年新开工	房屋竣工面积（万平方米）	房屋竣工率（%）
全国总计	**1318374.1**	**521296.7**	**419072.3**	**31.8**
北　京	65290.1	17309.5	9844.4	15.1
天　津	15081.2	4275.6	3218.4	21.3
河　北	34565.9	12977.6	9835.9	28.5
山　西	15861.8	5245.9	3552.6	22.4
内蒙古	5443.9	2528.3	2031.5	37.3
辽　宁	16506.0	6966.7	5317.6	32.2
吉　林	9336.2	4831.0	3834.3	41.1
黑龙江	4768.7	2714.4	2127.0	44.6
上　海	41197.5	12258.4	8066.5	19.6
江　苏	232034.2	91223.4	75454.3	32.5
浙　江	205794.8	84645.3	66565.3	32.3
安　徽	44221.3	17001.7	14981.2	33.9
福　建	65711.8	22064.1	16895.0	25.7
江　西	30726.8	14824.3	15042.2	49.0
山　东	77332.7	34451.9	23344.4	30.2
河　南	55694.7	23895.7	20226.0	36.3
湖　北	79257.7	35928.0	30836.9	38.9
湖　南	54593.7	22283.2	19840.3	36.3
广　东	60247.2	21644.3	16687.4	27.7
广　西	25306.9	9001.0	8438.6	33.3
海　南	2060.5	604.3	562.5	27.3
重　庆	33196.7	13921.6	13448.2	40.5
四　川	58278.7	25208.6	21648.3	37.1
贵　州	18054.4	5950.6	4714.1	26.1
云　南	17318.1	8387.3	7451.8	43.0
西　藏	352.7	184.3	153.8	43.6
陕　西	26977.3	9907.2	6981.6	25.9
甘　肃	9777.6	4071.7	3031.5	31.0
青　海	861.2	391.8	338.6	39.3
宁　夏	2569.4	1280.6	791.7	30.8
新　疆	9954.3	5318.4	3810.2	38.3

1-13 各地区按主要用途分的建筑业企业房屋竣工面积

单位：万平方米

地区	总计	住宅房屋	商业及服务用房屋	商厦房屋（批发和零售用房）	宾馆用房屋（住宿用房）	餐饮用房屋（餐饮用房）
全国总计	**419072.3**	**280370.2**	**29600.6**	**13053.8**	**2950.3**	**800.1**
北京	9844.4	6004.6	1445.3	1059.8	87.9	5.9
天津	3218.4	2142.3	178.3	83.9	4.5	0.8
河北	9835.9	7235.6	444.1	198.2	18.2	21.5
山西	3552.6	2510.6	164.8	51.0	24.4	11.3
内蒙古	2031.5	1501.2	109.3	19.8	8.6	5.1
辽宁	5317.6	3697.0	292.5	178.7	10.6	2.6
吉林	3834.3	2426.5	278.2	89.0	26.7	7.4
黑龙江	2127.0	1443.2	107.6	16.9	8.2	9.9
上海	8066.5	3995.2	1221.3	413.0	243.9	6.0
江苏	75454.3	54752.0	3373.4	1572.7	293.0	101.8
浙江	66565.3	38569.6	5640.6	2596.7	653.3	198.5
安徽	14981.2	10137.1	1002.6	411.6	136.9	16.2
福建	16895.0	10851.2	1178.7	521.1	58.8	16.3
江西	15042.2	9821.3	1097.6	448.3	89.2	32.8
山东	23344.4	15820.4	1679.4	924.1	40.1	21.8
河南	20226.0	14375.6	1189.8	364.2	163.4	79.0
湖北	30836.9	21289.0	2391.1	1208.6	321.0	31.3
湖南	19840.3	13918.3	1236.0	511.0	142.8	13.3
广东	16687.4	11336.5	1149.4	443.7	160.7	16.9
广西	8438.6	5220.1	459.8	163.0	65.2	14.9
海南	562.5	347.9	61.7	26.8	7.1	1.5
重庆	13448.2	9593.9	1003.0	347.7	51.0	29.6
四川	21648.3	16004.9	1707.7	694.1	147.6	60.2
贵州	4714.1	3137.8	242.8	42.9	9.6	11.1
云南	7451.8	4413.3	694.5	254.0	54.5	45.1
西藏	153.8	59.6	27.7	14.1	1.7	0.2
陕西	6981.6	5032.0	554.3	155.6	64.2	9.9
甘肃	3031.5	2081.5	222.8	82.1	22.1	3.2
青海	338.6	186.5	29.8	0.2	7.1	0.3
宁夏	791.7	455.4	105.3	45.5	3.6	3.8
新疆	3810.2	2010.2	311.3	115.4	24.4	22.0

1-13 续表1

单位：万平方米

地　区	商务会展用房屋	其他商业及服务用房屋(居民服务业用房)	办公用房屋	科研、教育和医疗用房屋	科学研究用房屋	教育用房屋
全国总计	**2266.4**	**10530.1**	**23324.6**	**18756.9**	**1738.4**	**13109.8**
北　京	29.0	262.7	889.0	525.8	114.2	303.9
天　津	26.6	62.5	139.1	126.2	16.4	103.5
河　北	30.7	175.6	368.1	457.0	56.9	303.3
山　西	24.0	54.0	174.1	242.7	5.6	199.7
内蒙古	0.5	75.2	100.1	87.6	3.7	69.9
辽　宁	5.0	95.5	212.3	147.8	12.4	94.7
吉　林	6.5	148.6	231.3	137.3	13.2	84.4
黑龙江	5.0	67.6	98.8	70.0	11.5	46.3
上　海	271.5	286.9	806.3	228.6	41.9	125.3
江　苏	867.1	538.8	3103.9	2260.6	256.5	1411.5
浙　江	332.7	1859.5	4310.1	2012.3	276.7	1321.6
安　徽	19.2	418.7	804.8	587.6	47.0	450.4
福　建	37.3	545.1	984.8	579.0	60.5	431.7
江　西	43.3	484.0	865.7	857.0	78.4	643.7
山　东	31.6	661.8	1083.2	1354.6	104.1	1020.7
河　南	53.5	529.8	1273.4	1103.4	90.8	839.3
湖　北	100.4	729.8	1793.6	1295.0	167.4	670.9
湖　南	42.1	526.7	1167.1	1128.4	62.7	795.2
广　东	89.0	439.1	816.7	672.4	70.7	484.9
广　西	21.7	195.0	778.4	989.6	73.9	724.4
海　南	4.7	21.6	28.2	74.9	8.5	62.9
重　庆	36.0	538.6	680.7	448.5	24.3	357.0
四　川	38.8	766.9	686.3	843.7	14.1	611.9
贵　州	9.4	169.8	351.7	493.8	11.9	349.2
云　南	81.3	259.6	632.2	826.1	24.4	699.4
西　藏	0.6	11.0	20.2	13.0	0.0	10.7
陕　西	25.7	298.9	383.1	384.3	53.8	273.0
甘　肃	19.8	95.6	134.1	244.3	19.4	167.2
青　海	0.1	22.1	33.3	42.9	0.8	33.9
宁　夏	5.0	47.4	53.5	84.7	0.4	43.9
新　疆	8.1	141.4	320.4	437.9	16.3	375.5

1-13 续表2　　　　单位：万平方米

地　区	医疗用房屋(卫生医疗用房)	文化、体育和娱乐用房屋	厂房及建筑物	#厂房	仓　库	其他未列明的房屋建筑物
全国总计	**3908.7**	**4407.0**	**49711.6**	**31719.8**	**3104.9**	**9796.4**
北　京	107.8	134.8	572.7	516.2	27.4	244.8
天　津	6.3	87.5	286.1	152.6	9.5	249.4
河　北	96.8	85.2	792.3	555.3	55.6	398.0
山　西	37.4	28.3	302.6	181.0	11.0	118.6
内蒙古	13.9	16.4	88.3	52.0	4.4	124.3
辽　宁	40.6	21.7	697.1	358.5	37.2	211.9
吉　林	39.7	50.5	469.8	227.4	59.1	181.5
黑龙江	12.2	13.0	280.2	147.7	69.3	44.8
上　海	61.4	272.5	1098.8	632.7	116.9	326.9
江　苏	592.6	752.3	9603.6	6812.1	763.6	844.9
浙　江	414.0	717.7	13396.5	9383.4	601.6	1317.0
安　徽	90.2	87.2	1999.2	1167.3	97.1	265.6
福　建	86.8	91.0	3008.2	1257.9	155.8	46.4
江　西	134.8	211.5	1749.1	1165.2	115.3	324.9
山　东	229.8	279.9	2555.5	1532.2	181.7	389.7
河　南	173.3	154.8	1529.5	759.7	213.2	386.2
湖　北	456.7	297.8	3173.6	1803.7	78.7	518.1
湖　南	270.5	149.3	1645.4	1128.6	92.1	503.8
广　东	116.9	128.4	1919.2	1123.5	70.1	594.6
广　西	191.3	182.5	480.9	256.2	62.7	264.6
海　南	3.4	6.4	11.7	5.5	1.6	30.1
重　庆	67.2	66.8	1051.2	609.3	70.7	533.4
四　川	217.8	175.6	1531.3	926.1	69.9	628.7
贵　州	132.7	48.9	188.7	142.4	13.5	236.9
云　南	102.3	137.9	394.6	268.7	32.8	320.4
西　藏	2.3	2.3	15.2	3.1	4.2	11.7
陕　西	57.5	104.5	326.0	235.5	30.1	167.2
甘　肃	57.7	49.5	155.9	58.6	28.6	114.8
青　海	8.2	3.9	9.9	5.5	1.5	30.9
宁　夏	40.4	9.5	42.6	27.7	14.2	26.5
新　疆	46.0	39.3	336.1	224.1	15.4	339.8

1-14 各地区按主要用途分的建筑业企业房屋竣工价值

单位：万元

地区	总计	住宅房屋	商业及服务用房屋	商厦房屋(批发和零售用房)	宾馆用房屋(住宿用房)	餐饮用房屋(餐饮用房)
全国总计	**718281391**	**476942387**	**56399123**	**24311393**	**5625266**	**1344207**
北京	23910025	12624296	3968010	2862438	309093	20816
天津	6707040	3833041	493797	215154	12500	1985
河北	15304603	10285680	928562	386837	17021	41539
山西	6296406	4296550	306576	73039	39702	30421
内蒙古	3026124	2219489	151849	33494	20303	10263
辽宁	7924337	5307965	507882	320640	14771	3369
吉林	6678028	4177253	573050	113989	28837	15426
黑龙江	3370729	2273548	165190	29636	12677	14078
上海	18593370	8705120	3340613	1045508	666017	10066
江苏	143687680	104732010	6991674	2749118	559341	196795
浙江	114621480	69343446	10878049	4816771	1338315	381654
安徽	20304506	13970183	1527631	574340	236967	30053
福建	29741829	20134814	2241226	1063580	129160	29831
江西	21609680	13821156	1636222	643951	174418	40320
山东	38554011	26671442	3277662	1591480	57990	25114
河南	32035103	24217503	1575783	482114	200279	109471
湖北	47350672	30791756	4259743	2275671	481480	50467
湖南	30574040	20912628	2030872	823814	157243	19608
广东	29332841	20154890	2112416	827830	246345	26239
广西	13487035	8102771	740592	263249	133615	16071
海南	1162064	638594	221583	65734	12590	2211
重庆	21685258	15409070	1763339	612117	82661	51101
四川	34955679	25638300	2960392	1190967	320498	108518
贵州	7775995	4608589	362189	63008	15715	18101
云南	12359059	7389486	1040954	419659	91515	37238
西藏	336848	128554	75442	39504	3012	269
陕西	12345132	8335349	972976	272419	131194	16887
甘肃	5675362	3646084	424459	144005	51456	8705
青海	613442	321451	39093	366	6534	540
宁夏	1526527	812239	206548	84067	9324	10258
新疆	6736485	3439130	624750	226893	64697	16795

1-14 续表1

单位：万元

地区	商务会展用房屋	其他商业及服务用房屋(居民服务业用房)	办公用房屋	科研、教育和医疗用房屋	科学研究用房屋	教育用房屋
全国总计	**5538469**	**19579789**	**44033999**	**36266211**	**3940119**	**24429991**
北京	65660	710004	2579438	1853159	534157	918767
天津	92329	171829	460174	399611	82609	280636
河北	50358	432807	652335	785410	114200	489363
山西	60166	103248	323616	595116	8613	497396
内蒙古	1079	86711	185383	166740	6857	133978
辽宁	4609	164494	341077	237887	23237	124123
吉林	14252	400547	491466	278102	16591	166423
黑龙江	14292	94508	170925	121769	21985	81290
上海	867245	751777	2280909	796111	138708	403832
江苏	2401546	1084873	6873492	5003850	668750	3162186
浙江	707895	3633414	7882927	4399298	602940	2929345
安徽	16298	669973	1027915	811271	48448	602605
福建	112535	906119	1778216	1118034	112959	837854
江西	59911	717621	1701078	1177595	138123	827214
山东	74974	1528104	1843906	2595338	191482	1920413
河南	62120	721799	1778466	1495503	117101	1107947
湖北	264940	1187185	2981370	2257369	408001	1073330
湖南	64868	965340	1938487	1804377	73377	1168767
广东	265749	746253	1508339	1316003	156260	867980
广西	43079	284578	1149873	1720639	117296	1247538
海南	11597	129451	54713	155942	23678	125553
重庆	47322	970139	1150089	791956	46398	642583
四川	58100	1282309	1184855	1629316	31293	1199280
贵州	9133	256234	796374	752744	16118	527170
云南	71915	420628	952229	1476893	44108	1251133
西藏	3232	29425	38884	37628	10	32253
陕西	33833	518644	681448	805503	131398	552952
甘肃	40282	180011	369870	491923	32170	339800
青海	176	31478	75508	94993	2488	70482
宁夏	6908	95991	114968	228748	1723	89261
新疆	12070	304295	665669	867383	29046	758538

1-14 续表2

单位：万元

地区	医疗用房屋（卫生医疗用房）	文化、体育和娱乐用房屋	厂房及建筑物	#厂房	仓库	其他未列明的房屋建筑物
全国总计	**7896101**	**9424497**	**71812020**	**46402032**	**4780844**	**18622310**
北京	400236	721699	1410170	1256748	79761	673493
天津	36366	493220	492724	293156	14296	520177
河北	181847	213919	1319546	1032207	87599	1031554
山西	89107	58987	474889	340349	19590	221083
内蒙古	25905	35470	125895	76261	6018	135280
辽宁	90528	40973	1092616	503972	60368	335568
吉林	95088	99589	625896	314566	101948	330725
黑龙江	18495	31694	458418	230992	73424	75762
上海	253571	676133	2042252	1328646	210682	541550
江苏	1172915	1585947	15662086	11085744	1314046	1524574
浙江	867013	1537176	17298941	12128539	910708	2370935
安徽	160218	145721	2364669	1368655	122341	334774
福建	167220	164941	3967041	1648814	245901	91657
江西	212259	298510	2437582	1539954	175216	362320
山东	483444	424640	2940494	1791069	241162	559367
河南	270455	252525	1888991	896545	224763	601568
湖北	776038	523782	4570711	2613203	122029	1843911
湖南	562233	237117	2701827	2014225	128853	819878
广东	291763	254342	2876981	1582048	96492	1013379
广西	355805	265737	711543	375129	95700	700181
海南	6711	10644	22823	7333	3672	54094
重庆	102976	104900	1516208	864725	109323	840373
四川	398743	344444	2108125	1302589	94670	995577
贵州	209456	174968	320350	250610	27000	733781
云南	181652	207732	679075	443659	65717	546972
西藏	5365	4208	15767	2265	4807	31557
陕西	121154	305710	700377	514240	52916	490853
甘肃	119953	121219	341644	176061	35055	245108
青海	22024	6535	19745	9231	4296	51822
宁夏	137765	23115	71598	48480	18672	50638
新疆	79799	58899	553037	362017	33819	493798

1-15　各地区建筑业企业施工机械设备情况

地　区	年末自有施工机械设备总台数(台)	年末自有施工机械设备总功率(千瓦)	年末自有施工机械设备净值(万元)	技术装备率(元/人)	动力装备率(千瓦/人)
全国总计	**10225555**	**255005559**	**54818437**	**9914**	**4.6**
北　京	93752	3643186	1054025	17508	6.1
天　津	100436	4854749	1825329	31093	8.3
河　北	641135	11831646	2190916	15709	8.5
山　西	221735	7192633	1467498	18643	9.1
内蒙古	80713	1861812	506088	18272	6.7
辽　宁	267979	8780504	1221438	11709	8.4
吉　林	62899	2810965	565650	11940	5.9
黑龙江	120339	2932214	755259	21109	8.2
上　海	100372	3121756	1155552	12555	3.4
江　苏	1366768	34154489	7624108	9864	4.4
浙　江	1148629	22099807	4976832	6277	2.8
安　徽	403423	8616349	1633848	9528	5.0
福　建	297450	10317366	2294714	6049	2.7
江　西	246212	6614508	1448911	9006	4.1
山　东	812681	19248636	4019877	12229	5.9
河　南	682221	17003686	3446319	12492	6.2
湖　北	723429	15019085	2787933	9643	5.2
湖　南	615633	10140931	2938215	11882	4.1
广　东	484491	20944178	2936917	11266	8.0
广　西	155546	3060294	635241	5036	2.4
海　南	9661	293682	47012	6339	4.0
重　庆	192624	4702876	1189038	5289	2.1
四　川	517832	11788413	2856348	8095	3.3
贵　州	80140	3859790	729477	9396	5.0
云　南	193693	5226508	1303230	8534	3.4
西　藏	5923	206631	62510	16927	5.6
陕　西	282599	6486642	1531841	11102	4.7
甘　肃	181169	3779679	718088	12624	6.6
青　海	34333	1110155	325788	29625	10.1
宁　夏	23556	730641	117280	9443	5.9
新　疆	78182	2571748	453158	10631	6.0

1-16 各地区建筑业企业建筑材料消耗情况

地区	钢材(吨)	木材(立方米)	水泥(吨)	玻璃		铝材(吨)
				重量箱	平方米	
全国总计	**843905289**	**448763093**	**2249566086**	**207364349**	**1242258344**	**54549629**
北京	25647787	4642108	33346750	2162090	7221260	214016
天津	9287790	941352	21082154	495857	1737032	425176
河北	44495876	12428246	57543830	2749598	21345936	929416
山西	11756278	2611447	35009590	971800	9206703	247133
内蒙古	4016694	2485993	25828978	367825	5522176	293923
辽宁	9623398	4529040	28101754	1961260	14207105	466394
吉林	3975037	7360261	12862196	923197	6788221	683559
黑龙江	6136058	1938494	10851102	654439	4765115	121926
上海	16690362	3618222	20206637	1614388	9377747	503836
江苏	93709279	40348761	239359027	25063438	173709915	4493855
浙江	113808755	50006471	385628441	42971824	196072515	6025219
安徽	30985528	10360709	87872494	5291738	35202155	1451831
福建	55546202	32964886	227736886	34485679	147902528	3676057
江西	24246683	18598714	83078251	3080630	31019447	2604999
山东	34661728	22148955	88910176	9233780	68627401	2106518
河南	45031889	39325025	110221022	7417760	53104808	4344298
湖北	84116901	43470933	160675390	13011482	74949077	5734695
湖南	29483265	27839814	91579845	16803581	129024807	4544697
广东	38786029	13827843	86026246	10704008	52989574	1981425
广西	17588248	20552893	44724012	2209840	20594183	2275501
海南	1108058	622745	2534722	378362	2072202	133794
重庆	23792942	15724466	62701752	3814481	22189230	1874176
四川	55695041	32892136	152561769	10928360	65173733	6124033
贵州	11453236	6908665	36453371	1784479	23811074	1045316
云南	14561244	14286333	39733747	1599041	12508596	385509
西藏	312860	273874	1083805	48321	211339	57451
陕西	23871991	12534633	61359084	4224681	32738174	1268998
甘肃	6026895	2039000	17265688	943083	6618782	232893
青海	1143362	247300	4361419	136862	2085857	91074
宁夏	1230668	1080173	5673089	298195	1667722	123233
新疆	5115205	2153601	15192859	1034270	9813930	88678

1-17 各地区建筑业企业主要生产效益指标

地 区	建筑业企业个数(个)	从事建筑业活动的平均人数(人)	按总产值计算的劳动生产率(元/人)	人均竣工产值(元/人)	人均施工面积(平方米/人)	人均竣工面积(平方米/人)
全国总计	**88074**	**61484647**	**347963**	**189875**	**214.4**	**68.2**
北 京	2683	1725626	564242	236999	378.4	57.0
天 津	1563	942703	452141	180721	160.0	34.1
河 北	2522	1508402	374964	188196	229.2	65.2
山 西	2538	1043621	341750	134664	152.0	34.0
内 蒙 古	886	358826	312740	145907	151.7	56.6
辽 宁	5186	1113564	331218	154857	148.2	47.8
吉 林	2323	623104	356019	212459	149.8	61.5
黑 龙 江	1614	598752	260553	133969	79.6	35.5
上 海	2554	1206873	532485	287610	341.4	66.8
江 苏	8640	8949495	312383	240712	259.3	84.3
浙 江	6231	7873824	345903	204709	261.4	84.5
安 徽	3111	1757039	388703	181479	251.7	85.3
福 建	4029	3828202	261053	142008	171.7	44.1
江 西	2372	2287490	269589	149906	134.3	65.8
山 东	6717	3491539	328731	160998	221.5	66.9
河 南	5767	2841264	355003	175755	196.0	71.2
湖 北	3692	2546210	525908	270258	311.3	121.1
湖 南	2280	2675746	314791	186248	204.0	74.1
广 东	4902	2635866	431435	230701	228.6	63.3
广 西	1235	1393810	302055	160244	181.6	60.5
海 南	152	81054	398207	253377	254.2	69.4
重 庆	2707	2396062	317424	156656	138.5	56.1
四 川	4501	3951358	288517	143778	147.5	54.8
贵 州	1029	800751	366276	149500	225.5	58.9
云 南	2656	1507336	313557	156976	114.9	49.4
西 藏	231	47381	312188	169048	74.4	32.5
陕 西	2388	1525520	408219	150725	176.8	45.8
甘 肃	1363	622994	293008	140065	156.9	48.7
青 海	364	143005	284557	175155	60.2	23.7
宁 夏	681	226004	243009	149851	113.7	35.0
新 疆	1157	781226	309603	167362	127.4	48.8

1-18 各地区建筑业企业资产构成

单位：万元

地区	资产合计	流动资产合计	#存货	非流动资产合计	#固定资产合计
全国总计	**2046641281**	**1619782159**	**327032209**	**426859122**	**142780101**
北京	231589613	157741507	22434975	73848106	4312568
天津	62305325	49462623	8079508	12842702	3664104
河北	60949117	50512726	13152389	10436392	5198298
山西	54559033	45334449	5978442	9224584	2905510
内蒙古	21066023	16585882	2301722	4480141	1927558
辽宁	59647900	49631997	7840935	10015904	4340900
吉林	24849420	20402229	2702081	4447191	2182387
黑龙江	20177153	16648965	2445560	3528188	1767406
上海	99441116	83685436	18453628	15755680	4231864
江苏	189604740	157429373	37377498	32175368	15716880
浙江	128968397	106266327	29658300	22702070	10225983
安徽	61246990	48455258	8515680	12791732	4680560
福建	54819566	45090102	9393724	9729465	5101489
江西	40768434	31704546	7942257	9063888	3592052
山东	128463071	106074483	22627616	22388589	11490037
河南	79942618	63571246	12796845	16371373	9005634
湖北	114516511	90564057	25428014	23952454	10067173
湖南	53519970	40319947	8294683	13200023	4960396
广东	143838761	117848130	20167141	25990632	8092615
广西	22534657	18236401	3814056	4298256	1979605
海南	2710241	2288626	196387	421615	95082
重庆	57067081	45714170	10976777	11352911	4872445
四川	108068565	74940343	16600192	33128222	6329771
贵州	42523443	35270398	7587928	7253044	1548756
云南	55095810	41477825	4958631	13617985	3718855
西藏	2766647	1961904	226967	804743	303419
陕西	61751316	50841298	9235238	10910018	4345839
甘肃	22403960	17293696	3392079	5110263	2515105
青海	6196792	4844578	891596	1352215	959529
宁夏	8168797	7125812	992810	1042985	554858
新疆	27080214	22457828	2568552	4622386	2093423

1-19　各地区建筑业企业固定资产情况

单位：万元

地　区	固定资产合　计	固定资产原　价	固定资产折　旧	#本年折旧	在建工程
全国总计	**142780101**	**199743962**	**88850524**	**12021096**	**17211822**
北　京	4312568	8386250	4424884	654193	669317
天　津	3664104	6778595	3365111	390103	140801
河　北	5198298	7966582	3771113	418173	464744
山　西	2905510	4913165	2485841	321565	337900
内蒙古	1927558	2580097	1069561	131658	315500
辽　宁	4340900	7177435	3778004	416670	366463
吉　林	2182387	2935412	1244179	161285	253501
黑龙江	1767406	2863502	1331468	128957	82151
上　海	4231864	7742755	4034665	428303	326334
江　苏	15716880	21073581	8989588	1196319	1685010
浙　江	10225983	15708871	6764032	909564	606010
安　徽	4680560	6279635	2614334	375143	492344
福　建	5101489	6607837	2602553	387886	244470
江　西	3592052	4282976	1568463	250041	469028
山　东	11490037	15409304	6685374	902943	916902
河　南	9005634	11329281	4658827	710493	952402
湖　北	10067173	13190647	5825545	950626	2007251
湖　南	4960396	6345587	2626581	375665	784285
广　东	8092615	11140422	5071261	610905	1542138
广　西	1979605	2468474	1042657	160492	359994
海　南	95082	137324	72512	17638	16372
重　庆	4872445	5441552	2187370	349434	962414
四　川	6329771	8074359	3504640	428816	1177303
贵　州	1548756	1534053	617915	106234	364539
云　南	3718855	5096949	2207267	265579	425485
西　藏	303419	320314	86268	12589	25630
陕　西	4345839	6542404	3148442	563469	484631
甘　肃	2515105	2947215	999070	114784	249114
青　海	959529	970636	481007	63153	45812
宁　夏	554858	869410	377219	48260	43504
新　疆	2093423	2629337	1214773	170157	400473

1-20 各地区建筑业企业负债及所有者权益

单位：万元

地区	负债合计	#流动负债	#应付账款	所有者权益	#实收资本
全国总计	**1369006907**	**1228412494**	**480090314**	**677264504**	**364418884**
北京	160425429	141125384	54899235	71164184	29384246
天津	47586524	43786938	19814879	14718334	8720224
河北	42430703	39313923	17119240	18518414	10224620
山西	42507242	39473961	17389806	12045244	8534142
内蒙古	13878602	12893772	4124272	7187421	3778633
辽宁	41256330	36067294	12432519	18131561	10215554
吉林	15782362	14016663	5137164	9067058	5058155
黑龙江	13908371	12768936	5065752	6268782	4815968
上海	77132350	73902708	31829694	22307807	13152422
江苏	108710005	101097255	38291954	80789246	32446012
浙江	76253481	71549486	25231643	52714174	26269818
安徽	41239097	35944715	12340614	19986716	10603350
福建	29751164	27101360	8496130	25068471	14974162
江西	23195854	20200300	7268255	17572680	10143143
山东	90325464	82588739	30936959	38137607	20166441
河南	49933156	45244683	17344810	30010727	20175212
湖北	79334876	68162095	34048122	35146551	15623756
湖南	33011960	28085049	12136569	20500847	11204454
广东	100565497	87464323	29590578	43257572	23070788
广西	14523376	12316909	3756397	8011281	4628950
海南	1704887	1607246	635303	1005354	564434
重庆	39798287	34472856	13299714	17268795	8557537
四川	64325920	56491184	20365029	43787601	34630234
贵州	31576358	25689327	9723905	10947085	4608878
云南	37284902	32576316	12851666	17811681	9939379
西藏	1577498	1233015	440336	1231560	587132
陕西	44624917	40948408	18785462	17126399	11459297
甘肃	15606690	14375169	5211686	6797270	4177854
青海	4262517	3895217	1763798	1934276	1282048
宁夏	5555213	5253288	2154062	2613584	1635958
新疆	20937875	18765977	7604762	6136223	3786083

1-21 各地区建筑业企业实收资本

单位：万元

地 区	合计	国家资本	集体资本	法人资本	个人资本	港澳台资本	外商资本
全国总计	**364418884**	**85767177**	**12751197**	**112619452**	**151597494**	**1123556**	**560010**
北 京	29384246	9366481	355914	14170959	5278055	116635	96202
天 津	8720224	3056339	225317	3057367	2364874	5818	10508
河 北	10224620	2432293	486592	3006846	4285174	13315	400
山 西	8534142	3019295	227963	2486910	2798965	605	405
内 蒙 古	3778633	540224	163009	934890	2139905		605
辽 宁	10215554	1847419	549817	3220507	4347008	229374	21429
吉 林	5058155	459172	162908	1752826	2671164	12084	
黑 龙 江	4815968	916338	343493	1558894	1994639	1683	920
上 海	13152422	2399941	426190	6492497	3541335	176735	115724
江 苏	32446012	2504297	885431	9266103	19543071	76439	170671
浙 江	26269818	990378	593289	7428357	17161205	92950	3640
安 徽	10603350	1933584	442538	3107966	5109130	9617	515
福 建	14974162	1358958	308444	3631960	9629260	38091	7450
江 西	10143143	1145803	357912	3391799	5201058	25711	20860
山 东	20166441	3274855	1559151	6864114	8434067	24632	9623
河 南	20175212	2756419	774108	4824861	11807737	8569	3518
湖 北	15623756	4636993	570421	3168283	7185803	24500	37756
湖 南	11204454	3012885	544464	3558322	4082486	5873	425
广 东	23070788	4013762	1070737	9704163	8195143	54000	32983
广 西	4628950	1286833	287708	1223949	1825458	3772	1230
海 南	564434	163643	18928	196457	185322	84	
重 庆	8557537	1745009	214287	2368607	4042403	185916	1315
四 川	34630234	21248544	511613	5573405	7284942	8684	3046
贵 州	4608878	2533247	172098	1007401	896133		
云 南	9939379	4527790	298338	2103412	3007520	800	1520
西 藏	587132	106240	49551	159906	260347	6052	5036
陕 西	11459297	2215145	628089	4517401	4095389	1556	1717
甘 肃	4177854	759792	249313	1768380	1400239		130
青 海	1282048	219007	72039	556261	434666		75
宁 夏	1635958	180094	44954	505441	893469		12000
新 疆	3786083	1116399	156580	1011211	1501527	60	306

1-22 各地区建筑业企业收入情况

单位：万元

地区	主营业务收入	#主营业务成本	#主营业务税金及附加	其他业务收入	#其他业务利润
全国总计	**1917493217**	**1726715735**	**23998188**	**24152613**	**1678508**
北京	121196518	112709450	386392	664329	157269
天津	37389531	34212478	149461	513898	37888
河北	51181656	46766669	584083	598311	55558
山西	36277690	33030746	211079	345372	45391
内蒙古	11854373	10167726	160274	195924	7761
辽宁	34981286	30074060	351308	809150	48351
吉林	19022543	16468391	282640	289309	21617
黑龙江	14373094	12934031	184069	233680	2051
上海	81689252	75790973	273607	636299	93098
江苏	228801136	205106202	3831241	1230050	166189
浙江	201025085	187131241	1603219	1073092	137973
安徽	58457807	51568960	752441	594208	34078
福建	85810707	77661223	1597486	680024	42028
江西	52190891	46711794	1107360	1178901	24057
山东	106734122	95045316	1223630	1368407	74522
河南	91152102	78424854	2079426	1584269	142713
湖北	123925160	110630655	1718926	923872	53052
湖南	76239247	69071106	1471944	630811	39267
广东	120479709	106303908	1166789	1013234	127676
广西	31294222	28654689	401819	2018840	27414
海南	3188355	2942143	35379	12663	1078
重庆	62577112	54146745	1100792	677015	63589
四川	82833888	72778536	1311525	3479383	102854
贵州	28755604	26547619	241541	808394	15160
云南	39273299	34842636	581085	819089	38461
西藏	2024679	1704429	22961	46521	402
陕西	61482554	56515110	615078	823882	32647
甘肃	18655200	16972894	241379	352187	26129
青海	4916717	4356245	29630	156159	4623
宁夏	6161512	5627857	45350	112763	26711
新疆	23548165	21817048	236275	282580	28904

1-23　各地区建筑业企业费用情况

单位：万元

地　区	管理费用	销售费用	财务费用	#利息收入	#利息支出
全国总计	**63248585**	**7191251**	**12935329**	**3616048**	**12086621**
北　京	4624386	437455	667436	1243090	1772438
天　津	1740608	107770	426881	131059	435969
河　北	1620879	140035	338294	70590	180422
山　西	1751376	75904	244109	105463	286002
内蒙古	484234	18205	132471	3840	94779
辽　宁	1873638	115185	369105	35453	287326
吉　林	728884	48054	149741	11520	87292
黑龙江	560362	51907	76019	19458	60170
上　海	3627609	232348	302543	225100	372792
江　苏	6808885	985587	1548891	158855	1105446
浙　江	4404538	508775	1106828	124162	910437
安　徽	1928596	245768	513883	76896	400494
福　建	2529351	270291	307710	82273	339575
江　西	1378531	218398	269831	20925	171937
山　东	3464501	377753	827461	143522	624022
河　南	3155460	477146	725377	105785	646701
湖　北	4303780	668946	835823	181815	638642
湖　南	2383504	313607	318734	157648	303893
广　东	4454291	428486	939669	105740	782208
广　西	937385	76205	222828	11632	176411
海　南	69072	6928	5822	680	4242
重　庆	1832897	254302	490790	71412	469321
四　川	3010307	568109	716347	247920	640843
贵　州	653565	29148	232153	11248	211365
云　南	1326141	224958	466608	57224	425108
西　藏	80100	10964	8116	2890	7772
陕　西	1877829	178018	291828	125307	284889
甘　肃	558709	71555	158975	14740	135988
青　海	241894	6965	35135	16408	13731
宁　夏	203787	17562	43259	2321	28090
新　疆	633488	24919	162664	51072	188318

1-24 各地区建筑业企业利润及税金情况

单位：万元

地 区	利润总额	#应交所得税	税金总额	主营业务税金及附加	应交增值税
全国总计	**74917778**	**16162182**	**63673172**	**23998188**	**39674984**
北 京	7413574	654455	2018681	386392	1632289
天 津	716017	160580	709382	149461	559921
河 北	1625368	430071	1491641	584083	907558
山 西	1011316	143836	901566	211079	690487
内 蒙 古	522326	133374	425097	160274	264822
辽 宁	1076331	338358	990636	351308	639329
吉 林	897599	267612	708390	282640	425750
黑 龙 江	375135	142456	489091	184069	305022
上 海	2130971	395608	1635952	273607	1362345
江 苏	10602583	2374808	9277311	3831241	5446070
浙 江	6277004	1531177	6585767	1603219	4982548
安 徽	2120874	468595	1976511	752441	1224071
福 建	3381660	1020917	3499183	1597486	1901697
江 西	1979296	461913	1870228	1107360	762868
山 东	4654021	1019729	3364694	1223630	2141064
河 南	4739890	946200	4029565	2079426	1950140
湖 北	5151008	1284118	3974363	1718926	2255437
湖 南	2467631	485097	3011631	1471944	1539687
广 东	4610876	1002915	3753778	1166789	2586989
广 西	757487	245138	1038089	401819	636270
海 南	124545	70162	129823	35379	94443
重 庆	3401191	644113	2536994	1100792	1436202
四 川	2790624	654975	3183142	1311525	1871618
贵 州	1010509	196200	862676	241541	621135
云 南	1631372	366477	1591887	581085	1010802
西 藏	201138	14591	56620	22961	33658
陕 西	1709967	307702	1711458	615078	1096380
甘 肃	609139	118502	681797	241379	440418
青 海	108203	20513	140967	29630	111338
宁 夏	203533	72539	196109	45350	150759
新 疆	616592	189452	830142	236275	593868

1-25　各地区建筑业企业应收工程款及企业亏损情况

地　区	应收工程款(万元)	企业个数(个)	#亏损企业个数	亏损企业的比重(%)
全国总计	**477934440**	**88074**	**13484**	**15.3**
北　京	32436448	2683	645	24.0
天　津	15217476	1563	379	24.2
河　北	15403992	2522	391	15.5
山　西	17129361	2538	582	22.9
内蒙古	6018102	886	176	19.9
辽　宁	15295497	5186	1290	24.9
吉　林	8362922	2323	350	15.1
黑龙江	5843841	1614	383	23.7
上　海	20244257	2554	513	20.1
江　苏	55333202	8640	558	6.5
浙　江	27809025	6231	839	13.5
安　徽	15122343	3111	370	11.9
福　建	10422980	4029	455	11.3
江　西	8862992	2372	249	10.5
山　东	34696427	6717	965	14.4
河　南	18436835	5767	695	12.1
湖　北	25571665	3692	471	12.8
湖　南	12204086	2280	235	10.3
广　东	31890693	4902	838	17.1
广　西	4429493	1235	210	17.0
海　南	748800	152	19	12.5
重　庆	14897962	2707	340	12.6
四　川	20481721	4501	575	12.8
贵　州	9002810	1029	205	19.9
云　南	16017367	2656	448	16.9
西　藏	652444	231	26	11.3
陕　西	16048863	2388	412	17.3
甘　肃	6186726	1363	259	19.0
青　海	1349155	364	111	30.5
宁　夏	3164097	681	202	29.7
新　疆	8652862	1157	293	25.3

1-26 各地区建筑业企业主要经济效益指标

地 区	产值利润率 (%)	产值利税率 (%)	资本利润率 (%)	资本利税率 (%)	人均利润 (元/人)	人均利税 (元/人)	资产负债率 (%)
全国总计	**3.5**	**6.5**	**20.6**	**38.0**	**12185**	**22541**	**66.9**
北 京	7.6	9.7	25.2	32.1	42962	54660	69.3
天 津	1.7	3.3	8.2	16.3	7595	15120	76.4
河 北	2.9	5.5	15.9	30.5	10775	20664	69.6
山 西	2.8	5.4	11.9	22.4	9690	18329	77.9
内蒙古	4.7	8.4	13.8	25.1	14557	26403	65.9
辽 宁	2.9	5.6	10.5	20.2	9666	18562	69.2
吉 林	4.0	7.2	17.7	31.8	14405	25774	63.5
黑龙江	2.4	5.5	7.8	17.9	6265	14434	68.9
上 海	3.3	5.9	16.2	28.6	17657	31212	77.6
江 苏	3.8	7.1	32.7	61.3	11847	22213	57.3
浙 江	2.3	4.7	23.9	49.0	7972	16336	59.1
安 徽	3.1	6.0	20.0	38.6	12071	23320	67.3
福 建	3.4	6.9	22.6	46.0	8834	17974	54.3
江 西	3.2	6.2	19.5	38.0	8653	16829	56.9
山 东	4.1	7.0	23.1	39.8	13329	22966	70.3
河 南	4.7	8.7	23.5	43.5	16682	30865	62.5
湖 北	3.8	6.8	33.0	58.4	20230	35839	69.3
湖 南	2.9	6.5	22.0	48.9	9222	20478	61.7
广 东	4.1	7.4	20.0	36.3	17493	31734	69.9
广 西	1.8	4.3	16.4	38.8	5435	12883	64.4
海 南	3.9	7.9	22.1	45.1	15366	31382	62.9
重 庆	4.5	7.8	39.7	69.4	14195	24783	69.7
四 川	2.4	5.2	8.1	17.3	7062	15118	59.5
贵 州	3.4	6.4	21.9	40.6	12620	23393	74.3
云 南	3.5	6.8	16.4	32.4	10823	21384	67.7
西 藏	13.6	17.4	34.3	43.9	42451	54401	57.0
陕 西	2.7	5.5	14.9	29.9	11209	22428	72.3
甘 肃	3.3	7.1	14.6	30.9	9778	20721	69.7
青 海	2.7	6.1	8.4	19.4	7566	17424	68.8
宁 夏	3.7	7.3	12.4	24.4	9006	17683	68.0
新 疆	2.5	6.0	16.3	38.2	7893	18519	77.3

二、按经济类型分组的建筑业企业

2-1　各地区国有建筑业企业签订合同情况

单位：万元

地　区	签订合同额	上年结转合同额	本年新签合同额
全国总计	**747281242**	**354678735**	**392602506**
北　京	61291837	30175794	31116043
天　津	21708330	11288406	10419925
河　北	16176033	7136185	9039848
山　西	10601656	4158394	6443262
内蒙古	5096201	1982778	3113423
辽　宁	11674025	4850688	6823337
吉　林	3865248	2171607	1693641
黑龙江	7283639	3188562	4095077
上　海	37481283	17517941	19963341
江　苏	24078271	11392323	12685948
浙　江	7821531	3617717	4203814
安　徽	29279509	12165973	17113536
福　建	18530231	10277512	8252719
江　西	14176468	5752517	8423951
山　东	34674674	16736518	17938156
河　南	19881397	7694889	12186508
湖　北	93002330	45682037	47320293
湖　南	38556006	17265220	21290786
广　东	80859614	43703293	37156321
广　西	31999561	12673807	19325754
海　南	1119237	585368	533868
重　庆	17020731	9254869	7765862
四　川	45234633	22774379	22460253
贵　州	31811116	16138700	15672415
云　南	29203653	15060338	14143315
西　藏	189682	30686	158995
陕　西	24981728	11226772	13754956
甘　肃	9508502	3614338	5894164
青　海	5698112	2932451	2765661
宁　夏	2214156	741560	1472596
新　疆	12261851	2887112	9374739

2-2 各地区国有建筑业企业承包工程完成情况

单位：万元

地区	直接从建设单位承揽工程完成的产值	自行完成施工产值	分包出去工程的产值	从建设单位以外承揽工程完成的产值
全国总计	**264735004**	**254051720**	**10683284**	**10092047**
北京	18369514	15437477	2932037	2937068
天津	8147454	8090858	56595	511160
河北	7567727	7564991	2736	65460
山西	5295628	5121401	174227	21742
内蒙古	1466555	1466555		31641
辽宁	4986323	4856161	130162	31879
吉林	1495340	1386716	108625	104792
黑龙江	3706651	3602800	103851	2394
上海	10828509	10370276	458233	190594
江苏	9537443	9269171	268272	201398
浙江	2711943	2524203	187740	73495
安徽	11972989	11869512	103476	144670
福建	5871144	5783990	87154	179556
江西	4529199	4520322	8877	29862
山东	14296685	14202465	94220	319072
河南	8147343	8055134	92210	586092
湖北	26006961	25881732	125230	321644
湖南	16216407	16113079	103328	452337
广东	25791557	21470954	4320603	501590
广西	12184707	12182092	2615	412859
海南	483349	482114	1235	201
重庆	5651059	5347257	303802	483100
四川	15583258	15472141	111117	1253254
贵州	11244381	11224145	20237	14592
云南	9515821	8846427	669393	195453
西藏	168166	106971	61195	
陕西	11660069	11611272	48797	367939
甘肃	4263644	4249966	13677	5023
青海	1571068	1501438	69631	581008
宁夏	1348259	1344913	3346	1555
新疆	4115855	4095190	20665	70617

2-3 各地区国有企业建筑业总产值和竣工产值

单位：万元

地区	建筑业总产值	#装饰装修产值	#在外省完成的产值	按构成分组			竣工产值
				建筑工程产值	安装工程产值	其他产值	
全国总计	**264143766**	**6130955**	**105485521**	**231920284**	**24483084**	**7740399**	**109717166**
北京	18374545	1375113	12872366	17723342	489634	161569	8356065
天津	8602018	3914	6959261	8260608	268918	72492	2267767
河北	7630451	251836	3179425	6232710	1047773	349968	2404323
山西	5143143	82080	1099671	4685091	337880	120171	2602208
内蒙古	1498195	58291	670681	1276246	146179	75770	280240
辽宁	4888040	16467	1735068	3634761	1067336	185943	1854943
吉林	1491508	6758	702332	1156806	298458	36244	408066
黑龙江	3605194	8376	1072825	2427650	1159951	17592	1422156
上海	10560870	445169	8303675	9174216	1311975	74679	3065253
江苏	9470569	31115	3616640	9020376	361469	88724	4343006
浙江	2597698	20707	717587	2025913	420871	150914	1052164
安徽	12014182	150159	5568751	10456808	930780	626594	3878034
福建	5963546	98556	1311131	5341944	601481	20122	3246515
江西	4550184	153252	1922780	3723483	694173	132528	2607467
山东	14521538	236654	4059133	12010073	2070128	441337	5932170
河南	8641226	229207	2435679	7189993	1343146	108087	2312109
湖北	26203376	246381	16667028	23638678	1735804	828893	10910062
湖南	16565416	396054	7603933	14042585	1441030	1081800	9817524
广东	21972544	1170174	5644655	20187275	1109457	675812	12878273
广西	12594951	109698	2540257	10483613	1459759	651579	5814468
海南	482315	27967	12182	444091	24005	14220	322724
重庆	5830357	6668	2276275	5139780	337079	353498	1773414
四川	16725395	227483	3918119	14744720	1673495	307180	6810844
贵州	11238737	96590	2426543	9547765	1599567	91404	2626645
云南	9041880	82302	1388087	8044690	345477	651713	2628592
西藏	106971	1565		105718	1095	159	67693
陕西	11979211	472969	3844264	11051406	783631	144174	4839017
甘肃	4254989	105821	1062622	3524235	668186	62568	1546427
青海	2082446	735	1492431	1722545	216287	143615	1354961
宁夏	1346468	8064	228598	1167815	156597	22056	674240
新疆	4165807	10834	153522	3735348	381466	48993	1619796

2-4 各地区国有建筑业企业房屋建筑面积

地　区	房屋施工面积（万平方米）	#本年新开工	房屋竣工面积（万平方米）	房屋竣工率（%）
全国总计	**132877.1**	**37467.0**	**25525.8**	**19.2**
北　京	12161.6	3437.1	1906.0	15.7
天　津	1685.3	411.1	342.5	20.3
河　北	3458.0	1142.2	688.0	19.9
山　西	3289.2	776.3	671.4	20.4
内蒙古	687.6	252.1	78.1	11.4
辽　宁	689.2	346.7	174.6	25.3
吉　林	156.4	61.1	89.5	57.2
黑龙江	886.6	408.7	187.5	21.2
上　海	1078.8	280.8	282.4	26.2
江　苏	4116.4	1248.0	813.4	19.8
浙　江	385.0	116.8	121.9	31.7
安　徽	9220.9	1678.4	1053.1	11.4
福　建	2929.3	852.0	913.9	31.2
江　西	1726.2	738.2	591.6	34.3
山　东	6737.6	2244.8	1106.3	16.4
河　南	2684.4	494.9	338.2	12.6
湖　北	17032.9	4779.0	2708.9	15.9
湖　南	8908.0	2456.4	2338.6	26.3
广　东	15175.7	4123.5	2806.1	18.5
广　西	8214.1	1985.5	1516.7	18.5
海　南	181.8	35.9	68.3	37.6
重　庆	792.1	353.4	302.5	38.2
四　川	11798.0	3153.3	2632.8	22.3
贵　州	4229.6	1459.1	719.0	17.0
云　南	3606.1	813.3	641.3	17.8
西　藏	75.8	45.8	18.8	24.8
陕　西	6233.3	2009.9	1312.1	21.0
甘　肃	2369.4	653.6	439.3	18.5
青　海	109.3	55.4	5.4	4.9
宁　夏	631.3	272.2	185.2	29.3
新　疆	1627.4	781.4	472.6	29.0

2-5 各地区按主要用途分的国有建筑业企业房屋竣工面积

单位：万平方米

地 区	总计	住宅房屋	商业及服务用房屋	商厦房屋（批发和零售用房）	宾馆用房屋（住宿用房）	餐饮用房屋（餐饮用房）
全国总计	**25525.8**	**17687.8**	**1850.3**	**870.0**	**165.7**	**21.3**
北 京	1906.0	1074.6	135.2	23.8	5.2	
天 津	342.5	268.8	2.1			
河 北	688.0	439.9	55.1	0.5	0.0	
山 西	671.4	445.4	41.1	6.7	3.2	8.9
内 蒙 古	78.1	1.0	0.2		0.2	
辽 宁	174.6	148.3	0.5			0.5
吉 林	89.5	79.0	5.1			
黑 龙 江	187.5	133.3	1.0	0.5		
上 海	282.4	243.1	10.2	2.1	2.4	1.2
江 苏	813.4	655.6	7.1	0.1	0.2	0.1
浙 江	121.9	69.1	11.4	0.1	3.4	
安 徽	1053.1	858.1	95.0	29.0	40.1	
福 建	913.9	778.6	12.5	4.3		3.4
江 西	591.6	450.4	10.4	1.7	0.1	0.0
山 东	1106.3	533.1	252.7	213.4		
河 南	338.2	243.3	21.4	2.8		0.2
湖 北	2708.9	1294.8	454.1	297.2	41.4	0.9
湖 南	2338.6	1815.5	67.3	14.1	22.2	
广 东	2806.1	2229.5	93.4	5.9	4.0	0.0
广 西	1516.7	1120.7	99.8	18.1	18.2	0.3
海 南	68.3	28.4	21.9	13.2	0.4	
重 庆	302.5	215.6	19.9	0.4		
四 川	2632.8	2117.1	158.5	122.9	0.8	3.2
贵 州	719.0	374.2	19.9	1.7		0.8
云 南	641.3	428.6	76.0	17.3	5.5	
西 藏	18.8	6.5	5.0			
陕 西	1312.1	931.1	98.2	57.1	13.2	
甘 肃	439.3	316.8	16.9		2.3	0.8
青 海	5.4	0.0	0.0	0.0	0.0	0.0
宁 夏	185.2	80.6	16.0	14.6		
新 疆	472.6	306.5	42.4	22.4	2.7	0.9

2-5 续表1

单位：万平方米

地　区	商务会展用房屋	其他商业及服务用房屋(居民服务业用房)	办公用房屋	科研、教育和医疗用房屋	科学研究用房屋	教育用房屋
全国总计	**142.2**	**651.1**	**1507.0**	**1301.0**	**181.3**	**806.3**
北　京	8.7	97.5	282.3	153.3	29.9	86.7
天　津		2.1	20.2	39.5		36.3
河　北	1.1	53.5	6.7	44.9	8.3	33.5
山　西	10.6	11.6	20.8	84.2	0.3	76.5
内蒙古			15.1	13.9		13.9
辽　宁			6.4	6.2		2.0
吉　林		5.1	0.0	0.8		0.8
黑龙江		0.6	4.6	6.6	2.7	1.7
上　海	0.6	3.8	6.6	8.3		4.8
江　苏	6.4	0.3	44.9	16.5		3.9
浙　江		7.9	11.2	8.5		8.5
安　徽		26.0	10.0	20.8	10.8	6.2
福　建		4.8	8.6	14.9		14.9
江　西		8.6	12.9	7.7	0.8	4.4
山　东		39.4	61.5	57.2	0.0	41.7
河　南		18.4	7.5	11.9		10.9
湖　北	0.6	114.0	332.4	136.3	42.3	65.0
湖　南	10.7	20.2	108.4	109.4	21.1	56.1
广　东	30.4	53.0	138.0	85.6	10.5	59.3
广　西	8.5	54.8	29.2	123.5	14.6	86.7
海　南	4.2	4.0	4.7	7.5	2.4	5.1
重　庆		19.4	0.1	0.4		0.4
四　川	0.1	31.6	54.0	83.5	0.7	51.3
贵　州		17.3	132.4	53.7	1.9	27.2
云　南	53.0	0.2	21.0	35.8		31.8
西　藏		5.0	7.2	0.1		0.1
陕　西		28.0	74.9	81.8	29.8	33.6
甘　肃	6.4	7.4	19.2	36.6	5.1	22.3
青　海	0.0	0.0	0.0	0.4	0.0	0.4
宁　夏		1.4	27.2	36.3		9.6
新　疆	0.9	15.5	38.9	15.1		10.7

2-5 续表2

单位：万平方米

地　区	医疗用房屋（卫生医疗用房）	文化、体育和娱乐用房屋	厂房及建筑物	#厂房	仓　库	其他未列明的房屋建筑物
全国总计	**313.4**	**393.4**	**2095.1**	**1585.6**	**96.0**	**595.0**
北　京	36.7	37.6	124.6	103.3	13.1	85.3
天　津	3.1	2.3	9.5	7.8		0.1
河　北	3.1	16.3	98.6	97.8		26.4
山　西	7.4	8.2	46.8	41.3	0.2	24.7
内蒙古		0.1	30.5	27.8	1.0	16.2
辽　宁	4.2	2.8	8.1	5.8		2.2
吉　林			4.5	1.7		
黑龙江	2.1	6.6	29.4	27.9	0.5	5.5
上　海	3.4	0.2	4.9	3.1	2.6	6.5
江　苏	12.6	0.3	74.1	67.8	0.4	14.4
浙　江		0.1	8.6	2.5		13.1
安　徽	3.8	4.9	55.5	52.4	7.2	1.3
福　建		3.0	68.4	63.5	27.9	
江　西	2.6	1.4	99.1	90.6	0.7	8.9
山　东	15.5	103.9	80.9	71.2	2.5	14.6
河　南	1.0	0.4	53.0	10.7		0.7
湖　北	29.0	45.0	442.8	203.2	1.4	2.0
湖　南	32.1	17.5	173.3	168.9	5.0	42.2
广　东	15.8	20.9	168.0	122.1	1.4	69.3
广　西	22.2	5.9	84.9	81.5	18.3	34.5
海　南		1.2	1.2			3.4
重　庆			27.7	27.3	5.7	33.2
四　川	31.5	29.5	127.9	98.8	0.9	61.3
贵　州	24.6	7.8	44.2	42.0		86.9
云　南	4.0	10.6	64.3	50.7	2.5	2.5
西　藏						0.0
陕　西	18.3	48.0	75.0	60.8	0.5	2.4
甘　肃	9.2	12.3	30.2	14.5	3.2	4.2
青　海	0.0	0.3	3.1	3.1	0.0	1.6
宁　夏	26.8	6.0	15.0	10.3	0.9	3.1
新　疆	4.4	0.2	40.9	27.0	0.1	28.5

2-6 各地区按主要用途分的国有建筑业企业房屋竣工价值

单位：万元

地区	总计	住宅房屋	商业及服务用房屋	商厦房屋（批发和零售用房）	宾馆用房屋（住宿用房）	餐饮用房屋（餐饮用房）
全国总计	**49755782**	**31398975**	**4364351**	**2078318**	**402070**	**49377**
北京	4908801	2339827	395420	110283	44432	
天津	490986	300134	1091			
河北	1434560	609674	148749	750	29	
山西	1324078	827438	101596	10402	6452	26843
内蒙古	106106	1330	692		692	
辽宁	259962	211615	482			482
吉林	145936	132175	3250			
黑龙江	334919	229048	1600	513		
上海	645377	527351	25299	2925	6380	2850
江苏	1433437	991497	17301	147	136	198
浙江	288453	146583	40180	113	9515	
安徽	1462083	1028164	226646	51657	91372	
福建	2008723	1684729	38925	6749		6700
江西	841058	644240	22033	1002	126	29
山东	2108124	852437	735633	632193		
河南	495639	357513	24417	2400		324
湖北	6166101	2833001	1209060	763430	122619	1112
湖南	4767641	3391918	140024	29312	32950	
广东	5311270	4185245	231902	16026	9336	93
广西	2530449	1690892	185814	28922	32758	801
海南	141302	44438	53755	33964	650	
重庆	508036	358770	49493	1316		
四川	4496800	3495857	217677	171607	1619	4396
贵州	1460918	667046	27196	2943		1288
云南	1152954	770763	75925	25921	9340	
西藏	48376	22007	12311			
陕西	2708431	1762645	222166	123920	20374	
甘肃	966209	601547	44993		9550	4095
青海	9065	10	10	2	2	2
宁夏	372922	159656	24979	21497		
新疆	827067	531426	85736	40327	3742	163

2-6 续表1

单位：万元

地区	商务会展用房屋	其他商业及服务用房屋(居民服务业用房)	办公用房屋	科研、教育和医疗用房屋	科学研究用房屋	教育用房屋
全国总计	**290894**	**1543691**	**3653890**	**3296656**	**450980**	**1918277**
北京	13270	227435	764035	490767	99005	233751
天津		1091	68647	93416		78362
河北	1260	146711	18530	128779	27181	88772
山西	31766	26133	49046	187510	559	166094
内蒙古			26716	18059		18059
辽宁			11154	15904		3377
吉林		3250	15	1285		1285
黑龙江		1087	8370	13909	5385	2869
上海	2785	10359	22110	36827		20455
江苏	16000	820	135567	38012		12033
浙江		30553	28644	21048		21048
安徽		83617	15897	48125	12331	16197
福建		25477	22907	30846		30846
江西		20876	15214	7058	1520	4565
山东		103440	107793	159051	41	95096
河南		21692	11391	17468		16387
湖北	620	321280	784657	387021	128062	169435
湖南	26680	51081	328233	241769	20312	120823
广东	110098	96349	238454	234991	20606	135236
广西	25221	98113	53172	266169	26042	180720
海南	10696	8445	12168	19947	7461	12486
重庆		48177	3664	677		677
四川	21	40034	103511	240370	2642	172864
贵州		22965	347473	99900	4920	51240
云南	39992	672	38354	73767		64858
西藏		12311	13828	199		199
陕西		77872	219024	227190	85210	99292
甘肃	10583	20765	86431	95286	9704	56848
青海	2	2	5	992	1	989
宁夏		3481	67435	65839		19108
新疆	1900	39604	51448	34473		24306

2-6 续表2

单位：万元

地　区	医疗用房屋（卫生医疗用房）	文化、体育和娱乐用房屋	厂房及建筑物	#厂房	仓　库	其他未列明的房屋建筑物
全国总计	**927399**	**1049186**	**4076464**	**3193875**	**218587**	**1697674**
北　京	158012	282945	301212	261763	49631	284964
天　津	15054	1810	25587	10887		300
河　北	12825	53772	249280	247657		225778
山　西	20857	20097	99886	92905	257	38249
内蒙古		679	41187	35193	1322	16122
辽　宁	12527	315	16183	11507		4309
吉　林			9211	4210		
黑龙江	5656	16629	51290	47590	369	13705
上　海	16373	446	11596	9000	6144	15605
江　苏	25980	91	187095	169860	681	63193
浙　江		176	21484	3624		30338
安　徽	19597	21784	107802	104325	12229	1436
福　建		10900	146421	138280	73996	
江　西	973	360	133083	123423	1048	18023
山　东	63914	109599	125413	109720	4592	13606
河　南	1081	183	83507	18353		1160
湖　北	89524	107401	840913	451954	1566	2482
湖　南	100634	33595	484299	472165	9565	138239
广　东	79149	48849	264892	212474	3078	103859
广　西	59407	16870	129438	121410	22749	165346
海　南		2710	2814			5471
重　庆			40470	39890	9161	45802
四　川	64864	62591	215319	165621	660	160815
贵　州	43741	27353	65920	62802		226030
云　南	8909	33921	141220	101877	10856	8149
西　藏						31
陕　西	42689	151798	115647	90653	1260	8702
甘　肃	28735	29297	50591	15663	7922	50143
青　海	2	162	4010	4005	5	3872
宁　夏	46731	14074	35396	23922	1288	4256
新　疆	10167	781	75301	43146	211	47692

2-7 各地区国有建筑业企业主要生产效益指标

地 区	建筑业企业个数（个）	从事建筑业活动的平均人数（人）	按总产值计算的劳动生产率（元/人）	人均竣工产值（元/人）	人均施工面积（平方米/人）	人均竣工面积（平方米/人）
全国总计	**3453**	**5449254**	**484734**	**201343**	**243.8**	**46.8**
北 京	108	296182	620380	282126	410.6	64.4
天 津	66	94931	906134	238886	177.5	36.1
河 北	108	81336	938139	295604	425.1	84.6
山 西	142	139765	367985	186185	235.3	48.0
内蒙古	23	22161	676050	126457	310.3	35.2
辽 宁	176	131101	372845	141490	52.6	13.3
吉 林	62	23555	633202	173240	66.4	38.0
黑龙江	119	132234	272637	107548	67.0	14.2
上 海	71	90051	1172765	340391	119.8	31.4
江 苏	185	186254	508476	233177	221.0	43.7
浙 江	76	60314	430696	174448	63.8	20.2
安 徽	104	199863	601121	194035	461.4	52.7
福 建	75	200202	297876	162162	146.3	45.7
江 西	106	385068	118166	67714	44.8	15.4
山 东	304	254925	569640	232703	264.3	43.4
河 南	133	170628	506437	135506	157.3	19.8
湖 北	211	182750	1433837	596994	932.0	148.2
湖 南	175	413303	400806	237538	215.5	56.6
广 东	245	510938	430043	252052	297.0	54.9
广 西	98	330278	381344	176048	248.7	45.9
海 南	15	11783	409331	273890	154.3	57.9
重 庆	92	108653	536603	163218	72.9	27.8
四 川	179	443718	376937	153495	265.9	59.3
贵 州	101	237656	472899	110523	178.0	30.3
云 南	89	160083	564825	164202	225.3	40.1
西 藏	16	4856	220287	139401	156.0	38.7
陕 西	133	243924	491104	198382	255.5	53.8
甘 肃	79	105950	401604	145958	223.6	41.5
青 海	39	48100	432941	281697	22.7	1.1
宁 夏	55	52366	257126	128755	120.6	35.4
新 疆	68	126326	329766	128224	128.8	37.4

2-8 各地区国有建筑业企业资产构成

单位：万元

地区	资产合计	流动资产合计	#存货	非流动资产合计	#固定资产合计
全国总计	**358581186**	**279958698**	**59125396**	**78622488**	**21729846**
北京	44830786	34495807	5236399	10334979	854430
天津	11037452	8265406	1241092	2772046	560554
河北	6903000	5543963	1079161	1359038	408074
山西	12606161	9297551	1222150	3308610	380832
内蒙古	2775908	2345281	715610	430627	302674
辽宁	9044373	7531812	1709235	1512561	688580
吉林	1501820	1130810	266819	371010	261148
黑龙江	5242008	4581644	642480	660364	354009
上海	17083310	13972202	3805182	3111108	1112864
江苏	12282702	10441987	2113954	1840715	740599
浙江	3221205	2561689	579522	659516	293076
安徽	13241922	10840089	2533448	2401833	672586
福建	6511079	4970020	842453	1541059	528462
江西	5265930	3788083	673646	1477847	354037
山东	21192995	18368709	4955015	2824286	1580386
河南	10852201	8750072	1957505	2102129	1128906
湖北	39589910	28842842	10143532	10747068	3536941
湖南	13319267	8961676	2082125	4357591	1202017
广东	23601076	17772100	3782817	5828975	1173574
广西	7718040	6654639	1743255	1063401	655032
海南	379068	326871	16133	52197	20382
重庆	8427267	6258150	1001950	2169117	675183
四川	18157794	14991000	4115736	3166795	909703
贵州	19659396	15257731	2507850	4401665	632822
云南	18241701	12601141	888508	5640560	515008
西藏	129868	110960	7960	18908	10145
陕西	11197242	9288742	1402108	1908500	623265
甘肃	4717260	3762069	738751	955191	416785
青海	3114047	2448938	456824	665108	601059
宁夏	1533033	1395468	157174	137566	85916
新疆	5203370	4401248	507005	802121	450800

2-9 各地区国有建筑业企业固定资产情况

单位：万元

地区	固定资产合计	固定资产原价	固定资产折旧	#本年折旧	在建工程
全国总计	**21729846**	**31500638**	**15314307**	**2022995**	**3817890**
北京	854430	1541505	728770	120216	257129
天津	560554	1265135	718838	69308	11439
河北	408074	745143	388769	42050	22695
山西	380832	610093	286408	27088	41406
内蒙古	302674	439437	192181	35741	45273
辽宁	688580	1251507	671743	68074	65059
吉林	261148	345409	115358	13855	24838
黑龙江	354009	749012	425312	31454	5005
上海	1112864	2330808	1306960	97196	82433
江苏	740599	1308619	752633	100076	58824
浙江	293076	437616	182205	27122	34330
安徽	672586	1267323	701664	110250	54459
福建	528462	665155	207210	24469	38665
江西	354037	469011	185899	24908	24982
山东	1580386	2444443	1148017	142473	110024
河南	1128906	1279858	614806	102862	159176
湖北	3536941	4158827	1834043	292478	1156019
湖南	1202017	1616074	682532	91426	244071
广东	1173574	1689414	867725	120051	312718
广西	655032	848089	427230	51220	177559
海南	20382	15010	9111	6927	14399
重庆	675183	649621	289737	41588	273156
四川	909703	1233744	571841	67693	158551
贵州	632822	657204	359401	67883	188502
云南	515008	560187	179410	29215	78144
西藏	10145	15648	7069	2631	29
陕西	623265	1199183	734899	126756	70223
甘肃	416785	516897	179454	19645	28880
青海	601059	471267	277317	36763	11097
宁夏	85916	165201	89872	7779	9121
新疆	450800	554198	177893	23801	59687

2-10 各地区国有建筑业企业负债及所有者权益

单位：万元

地区	负债合计	#流动负债	#应付账款	所有者权益	#实收资本
全国总计	**278804710**	**244128361**	**96875407**	**79804288**	**43296007**
北京	34830148	30800382	10938890	10000638	5603053
天津	8613281	7873921	3739007	2424171	1530101
河北	5417460	4988019	1533365	1485540	1142913
山西	10642406	8536613	2799565	1963755	1476079
内蒙古	2080614	1959219	769039	695294	305406
辽宁	6747057	6354879	2194375	2295867	1155805
吉林	1105078	990172	468543	396742	279515
黑龙江	4278274	3936006	1522943	963733	1023028
上海	14139504	13468409	6322966	2943806	1676616
江苏	9308593	8194053	3420337	2974109	1411485
浙江	2385582	2164901	688108	835623	445656
安徽	10845171	9883078	3866025	2396751	1255276
福建	4916196	3827253	1283085	1594883	936428
江西	3833531	3411456	861425	1432398	693516
山东	16812489	15166250	6723175	4380506	2689149
河南	8416334	7565739	2816713	2435867	1173406
湖北	30748846	24658872	11850054	8841064	2492474
湖南	9199520	7270777	3003310	4119747	2577291
广东	18302940	17043224	6840947	5298136	3286440
广西	5979129	5092238	1540191	1738911	1123845
海南	291109	252341	95496	87959	62296
重庆	6629480	5607038	1880329	1797786	865967
四川	14672384	12879728	5097046	3485410	1896905
贵州	15300266	11234987	4032499	4359130	1636373
云南	13078932	12090881	4377052	5162769	3447624
西藏	120713	66641	36895	38415	13727
陕西	8448114	8029840	3540236	2749128	1401819
甘肃	3823895	3541267	1307221	893365	569264
青海	2366852	2200103	1112304	747194	303589
宁夏	1247571	1138848	479391	285463	178857
新疆	4223239	3901228	1734878	980131	642105

2-11 各地区国有建筑业企业实收资本

单位：万元

地 区	合计	国家资本	集体资本	法人资本	个人资本	港澳台资本	外商资本
全国总计	**43296007**	**32207324**	**424189**	**10292212**	**372283**		
北 京	5603053	2938075		2659978	5000		
天 津	1530101	1279909	661	249531			
河 北	1142913	904033	40900	197980			
山 西	1476079	1341595	7575	114951	11959		
内蒙古	305406	290736		14191	478		
辽 宁	1155805	1054333	15347	84694	1431		
吉 林	279515	255776	1667	22073			
黑龙江	1023028	584738	3745	406873	27672		
上 海	1676616	569306	1657	1105653			
江 苏	1411485	998901	50577	355380	6627		
浙 江	445656	337500	220	105335	2600		
安 徽	1255276	988218	2002	264489	567		
福 建	936428	679728	5000	249321	2379		
江 西	693516	411398	5863	263629	12627		
山 东	2689149	2105389	10928	556420	16411		
河 南	1173406	989086	12497	137635	34189		
湖 北	2492474	1977724	24314	314737	175699		
湖 南	2577291	2008379	23153	526447	19312		
广 东	3286440	2539352	171053	564702	11332		
广 西	1123845	866278	12310	237801	7456		
海 南	62296	46696		15600			
重 庆	865967	536644	1200	321381	6742		
四 川	1896905	1528233	2881	361667	4124		
贵 州	1636373	1509495	685	123393	2800		
云 南	3447624	3313935	1684	124382	7624		
西 藏	13727	6173	2640	4914			
陕 西	1401819	825967	4274	559179	12399		
甘 肃	569264	443972	20433	104859			
青 海	303589	123500		180084	6		
宁 夏	178857	175184	921	1882	870		
新 疆	642105	577073		63054	1978		

2-12 各地区国有建筑业企业收入情况

单位：万元

地 区	主营业务收入	#主营业务成本	#主营业务税金及附加	其他业务收入	#其他业务利润
全国总计	**259925632**	**239258538**	**1636164**	**4293212**	**286145**
北 京	21852877	20380979	93079	116317	8198
天 津	7211786	6437659	24583	67624	9731
河 北	6188951	5800118	42636	47929	10511
山 西	5192532	4790675	30570	103823	12860
内蒙古	1413986	1316430	4635	7586	278
辽 宁	4984334	4468544	39048	126559	5297
吉 林	1512776	1387321	12785	12738	3251
黑龙江	3504983	3293215	20301	19875	-3160
上 海	12909816	12025733	35263	86942	20740
江 苏	10021781	9164832	72448	74780	12002
浙 江	2427563	2204797	9857	12038	4286
安 徽	11002582	10005291	47376	72062	4603
福 建	5422895	5047549	26750	40830	1928
江 西	3958100	3691889	47814	222816	7077
山 东	15412271	13968044	95775	224136	5215
河 南	8717167	7684836	102125	50254	8654
湖 北	27307641	24417105	190656	199577	21456
湖 南	16950461	15722373	151984	23052	7509
广 东	24029269	22562145	145169	126420	27647
广 西	9671210	9127562	51001	1301294	8171
海 南	407251	382419	3568	1474	50
重 庆	4984581	4546263	79937	43757	2756
四 川	12316627	11409437	62403	416502	66170
贵 州	10500664	9776068	66671	406034	7820
云 南	8255310	7627242	26950	200269	9740
西 藏	135073	121118	701	919	-448
陕 西	11797743	10912011	89925	37402	7591
甘 肃	4075711	3876261	27087	146309	8525
青 海	2558343	2244446	10854	41598	3531
宁 夏	1368643	1293470	8112	30491	2157
新 疆	3832706	3572709	16101	31807	2003

2-13 各地区国有建筑业企业费用情况

单位：万元

地区	管理费用	销售费用	财务费用	#利息收入	#利息支出
全国总计	**9462209**	**473662**	**2234835**	**842388**	**2513348**
北京	919614	45143	160602	214829	301458
天津	377399	11332	93760	9777	45638
河北	256969	3790	38549	2506	30124
山西	251061	3950	106667	27735	117827
内蒙古	60134	332	29561	782	28874
辽宁	280947	5544	74753	4594	47728
吉林	81244	750	6668	3756	3706
黑龙江	126098	1660	16850	898	8270
上海	614507	30951	87255	83691	136552
江苏	354049	26695	46509	18431	47199
浙江	117561	2996	7604	4720	11674
安徽	386629	11192	121816	9234	118937
福建	168207	2630	26072	26145	44752
江西	140717	6281	39983	780	27505
山东	555142	24755	107765	39453	93642
河南	417136	31040	111367	31590	246577
湖北	1135471	122823	280582	51171	280973
湖南	597413	15920	79636	67762	106793
广东	665214	23497	115024	25837	116462
广西	255733	12582	91208	8641	87015
海南	9381	156	713	106	325
重庆	140582	6521	28379	11871	20935
四川	385344	25677	114867	99065	174460
贵州	200975	3871	143945	7401	112957
云南	220145	3364	168115	30863	178698
西藏	4690	22	128	34	117
陕西	319937	42240	63369	32251	55217
甘肃	115741	4539	20516	3238	21337
青海	146937	310	20297	15868	6541
宁夏	46587	705	4997	272	5261
新疆	110650	2395	27280	9091	35794

2-14 各地区国有建筑业企业利润及税金情况

单位：万元

地　区	利润总额	#应交所得税	税金总额	主营业务税金及附加	应交增值税
全国总计	**7134342**	**1476457**	**6442882**	**1636164**	**4806718**
北　京	655480	113673	413591	93079	320512
天　津	161663	25231	188980	24583	164398
河　北	52631	18714	106899	42636	64263
山　西	48193	10831	155200	30570	124630
内蒙古	3452	1488	26594	4635	21959
辽　宁	79817	26337	128955	39048	89906
吉　林	23642	6456	35747	12785	22961
黑龙江	38228	27989	94749	20301	74448
上　海	211692	48666	160831	35263	125568
江　苏	319631	59254	231918	72448	159470
浙　江	91251	22371	69682	9857	59825
安　徽	228121	49676	221500	47376	174123
福　建	163875	40101	138105	26750	111355
江　西	47846	19065	97755	47814	49941
山　东	634947	152651	354269	95775	258494
河　南	371531	60313	274873	102125	172749
湖　北	1072167	220793	647516	190656	456860
湖　南	411248	70120	481030	151984	329046
广　东	592088	140587	596029	145169	450860
广　西	164856	33227	279197	51001	228197
海　南	12788	8274	20576	3568	17008
重　庆	166294	26035	147894	79937	67957
四　川	311980	55284	268817	62403	206414
贵　州	387911	64005	321334	66671	254664
云　南	327859	68000	271109	26950	244159
西　藏	7902	851	1128	701	427
陕　西	321015	49437	333199	89925	243274
甘　肃	32579	7558	153873	27087	126786
青　海	88144	12608	66289	10854	55435
宁　夏	18686	7371	40208	8112	32095
新　疆	86826	29496	115033	16101	98932

2-15 各地区国有建筑业企业应收工程款及企业亏损情况

地　　区	应收工程款（万元）	企业个数（个）	#亏损企业个数	亏损企业的比重(%)
全国总计	**69857760**	**3453**	**552**	**16.0**
北　　京	4961156	108	25	23.1
天　　津	2050437	66	8	12.1
河　　北	1907436	108	23	21.3
山　　西	2779294	142	38	26.8
内 蒙 古	723600	23	5	21.7
辽　　宁	2046668	176	36	20.5
吉　　林	381437	62	22	35.5
黑 龙 江	1973991	119	27	22.7
上　　海	3231997	71	9	12.7
江　　苏	2552665	185	11	5.9
浙　　江	564842	76	11	14.5
安　　徽	3179641	104	15	14.4
福　　建	765011	75	7	9.3
江　　西	807997	106	17	16.0
山　　东	4780928	304	57	18.8
河　　南	2551548	133	19	14.3
湖　　北	5591528	211	19	9.0
湖　　南	2248622	175	12	6.9
广　　东	4084747	245	35	14.3
广　　西	1322978	98	14	14.3
海　　南	56421	15	4	26.7
重　　庆	1602486	92	13	14.1
四　　川	3696189	179	28	15.6
贵　　州	3568400	101	22	21.8
云　　南	4798049	89	14	15.7
西　　藏	57200	16	2	12.5
陕　　西	2958246	133	14	10.5
甘　　肃	1469616	79	14	17.7
青　　海	600885	39	10	25.6
宁　　夏	640904	55	10	18.2
新　　疆	1902842	68	11	16.2

2-16 各地区国有建筑业企业主要经济效益指标

地　区	产值利润率 (%)	产值利税率 (%)	资本利润率 (%)	资本利税率 (%)	人均利润 (元/人)	人均利税 (元/人)	资产负债率 (%)
全国总计	**2.7**	**5.1**	**16.5**	**31.4**	**13092**	**24916**	**77.8**
北　京	3.6	5.8	11.7	19.1	22131	36095	77.7
天　津	1.9	4.1	10.6	22.9	17029	36937	78.0
河　北	0.7	2.1	4.6	14.0	6471	19614	78.5
山　西	0.9	4.0	3.3	13.8	3448	14553	84.4
内蒙古	0.2	2.0	1.1	9.8	1558	13558	75.0
辽　宁	1.6	4.3	6.9	18.1	6088	15924	74.6
吉　林	1.6	4.0	8.5	21.2	10037	25213	73.6
黑龙江	1.1	3.7	3.7	13.0	2891	10056	81.6
上　海	2.0	3.5	12.6	22.2	23508	41368	82.8
江　苏	3.4	5.8	22.6	39.1	17161	29613	75.8
浙　江	3.5	6.2	20.5	36.1	15129	26683	74.1
安　徽	1.9	3.7	18.2	35.8	11414	22496	81.9
福　建	2.7	5.1	17.5	32.2	8185	15084	75.5
江　西	1.1	3.2	6.9	21.0	1243	3781	72.8
山　东	4.4	6.8	23.6	36.8	24907	38804	79.3
河　南	4.3	7.5	31.7	55.1	21774	37884	77.6
湖　北	4.1	6.6	43.0	69.0	58669	94100	77.7
湖　南	2.5	5.4	16.0	34.6	9950	21589	69.1
广　东	2.7	5.4	18.0	36.2	11588	23254	77.6
广　西	1.3	3.5	14.7	39.5	4991	13445	77.5
海　南	2.7	6.9	20.5	53.6	10853	28316	76.8
重　庆	2.9	5.4	19.2	36.3	15305	28917	78.7
四　川	1.9	3.5	16.4	30.6	7031	13089	80.8
贵　州	3.5	6.3	23.7	43.3	16322	29843	77.8
云　南	3.6	6.6	9.5	17.4	20481	37416	71.7
西　藏	7.4	8.4	57.6	65.8	16272	18596	93.0
陕　西	2.7	5.5	22.9	46.7	13160	26820	75.4
甘　肃	0.8	4.4	5.7	32.8	3075	17598	81.1
青　海	4.2	7.4	29.0	50.9	18325	32107	76.0
宁　夏	1.4	4.4	10.4	32.9	3568	11246	81.4
新　疆	2.1	4.8	13.5	31.4	6873	15979	81.2

2-17 各地区集体建筑业企业签订合同情况

单位：万元

地 区	签订合同额	上年结转合同额	本年新签合同额
全国总计	**62020560**	**19877960**	**42142600**
北 京	2122387	1124828	997560
天 津	962297	410754	551543
河 北	1545433	411877	1133556
山 西	666033	206262	459771
内 蒙 古	113261	735	112526
辽 宁	1399224	301925	1097299
吉 林	179875	26900	152974
黑 龙 江	1392238	216322	1175916
上 海	339948	147805	192143
江 苏	1945160	368732	1576428
浙 江	4697929	1868059	2829871
安 徽	998190	186019	812172
福 建	2365944	1456540	909405
江 西	5114661	1629050	3485611
山 东	5170789	1477813	3692975
河 南	2281741	625910	1655831
湖 北	1297748	120223	1177525
湖 南	3424755	831198	2593557
广 东	8787599	3713964	5073635
广 西	2964708	915007	2049701
海 南	288955	107971	180984
重 庆	1668555	286596	1381959
四 川	4761586	1342443	3419143
贵 州	1119444	391620	727824
云 南	1864042	305235	1558807
西 藏	24620	9340	15280
陕 西	2741142	844194	1896949
甘 肃	1329808	382573	947234
青 海	201871	59616	142255
宁 夏	109914	54673	55241
新 疆	140706	53779	86928

2-18 各地区集体建筑业企业承包工程完成情况

单位：万元

地区	直接从建设单位承揽工程完成的产值	自行完成施工产值	分包出去工程的产值	从建设单位以外承揽工程完成的产值
全国总计	**42748808**	**42400821**	**347986**	**778350**
北京	1255945	1222235	33710	31339
天津	654506	652837	1669	33708
河北	1295317	1272344	22974	11252
山西	403167	357962	45205	45953
内蒙古	109592	109592		
辽宁	1043921	1035684	8237	19495
吉林	168094	167090	1004	977
黑龙江	1293091	1293071	20	125
上海	207861	201129	6732	9323
江苏	1274615	1272213	2402	27448
浙江	2509095	2503536	5559	214221
安徽	929270	906597	22673	18328
福建	983888	983888		
江西	3134023	3095054	38969	64420
山东	3923665	3907032	16633	53754
河南	2185745	2173884	11861	47385
湖北	807833	802309	5525	13539
湖南	2589210	2578659	10551	17193
广东	4493574	4454949	38626	37114
广西	2403191	2400341	2850	368
海南	196433	196433		50
重庆	1367668	1366358	1310	3374
四川	3810124	3787880	22244	37702
贵州	520067	517995	2072	8135
云南	1575628	1567680	7948	19342
西藏	22814	22814		
陕西	2300265	2275779	24486	48942
甘肃	928565	913836	14728	13264
青海	152475	152475		1600
宁夏	84744	84744		
新疆	124425	124425		

2-19 各地区集体企业建筑业总产值和竣工产值

单位：万元

地区	建筑业总产值	#装饰装修产值	#在外省完成的产值	按构成分组 建筑工程产值	安装工程产值	其他产值	竣工产值
全国总计	**43179171**	**1800974**	**4706167**	**37015617**	**4453789**	**1709766**	**28771157**
北京	1253574	84225	49587	1238337	13087	2150	834374
天津	686545	73875	35690	404130	207372	75042	301163
河北	1283596	188413	199332	1183359	68962	31275	627405
山西	403915	9349		279425	79233	45257	185041
内蒙古	109592			97068	1124	11400	109678
辽宁	1055179	38098	6058	695370	285320	74490	588862
吉林	168066	5051		50041	117545	480	116986
黑龙江	1293196	4322	232753	1076793	200011	16392	697774
上海	210452	64359	21442	159345	50850	257	184004
江苏	1299661	57400	322763	1261487	33145	5029	957625
浙江	2717757	43525	1478220	2365952	330963	20842	2403176
安徽	924924	3278	342788	390943	301669	232313	805503
福建	983888	34234	322892	968249	15639		647457
江西	3159474	56851	244187	2865378	242669	51427	2096607
山东	3960786	174819	144823	3605600	288021	67165	2616238
河南	2221269	47314	25151	1762219	169971	289079	1153195
湖北	815848	7770	1591	728178	73847	13822	597797
湖南	2595851	197737	310019	2222348	266171	107332	2002145
广东	4492063	306719	163196	3957779	389407	144878	2991892
广西	2400709	110740	8354	2222971	85592	92146	1543576
海南	196483	2586		153669	13341	29473	137179
重庆	1369732	17367	38640	1301742	43875	24116	959345
四川	3825582	93758	711716	2947110	741896	136576	2451867
贵州	526131	30003		472801	19395	33935	408665
云南	1587022	49449		1457600	54370	75052	1206139
西藏	22814	920		11109	545	11160	5121
陕西	2324722	86973	34056	2041318	204779	78625	1285829
甘肃	927100	11491	12912	798477	111239	17384	589237
青海	154075	350		141717	7653	4705	100212
宁夏	84744			81560	3184		71237
新疆	124425			73546	32915	17965	95831

2-20 各地区集体建筑业企业房屋建筑面积

地　区	房屋施工面积（万平方米）	#本年新开工	房屋竣工面积（万平方米）	房屋竣工率（%）
全国总计	**29439.7**	**15598.9**	**14199.1**	**48.2**
北　京	911.6	142.2	160.7	17.6
天　津	43.6	10.8	30.0	68.6
河　北	898.0	451.7	344.4	38.4
山　西	164.3	79.4	46.5	28.3
内蒙古	79.8	79.8	69.8	87.5
辽　宁	707.9	328.8	247.8	35.0
吉　林	52.4	46.5	12.0	23.0
黑龙江	359.7	251.6	251.0	69.8
上　海	64.8	37.4	28.9	44.6
江　苏	731.0	478.8	343.1	46.9
浙　江	2404.8	1105.0	1106.8	46.0
安　徽	367.1	272.4	293.9	80.1
福　建	1365.4	498.1	237.3	17.4
江　西	2295.4	1426.7	1332.0	58.0
山　东	3388.5	2025.7	1506.1	44.4
河　南	1543.3	910.8	767.7	49.7
湖　北	538.2	355.1	392.7	73.0
湖　南	2437.3	1435.5	1427.8	58.6
广　东	4117.5	1712.4	1551.1	37.7
广　西	1870.5	937.0	933.3	49.9
海　南	108.3	78.6	89.2	82.3
重　庆	500.7	272.5	359.6	71.8
四　川	1594.6	907.1	1069.8	67.1
贵　州	391.0	243.5	222.6	56.9
云　南	634.1	429.2	406.9	64.2
西　藏	3.8	1.4	1.9	49.8
陕　西	1293.0	763.9	697.1	53.9
甘　肃	486.2	267.6	207.7	42.7
青　海	28.3	18.6	20.0	70.5
宁　夏	44.3	27.0	37.4	84.4
新　疆	14.2	3.8	4.1	28.7

2-21 各地区按主要用途分的集体建筑业企业房屋竣工面积

单位：万平方米

地区	总计	住宅房屋	商业及服务用房屋	商厦房屋(批发和零售用房)	宾馆用房屋(住宿用房)	餐饮用房屋(餐饮用房)
全国总计	**14199.1**	**9680.7**	**898.3**	**316.8**	**84.0**	**74.0**
北京	160.7	100.6	22.9			0.8
天津	30.0	27.5	0.0			
河北	344.4	301.5	17.1	1.2	6.7	3.5
山西	46.5	41.8	0.0	0.0		
内蒙古	69.8	51.5	1.1	0.6		0.5
辽宁	247.8	167.3	6.0			0.2
吉林	12.0	10.8				
黑龙江	251.0	134.5	20.7	3.0		1.6
上海	28.9	11.3	5.8	5.7		
江苏	343.1	195.3	13.0	5.8	0.1	0.6
浙江	1106.8	849.6	43.9	27.8	0.2	0.0
安徽	293.9	190.9	10.1	4.0	0.6	0.9
福建	237.3	188.5	20.3			
江西	1332.0	939.0	117.1	37.5	3.3	0.3
山东	1506.1	1198.7	37.2	20.0	2.1	0.9
河南	767.7	558.4	55.3	2.2	19.4	19.0
湖北	392.7	281.0	44.0	37.0	1.8	0.0
湖南	1427.8	941.3	46.5	20.1	7.8	4.8
广东	1551.1	864.9	98.0	60.8	15.1	4.8
广西	933.3	498.1	58.3	5.7	1.8	0.1
海南	89.2	60.1	3.7	2.9	0.2	0.1
重庆	359.6	260.8	24.4	13.0		
四川	1069.8	796.2	99.5	48.0	4.8	13.4
贵州	222.6	143.6	27.0	5.3	0.9	1.1
云南	406.9	196.6	62.7	3.7	10.7	18.2
西藏	1.9	1.9				
陕西	697.1	495.5	44.7	9.0	5.6	2.5
甘肃	207.7	121.8	17.3	3.4	3.0	0.5
青海	20.0	13.0	0.8			
宁夏	37.4	34.5	0.9			
新疆	4.1	4.1				

2-21 续表1　　　　单位：万平方米

地区	商务会展用房屋	其他商业及服务用房屋(居民服务业用房)	办公用房屋	科研、教育和医疗用房屋	科学研究用房屋	教育用房屋
全国总计	**22.2**	**401.3**	**777.9**	**892.1**	**45.4**	**692.5**
北京	2.0	20.1	9.6	8.0		3.9
天津		0.0				
河北	0.9	4.8	2.3	11.5	1.1	8.6
山西			0.4	1.3	0.2	0.3
内蒙古			1.8	2.6		2.6
辽宁		5.8	1.4	29.9	1.0	28.9
吉林						
黑龙江		16.2	21.8	8.6		8.6
上海		0.0	8.8	2.4		2.4
江苏	2.1	4.4	16.0	10.7		10.7
浙江	2.8	13.1	25.2	26.4	4.3	20.2
安徽		4.6	18.9	28.0	3.6	17.2
福建		20.3	2.4	7.8	6.7	1.1
江西	0.2	75.8	46.1	58.9	7.4	44.1
山东	0.6	13.6	25.9	66.2	0.7	65.3
河南	9.7	5.0	45.7	51.8	2.9	37.1
湖北	0.0	5.1	11.4	12.2	0.0	10.8
湖南	1.4	12.4	149.9	131.7	8.2	92.6
广东	1.0	16.2	125.9	77.5	1.4	48.7
广西	0.8	49.8	76.9	160.3	2.5	132.0
海南		0.5	2.9	11.8		10.6
重庆		11.4	0.9	16.0	0.1	12.8
四川	0.3	33.0	40.4	39.2	0.5	28.2
贵州	0.1	19.7	16.2	26.8	2.1	20.7
云南	0.2	30.0	22.0	51.3	0.9	44.6
西藏						
陕西	0.1	27.5	92.7	30.7	1.3	25.2
甘肃		10.4	12.3	16.9	0.7	11.6
青海		0.8	0.1	3.5		3.5
宁夏		0.9				
新疆						

2-21 续表2

单位：万平方米

地区	医疗用房屋(卫生医疗用房)	文化、体育和娱乐用房屋	厂房及建筑物	#厂房	仓库	其他未列明的房屋建筑物
全国总计	**154.2**	**110.9**	**1308.7**	**826.7**	**131.8**	**398.7**
北京	4.1	0.1	19.0	19.0	0.0	0.3
天津			1.9	1.9		0.5
河北	1.8		6.1	4.4	4.0	1.9
山西	0.8	1.3	0.3	0.3	0.1	1.3
内蒙古		1.8				11.0
辽宁		0.1	35.0	25.5	0.9	7.1
吉林			1.3	0.1		
黑龙江			47.1	0.9	10.6	7.7
上海		0.0	0.7			
江苏	0.0	1.0	78.9	40.8	27.8	0.5
浙江	1.9	15.5	136.2	122.9	1.1	8.7
安徽	7.2	0.1	30.6	19.0	10.0	5.3
福建		0.7	11.3	9.4	2.8	3.5
江西	7.3	4.7	132.5	81.7	11.0	22.7
山东	0.3	1.6	147.6	70.9	6.6	22.4
河南	11.8	0.2	31.1	22.8	10.5	14.6
湖北	1.4	0.9	36.8	19.9	4.0	2.5
湖南	30.9	9.0	96.6	35.3	7.3	45.5
广东	27.5	12.8	298.8	208.2	13.1	60.2
广西	25.8	27.0	41.7	34.5	6.3	64.6
海南	1.3	1.1	0.4			9.2
重庆	3.1	2.0	13.9	13.3	4.0	37.5
四川	10.5	14.6	72.2	48.2	4.2	3.6
贵州	4.1	1.8	3.4	1.4	0.4	3.3
云南	5.7	8.3	28.6	22.6	3.5	33.9
西藏						
陕西	4.2	2.6	20.1	15.6	3.0	7.7
甘肃	4.6	2.9	14.5	6.0	0.3	21.6
青海		0.7			0.3	1.5
宁夏		0.1	2.0	2.0		
新疆						

2-22 各地区按主要用途分的集体建筑业企业房屋竣工价值

单位：万元

地　区	总计	住宅房屋	商业及服务用房屋	商厦房屋（批发和零售用房）	宾馆用房屋（住宿用房）	餐饮用房屋（餐饮用房）
全国总计	**20307150**	**13928986**	**1317780**	**496484**	**101870**	**99378**
北　京	397258	251797	53177			3186
天　津	72923	68299	22			
河　北	508513	393556	29301	1463	3015	16677
山　西	66012	55957	68	68		
内蒙古	106534	75667	2569	1305		1264
辽　宁	281228	196843	4219			319
吉　林	21603	19568				
黑龙江	399534	211539	24062	5480		2920
上　海	64700	22426	7253	6920		
江　苏	521055	329800	17128	9573	119	1364
浙　江	1946721	1567160	73364	39728	567	50
安　徽	320597	218615	11633	4514	544	1316
福　建	481371	382577	41177			
江　西	1769825	1322896	145346	39141	1136	198
山　东	1874051	1482082	43325	23291	1927	901
河　南	1024394	801669	61953	2908	20468	21046
湖　北	469517	333437	60014	50828	1771	60
湖　南	1639986	1045749	65836	31635	9276	4708
广　东	2358432	1311471	152067	96517	20609	5958
广　西	1272647	711100	70560	4708	3493	231
海　南	107030	71292	7038	5958	264	98
重　庆	612990	395193	42721	31689		
四　川	1476213	1043560	181412	110104	5909	18538
贵　州	296478	195690	35827	6565	1163	1294
云　南	671035	344565	91560	5137	19370	14981
西　藏	4350	4350				
陕　西	1014685	726839	64158	11712	6373	3227
甘　肃	413743	249816	29048	7241	5866	1045
青　海	37591	23582	1160			
宁　夏	69814	65569	1781			
新　疆	6321	6321				

2-22 续表1

单位：万元

地 区	商务会展用房屋	其他商业及服务用房屋(居民服务业用房)	办公用房屋	科研、教育和医疗用房屋	科学研究用房屋	教育用房屋
全国总计	**33479**	**586569**	**1095979**	**1250304**	**69978**	**959766**
北 京	2094	47897	24450	22760		7193
天 津		22				
河 北	763	7383	4582	22791	1546	17546
山 西			716	1822	444	420
内蒙古			5320	6428		6428
辽 宁		3901	2816	24953	3052	21901
吉 林						
黑龙江		15662	38448	10807		10807
上 海		333	13294	16648		16648
江 苏	3286	2786	20186	16486		16409
浙 江	9801	23218	52988	46643	14529	29570
安 徽		5259	20148	26184	3353	17881
福 建		41177	6488	14850	13000	1850
江 西	220	104652	54546	60341	8147	46126
山 东	696	16511	36849	96842	361	96179
河 南	10692	6839	51439	54373	2956	39516
湖 北	20	7335	10629	13648	80	12260
湖 南	2852	17366	161765	169308	10427	117188
广 东	1794	27189	240224	119733	1957	67658
广 西	317	61811	115626	220691	2763	185386
海 南		718	3298	15195		13314
重 庆		11032	3092	22745	158	17827
四 川	572	46289	57989	69255	638	54880
贵 州	182	26624	18505	37276	2021	29230
云 南	130	51943	32363	78267	1171	68664
西 藏						
陕 西	60	42786	93270	44730	2174	37207
甘 肃		14897	26656	29363	1204	19511
青 海		1160	296	8169		8169
宁 夏		1781				
新 疆						

2-22 续表2

单位：万元

地　区	医疗用房屋（卫生医疗用房）	文化、体育和娱乐用房屋	厂房及建筑物	#厂房	仓　库	其他未列明的房屋建筑物
全国总计	**220560**	**162464**	**1692764**	**1025339**	**142210**	**716662**
北　京	15567	457	44231	44231	20	368
天　津			4194	4194		408
河　北	3699		10338	7300	5185	42761
山　西	958	4211	482	482	240	2516
内蒙古		5080				11470
辽　宁		427	37133	24597	1335	13502
吉　林			2035	235		
黑龙江			91749	1960	14672	8257
上　海		85	4994			
江　苏	77	1287	112472	45640	23377	320
浙　江	2544	33350	160969	137149	2023	10224
安　徽	4950	108	26738	17552	9607	7563
福　建		3423	16743	14820	2917	13197
江　西	6068	5966	144313	87779	10081	26335
山　东	302	2204	172142	81468	6436	34170
河　南	11901	214	38977	28796	7452	8316
湖　北	1307	984	40853	23120	4704	5249
湖　南	41693	10055	109481	38409	10730	67062
广　东	50118	14247	394855	272103	12713	113121
广　西	32542	30117	47964	40427	7019	69571
海　南	1881	1642	456			8109
重　庆	4760	2500	20805	18255	5154	120781
四　川	13737	16889	95566	64670	5499	6044
贵　州	6025	1615	4220	2079	420	2925
云　南	8432	16116	49123	38936	5347	53695
西　藏						
陕　西	5350	3300	31223	21646	5763	45402
甘　肃	8649	6391	28364	7150	585	43521
青　海		1676			932	1776
宁　夏		120	2343	2343		
新　疆						

2-23 各地区集体建筑业企业主要生产效益指标

地 区	建筑业企业个数（个）	从事建筑业活动的平均人数（人）	按总产值计算的劳动生产率（元/人）	人均竣工产值（元/人）	人均施工面积（平方米/人）	人均竣工面积（平方米/人）
全国总计	**2873**	**1681510**	**256788**	**171103**	**175.1**	**84.4**
北 京	97	27187	461093	306902	335.3	59.1
天 津	38	13897	494024	216711	31.4	21.6
河 北	72	45056	284889	139250	199.3	76.4
山 西	72	19146	210966	96647	85.8	24.3
内蒙古	6	3881	282380	282601	205.7	179.9
辽 宁	197	67592	156110	87120	104.7	36.7
吉 林	30	6958	241544	168132	75.4	17.3
黑龙江	79	45659	283229	152823	78.8	55.0
上 海	32	13240	158951	138976	49.0	21.9
江 苏	100	51999	249940	184162	140.6	66.0
浙 江	71	95832	283596	250770	250.9	115.5
安 徽	71	39248	235662	205234	93.5	74.9
福 建	35	41268	238414	156891	330.9	57.5
江 西	155	97098	325390	215927	236.4	137.2
山 东	377	178246	222209	146777	190.1	84.5
河 南	133	78272	283788	147332	197.2	98.1
湖 北	79	29606	275568	201917	181.8	132.7
湖 南	161	121314	213978	165038	200.9	117.7
广 东	283	171818	261443	174131	239.6	90.3
广 西	145	81031	296270	190492	230.8	115.2
海 南	14	7117	276076	192749	152.2	125.3
重 庆	60	46815	292584	204922	107.0	76.8
四 川	129	141882	269631	172810	112.4	75.4
贵 州	54	23424	224612	174464	166.9	95.0
云 南	128	78055	203321	154524	81.2	52.1
西 藏	8	843	270631	60741	44.9	22.4
陕 西	123	86279	269442	149031	149.9	80.8
甘 肃	77	55114	168215	106912	88.2	37.7
青 海	23	7624	202092	131443	37.1	26.2
宁 夏	10	2908	291416	244970	152.4	128.7
新 疆	14	3101	401242	309031	45.7	13.1

2-24 各地区集体建筑业企业资产构成

单位：万元

地区	资产合计	流动资产合计	#存货	非流动资产合计	#固定资产合计
全国总计	**25467989**	**19653329**	**3970323**	**5814660**	**3326289**
北京	2097156	1780778	520641	316378	84954
天津	1221217	1094010	193641	127208	37193
河北	568568	386606	59817	181961	100370
山西	650678	540677	68566	110001	59539
内蒙古	22188	11049	538	11139	10198
辽宁	1268369	950395	111946	317974	121382
吉林	210002	171599	22893	38403	17762
黑龙江	507920	409920	24919	98000	81284
上海	200971	180900	21705	20071	11550
江苏	935331	685767	141926	249564	127489
浙江	1029645	885820	297247	143825	99829
安徽	708353	496745	108498	211608	99290
福建	429404	357627	68628	71777	26095
江西	1468673	1095411	268500	373262	233233
山东	3339318	2662635	621261	676683	434469
河南	675711	468567	81772	207145	154808
湖北	380655	261109	62189	119547	86296
湖南	947754	627021	157861	320733	209575
广东	2496099	1945133	395293	550966	399002
广西	862181	584981	66904	277200	127239
海南	89598	81702	966	7896	6658
重庆	493818	312844	58127	180974	43793
四川	1116961	826328	162390	290633	117213
贵州	383365	290442	55915	92923	53814
云南	769798	571526	48764	198272	145143
西藏	96979	66618	8492	30361	8724
陕西	1405514	1080844	179742	324669	245501
甘肃	645560	482981	146940	162579	147991
青海	134957	83953	6675	51003	13021
宁夏	175464	158652	2248	16812	9369
新疆	135787	100692	5321	35095	13508

2-25 各地区集体建筑业企业固定资产情况

单位：万元

地 区	固定资产合计	固定资产原价	固定资产折旧	#本年折旧	在建工程
全国总计	**3326289**	**4157059**	**1678076**	**169781**	**418572**
北 京	84954	153659	71161	5669	1936
天 津	37193	58544	23134	804	166
河 北	100370	112010	32544	1499	11487
山 西	59539	99691	45899	2522	2812
内 蒙 古	10198	12756	2662	124	92
辽 宁	121382	240390	132080	6923	2560
吉 林	17762	34739	17650	1129	349
黑 龙 江	81284	107086	41315	4878	5445
上 海	11550	20999	9642	652	143
江 苏	127489	171953	74209	6798	6875
浙 江	99829	143953	56981	4311	3025
安 徽	99290	136497	66303	10232	13174
福 建	26095	39854	15151	1256	417
江 西	233233	241873	79914	11219	35957
山 东	434469	560508	241284	28054	22299
河 南	154808	184817	62487	8272	12532
湖 北	86296	90134	35773	4979	22044
湖 南	209575	217485	75630	9174	31198
广 东	399002	425816	178373	17481	100345
广 西	127239	125371	35269	3514	18320
海 南	6658	12430	6168	201	213
重 庆	43793	51580	24055	2501	7374
四 川	117213	155161	73788	5881	18646
贵 州	53814	32395	6295	1079	17821
云 南	145143	188139	76384	9244	23922
西 藏	8724	11797	4599	326	807
陕 西	245501	283719	87070	13458	26712
甘 肃	147991	178974	70127	5499	30489
青 海	13021	23932	12955	1238	1176
宁 夏	9369	14720	6258	116	14
新 疆	13508	26078	12920	749	221

2-26 各地区集体建筑业企业负债及所有者权益

单位：万元

地 区	负债合计	#流动负债	#应付账款	所有者权益	#实收资本
全国总计	**15829230**	**13880758**	**3874427**	**9639178**	**5167265**
北 京	1628692	1624781	372275	468464	254625
天 津	929958	869744	255058	291260	113448
河 北	310786	258606	60305	257782	110034
山 西	496541	485261	145056	154137	97898
内蒙古	6425	5083	915	15763	12724
辽 宁	909752	836553	230654	356697	221464
吉 林	159594	157005	95530	50409	28461
黑龙江	331966	320653	135330	175954	113005
上 海	118480	102474	29898	82491	46307
江 苏	484456	465414	143803	450875	189175
浙 江	679190	552219	120600	350455	174259
安 徽	371208	355011	88214	336457	135846
福 建	262133	259550	25585	167271	98195
江 西	833244	677407	135583	635429	332764
山 东	2232071	2001185	540220	1107247	629477
河 南	322259	262640	103665	353452	199872
湖 北	199333	152015	40129	181322	97424
湖 南	465466	375371	75374	482288	289379
广 东	1469038	1177049	301665	1027478	533534
广 西	511817	378187	79990	350364	202027
海 南	44404	42906	20205	45194	11164
重 庆	344679	201200	73379	149139	80846
四 川	566049	442665	191812	550912	186493
贵 州	251307	225200	60757	132058	73099
云 南	372789	316375	93984	397009	193879
西 藏	78296	75273	26378	21292	11518
陕 西	694053	577308	195085	711460	529290
甘 肃	427093	380289	139440	218467	140001
青 海	83998	65078	31608	50959	24817
宁 夏	139962	139255	7035	35502	15371
新 疆	104194	99005	54897	31593	20870

2-27 各地区集体建筑业企业实收资本

单位：万元

地区	合计	国家资本	集体资本	法人资本	个人资本	港澳台资本	外商资本
全国总计	**5167265**	**184073**	**3888575**	**649942**	**444600**	**41**	**34**
北京	254625	40000	118204	34211	62210		
天津	113448	3480	78148	16945	14874		
河北	110034	2784	88909	13657	4684		
山西	97898	9423	81891	6483	101		
内蒙古	12724		3312	3400	6012		
辽宁	221464	1260	174575	33638	11991		
吉林	28461	105	24883	2748	725		
黑龙江	113005		104096	5722	3188		
上海	46307	315	33076	7201	5715		
江苏	189175	22312	86419	49677	30769		
浙江	174259	3160	126301	26143	18655		
安徽	135846	822	107499	17407	10043	41	34
福建	98195	783	57481	28625	11306		
江西	332764	34147	254958	23776	19882		
山东	629477	12530	468224	105556	43167		
河南	199872	4312	131894	33835	29831		
湖北	97424	5404	70728	5024	16268		
湖南	289379	5127	222681	48625	12945		
广东	533534	2295	439178	58784	33278		
广西	202027	6709	165850	12534	16934		
海南	11164		10344	797	23		
重庆	80846	2679	59747	7484	10936		
四川	186493	2536	159608	14209	10140		
贵州	73099		61472	9737	1890		
云南	193879	7365	137253	26707	22554		
西藏	11518		4029	480	7008		
陕西	529290	10946	471340	27356	19648		
甘肃	140001	5509	93129	24175	17188		
青海	24817	4	21707	2970	135		
宁夏	15371		11696	1176	2500		
新疆	20870	65	19943	862			

2-28 各地区集体建筑业企业收入情况

单位：万元

地区	主营业务收入	#主营业务成本	#主营业务税金及附加	其他业务收入	#其他业务利润
全国总计	**35839098**	**30823350**	**1113910**	**1055305**	**52817**
北京	1598347	1478022	12423	40618	9912
天津	558187	504096	7646	8544	532
河北	877457	746517	27853	415	358
山西	383371	332130	5970	8031	1918
内蒙古	109800	89442	6538		
辽宁	1100355	982121	19383	37297	1478
吉林	185585	160747	2084	18165	757
黑龙江	942051	822713	32471	49021	187
上海	346811	328291	1585	2785	499
江苏	1052067	908500	31175	12715	2786
浙江	1556425	1467632	13695	11901	2793
安徽	809542	641159	28136	10247	136
福建	860696	814514	8778	3395	1540
江西	2576101	2232789	93125	41198	877
山东	3221227	2723473	85595	33657	285
河南	1853529	1463204	152334	14926	2760
湖北	657771	527971	25516	5900	13
湖南	2179668	1821606	101325	9231	820
广东	4549828	3979491	116082	25579	4213
广西	1706205	1509397	51723	25255	3396
海南	184278	160561	3614	7	7
重庆	1077573	925825	33154	19540	13267
四川	2146390	1788466	73039	552717	1179
贵州	517373	439665	16149	11235	64
云南	1230969	1015059	54508	45800	2270
西藏	41347	27924	356	66	66
陕西	2155253	1736864	74163	37680	378
甘肃	928479	800094	32126	1015	304
青海	171386	149579	1663	8123	19
宁夏	126256	117859	831	103	
新疆	134774	127638	871	20142	7

2-29 各地区集体建筑业企业费用情况

单位：万元

地区	管理费用	销售费用	财务费用	#利息收入	#利息支出
全国总计	**1398687**	**253773**	**127063**	**15505**	**76861**
北京	87535	893	-845	2393	1487
天津	30153	365	2522	-81	2345
河北	20644	23213	1211	196	278
山西	34237	952	524	1859	321
内蒙古	1157	12	212		112
辽宁	80844	1777	1834	372	598
吉林	20242	23	-90	99	32
黑龙江	31205	2525	884	348	676
上海	15163	180	-250	47	0
江苏	46621	5132	5080	333	1351
浙江	38089	2971	1821	660	2407
安徽	57255	6901	3059	922	664
福建	21561	55	1639	226	1664
江西	73893	8665	9982	201	6088
山东	118484	17945	23896	3994	22761
河南	89309	8614	10584	465	3523
湖北	21661	6103	3362	199	1677
湖南	67412	27543	7162	550	3496
广东	155291	19313	8338	392	1627
广西	48478	10856	3781	418	2269
海南	2827	3396	54	-3	1
重庆	35621	9394	2280	29	712
四川	85517	45364	12576	561	8248
贵州	7961	3919	598	86	85
云南	50818	16123	9487	398	6750
西藏	2632	8740	-22	24	
陕西	92831	16101	12821	701	5684
甘肃	33957	5368	4194	80	1637
青海	16077	304	-10	18	7
宁夏	3686	0	357	-3	326
新疆	7527	1026	21	22	38

2-30 各地区集体建筑业企业利润及税金情况

单位：万元

地区	利润总额	#应交所得税	税金总额	主营业务税金及附加	应交增值税
全国总计	**1522039**	**380376**	**2039379**	**1113910**	**925469**
北京	34254	9947	55679	12423	43256
天津	15178	6358	12299	7646	4653
河北	44505	15593	45803	27853	17950
山西	10653	3236	17971	5970	12001
内蒙古	11055	4319	7853	6538	1315
辽宁	11680	8796	46281	19383	26898
吉林	4262	1782	7374	2084	5290
黑龙江	43471	7707	49305	32471	16834
上海	4175	1267	12636	1585	11051
江苏	49395	11594	60102	31175	28927
浙江	40558	9043	54606	13695	40911
安徽	36429	7876	44321	28136	16185
福建	17583	8197	24548	8778	15770
江西	102525	26659	140087	93125	46962
山东	196188	33461	159718	85595	74124
河南	115770	19127	202732	152334	50398
湖北	46782	7476	35964	25516	10448
湖南	81789	16572	159884	101325	58558
广东	189976	55750	275338	116082	159255
广西	49336	21398	97347	51723	45624
海南	8952	4517	9061	3614	5447
重庆	67229	14993	51208	33154	18053
四川	96791	26904	146948	73039	73910
贵州	18339	6028	38130	16149	21981
云南	52019	12224	90283	54508	35775
西藏	1794	195	2108	356	1752
陕西	109354	25996	118077	74163	43914
甘肃	51686	8937	60094	32126	27968
青海	3921	882	5808	1663	4144
宁夏	3750	3045	3875	831	3044
新疆	2643	498	3941	871	3070

2-31 各地区集体建筑业企业应收工程款及企业亏损情况

地区	应收工程款(万元)	企业个数(个)	#亏损企业个数	亏损企业的比重(%)
全国总计	**5500173**	**2873**	**387**	**13.5**
北京	228865	97	22	22.7
天津	230432	38	7	18.4
河北	109112	72	13	18.1
山西	206944	72	16	22.2
内蒙古	270	6		
辽宁	241047	197	54	27.4
吉林	66488	30	5	16.7
黑龙江	154562	79	16	20.3
上海	43490	32	5	15.6
江苏	234094	100	2	2.0
浙江	173396	71	8	11.3
安徽	98608	71	8	11.3
福建	37272	35	9	25.7
江西	264842	155	11	7.1
山东	924318	377	47	12.5
河南	170419	133	4	3.0
湖北	79374	79	8	10.1
湖南	197451	161	16	9.9
广东	423160	283	33	11.7
广西	134675	145	20	13.8
海南	28334	14		
重庆	90776	60	12	20.0
四川	301159	129	8	6.2
贵州	113052	54	5	9.3
云南	250319	128	22	17.2
西藏	9969	8	2	25.0
陕西	365696	123	15	12.2
甘肃	209391	77	9	11.7
青海	35233	23	4	17.4
宁夏	40456	10	2	20.0
新疆	36971	14	4	28.6

2-32 各地区集体建筑业企业主要经济效益指标

地　区	产值利润率(%)	产值利税率(%)	资本利润率(%)	资本利税率(%)	人均利润(元/人)	人均利税(元/人)	资产负债率(%)
全国总计	**3.5**	**8.2**	**29.5**	**68.9**	**9052**	**21180**	**62.2**
北　京	2.7	7.2	13.5	35.3	12599	33079	77.7
天　津	2.2	4.0	13.4	24.2	10922	19772	76.2
河　北	3.5	7.0	40.4	82.1	9878	20043	54.7
山　西	2.6	7.1	10.9	29.2	5564	14950	76.3
内蒙古	10.1	17.3	86.9	148.6	28485	48720	29.0
辽　宁	1.1	5.5	5.3	26.2	1728	8575	71.7
吉　林	2.5	6.9	15.0	40.9	6125	16723	76.0
黑龙江	3.4	7.2	38.5	82.1	9521	20319	65.4
上　海	2.0	8.0	9.0	36.3	3153	12697	59.0
江　苏	3.8	8.4	26.1	57.9	9499	21058	51.8
浙　江	1.5	3.5	23.3	54.6	4232	9930	66.0
安　徽	3.9	8.7	26.8	59.4	9282	20574	52.4
福　建	1.8	4.3	17.9	42.9	4261	10209	61.0
江　西	3.2	7.7	30.8	72.9	10559	24986	56.7
山　东	5.0	9.0	31.2	56.5	11007	19967	66.8
河　南	5.2	14.3	57.9	159.4	14791	40692	47.7
湖　北	5.7	10.1	48.0	84.9	15801	27949	52.4
湖　南	3.2	9.3	28.3	83.5	6742	19921	49.1
广　东	4.2	10.4	35.6	87.2	11057	27082	58.9
广　西	2.1	6.1	24.4	72.6	6088	18102	59.4
海　南	4.6	9.2	80.2	161.4	12579	25310	49.6
重　庆	4.9	8.6	83.2	146.5	14361	25299	69.8
四　川	2.5	6.4	51.9	130.7	6822	17179	50.7
贵　州	3.5	10.7	25.1	77.2	7829	24107	65.6
云　南	3.3	9.0	26.8	73.4	6664	18231	48.4
西　藏	7.9	17.1	15.6	33.9	21276	46282	80.7
陕　西	4.7	9.8	20.7	43.0	12674	26360	49.4
甘　肃	5.6	12.1	36.9	79.8	9378	20282	66.2
青　海	2.5	6.3	15.8	39.2	5143	12761	62.2
宁　夏	4.4	9.0	24.4	49.6	12894	26218	79.8
新　疆	2.1	5.3	12.7	31.5	8522	21230	76.7

2-33 各地区私营建筑业企业签订合同情况

单位：万元

地　区	签订合同额	上年结转合同额	本年新签合同额
全国总计	**1088581149**	**367215028**	**721366121**
北　京	11734436	4357235	7377201
天　津	7572590	2621677	4950913
河　北	45870333	18337477	27532856
山　西	13481387	3940970	9540417
内蒙古	6004471	2430220	3574250
辽　宁	17145171	5776601	11368570
吉　林	11045028	3649756	7395271
黑龙江	3585498	1042664	2542834
上　海	29784607	14024439	15760168
江　苏	159155975	53266969	105889007
浙　江	259023643	87972299	171051344
安　徽	34751245	11342577	23408667
福　建	68792126	19147815	49644311
江　西	27316241	9070470	18245771
山　东	42010810	12007991	30002819
河　南	28090031	8887600	19202430
湖　北	37610450	12014652	25595798
湖　南	37525506	14930475	22595031
广　东	44954865	18493236	26461630
广　西	25676774	7423804	18252970
海　南	1038313	549319	488994
重　庆	39465328	12968257	26497071
四　川	63036701	20464052	42572649
贵　州	6869717	2260923	4608794
云　南	24606319	6945959	17660360
西　藏	677413	179386	498026
陕　西	21028100	6329933	14698167
甘　肃	5020519	1986256	3034264
青　海	1857962	804628	1053334
宁　夏	4500804	1549260	2951544
新　疆	9348790	2438130	6910660

2-34 各地区私营建筑业企业承包工程完成情况

单位：万元

地区	直接从建设单位承揽工程完成的产值	自行完成施工产值	分包出去工程的产值	从建设单位以外承揽工程完成的产值
全国总计	**684900442**	**677575787**	**7324655**	**29649946**
北京	6229210	5821926	407285	1215850
天津	5438300	5296939	141361	703227
河北	26811623	26611638	199985	381791
山西	9833778	9804615	29163	126997
内蒙古	2982200	2970205	11995	20775
辽宁	11331030	11261405	69625	257673
吉林	7443099	7361058	82041	205438
黑龙江	2515947	2499231	16716	64958
上海	14755455	14135869	619586	1766628
江苏	99396039	99203098	192940	7711437
浙江	159730805	158729286	1001519	5026318
安徽	24378287	24162291	215996	593799
福建	44445204	44331618	113586	963829
江西	19181494	18704931	476562	1510809
山东	28981321	28690056	291265	1243502
河南	19789819	19564107	225712	969565
湖北	27904438	27606862	297576	543360
湖南	20368746	20194604	174142	508415
广东	23381704	22506687	875017	936278
广西	14803133	14653030	150103	265189
海南	407329	407224	105	
重庆	31168137	30708582	459554	1218503
四川	39582696	38852851	729845	2003049
贵州	3538929	3472158	66771	201589
云南	16245364	16057330	188034	595457
西藏	506201	506096	105	739
陕西	11004546	10820879	183667	383083
甘肃	2877480	2854003	23476	48458
青海	972145	953931	18214	23637
宁夏	2603639	2572335	31304	47659
新疆	6292349	6260941	31407	111934

2-35 各地区私营企业建筑业总产值和竣工产值

单位：万元

地 区	建筑业总产值	#装饰装修产 值	#在外省完成的产值	按构成分组 建筑工程产值	安装工程产值	其他产值	竣工产值
全国总计	**707225733**	**51256277**	**190148108**	**619730797**	**59199472**	**28295465**	**439486407**
北 京	7037776	2347021	2249942	6210831	733377	93568	3824355
天 津	6000166	553635	381668	4645780	863060	491327	2295762
河 北	26993429	1008215	4357548	23005335	2270904	1717190	15688600
山 西	9931612	740082	1915740	8042349	1467003	422260	4958683
内蒙古	2990980	87259	267413	2673594	120801	196585	1864136
辽 宁	11519079	1077615	592327	9357704	1634584	526791	6663263
吉 林	7566496	378864	539384	6086174	646153	834169	4857194
黑龙江	2564190	116060	231998	2141755	241645	180790	1450480
上 海	15902497	3264233	4141075	13004419	2421174	476904	9054255
江 苏	106914535	6595351	36188229	99233375	6683826	997335	87192028
浙 江	163755604	11017546	83755483	148149968	10556748	5048889	98697342
安 徽	24756090	1550739	2017223	20415982	2054440	2285669	13776623
福 建	45295446	2493159	19420072	41712659	3188654	394133	24919288
江 西	20215740	1255382	6129054	17026994	1662383	1526364	12087719
山 东	29933557	2640900	2867946	24700349	4171098	1062110	16993538
河 南	20533672	1729515	2421224	16831113	2016972	1685588	12910901
湖 北	28150222	2324080	4201382	25209831	1961266	979126	18908115
湖 南	20703019	1062837	3426982	17291130	1867384	1544505	13405860
广 东	23442965	4499719	3385969	18352631	4042833	1047501	14146561
广 西	14918219	960394	1820420	12364351	1354606	1199261	8794198
海 南	407224	42560	21737	295553	36029	75642	221712
重 庆	31927085	1209643	2218458	28916418	1768921	1241745	17135420
四 川	40855900	1934692	6137437	34928571	3702551	2224779	23803076
贵 州	3673747	169452	42465	3171337	318726	183685	2029260
云 南	16652788	1044330	305948	14381398	1378702	892688	10853331
西 藏	506835	10294	1	453957	51386	1492	398197
陕 西	11203963	601362	716368	9614465	1022673	566825	4669705
甘 肃	2902461	115592	246008	2484961	304463	113037	1707169
青 海	977568	46854	42671	868882	89729	18957	540937
宁 夏	2619995	90639	97119	2427809	142295	49891	1783352
新 疆	6372875	288253	8817	5731124	425089	216662	3855350

2-36 各地区私营建筑业企业房屋建筑面积

地区	房屋施工面积(万平方米)	#本年新开工	房屋竣工面积(万平方米)	房屋竣工率(%)
全国总计	**433935.6**	**198640.9**	**168665.1**	**38.9**
北京	951.6	186.3	225.8	23.7
天津	1050.0	532.6	652.3	62.1
河北	15704.5	7767.6	6304.0	40.1
山西	3968.2	1917.9	1484.6	37.4
内蒙古	1807.2	1000.3	720.1	39.8
辽宁	5501.0	2953.2	2320.4	42.2
吉林	3130.4	1588.6	1579.0	50.4
黑龙江	876.9	573.9	433.7	49.5
上海	7051.3	2310.4	1776.1	25.2
江苏	81956.1	35924.1	30368.7	37.1
浙江	122791.6	53468.8	40997.4	33.4
安徽	15087.4	7462.7	7801.3	51.7
福建	29445.9	10670.2	8019.0	27.2
江西	9512.8	5468.0	5576.5	58.6
山东	19837.3	11086.0	7783.3	39.2
河南	15630.7	5687.7	5243.3	33.5
湖北	17825.3	10223.3	9870.2	55.4
湖南	12265.8	5693.6	5940.9	48.4
广东	9643.6	3364.8	3527.4	36.6
广西	6466.8	3498.1	3821.9	59.1
海南	131.2	44.5	73.7	56.2
重庆	13306.2	6171.7	5976.5	44.9
四川	20378.9	10707.0	9637.4	47.3
贵州	2394.6	982.7	980.8	41.0
云南	6302.6	3659.2	3668.1	58.2
西藏	126.8	79.6	63.7	50.3
陕西	4926.8	2446.4	1521.1	30.9
甘肃	1389.7	775.1	589.5	42.4
青海	461.8	217.7	167.6	36.3
宁夏	1397.8	757.6	434.1	31.1
新疆	2614.8	1421.1	1106.8	42.3

2-37 各地区按主要用途分的私营建筑业企业房屋竣工面积

单位：万平方米

地区	总计	住宅房屋	商业及服务用房屋	商厦房屋(批发和零售用房)	宾馆用房屋(住宿用房)	餐饮用房屋(餐饮用房)
全国总计	**168665.1**	**110424.6**	**10139.3**	**4120.9**	**986.5**	**352.4**
北京	225.8	132.4	20.8	9.0		3.0
天津	652.3	428.9	28.2	9.0	4.5	0.6
河北	6304.0	4832.1	220.1	103.0	11.0	1.5
山西	1484.6	1076.5	87.8	21.9	20.6	1.2
内蒙古	720.1	571.5	48.2	5.7	0.4	4.5
辽宁	2320.4	1553.2	106.5	63.7	8.7	0.9
吉林	1579.0	934.5	118.9	56.7	3.3	2.3
黑龙江	433.7	289.6	31.2	2.3	1.1	3.6
上海	1776.1	853.5	125.4	33.6	7.3	3.0
江苏	30368.7	21242.2	1111.3	485.8	99.8	56.1
浙江	40997.4	23497.0	2804.1	1325.6	311.0	103.9
安徽	7801.3	5220.7	470.3	268.6	73.3	12.3
福建	8019.0	4752.6	547.5	142.4	25.9	4.9
江西	5576.5	3578.6	355.6	119.6	21.2	11.7
山东	7783.3	5515.5	332.5	131.7	10.5	7.7
河南	5243.3	3921.9	261.4	52.6	20.2	23.2
湖北	9870.2	7538.6	356.4	124.4	17.0	6.7
湖南	5940.9	3977.0	468.4	172.4	75.1	1.0
广东	3527.4	2124.4	328.3	100.9	62.9	3.9
广西	3821.9	2129.5	222.3	84.5	43.0	13.6
海南	73.7	43.2	4.8	3.9	0.1	
重庆	5976.5	4127.5	452.2	185.2	36.1	13.7
四川	9637.4	6812.4	812.4	316.5	74.7	31.5
贵州	980.8	620.5	102.6	22.3	3.8	6.5
云南	3668.1	2187.8	367.0	173.8	23.5	24.4
西藏	63.7	23.2	4.0	0.0	1.5	0.1
陕西	1521.1	1097.1	126.2	28.1	12.0	5.2
甘肃	589.5	374.2	61.3	26.4	3.9	0.4
青海	167.6	71.6	20.4	0.1	5.3	0.1
宁夏	434.1	270.5	71.9	25.5	2.6	3.7
新疆	1106.8	626.3	71.5	25.5	5.9	1.1

2-37 续表1 单位：万平方米

地　区						
	商务会展用房屋	其他商业及服务用房屋（居民服务业用房）	办公用房屋	科研、教育和医疗用房屋	科学研究用房屋	教育用房屋
全国总计	**679.1**	**4000.2**	**9650.5**	**6478.0**	**519.7**	**4844.6**
北　京		8.7	20.3	20.7	11.7	3.2
天　津	3.4	10.6	38.2	6.8	0.4	5.4
河　北	7.8	96.9	263.3	257.9	12.8	205.7
山　西	7.2	36.9	62.9	50.8	1.3	41.5
内蒙古	0.5	37.1	8.6	26.6	0.7	23.4
辽　宁	0.0	33.1	135.6	29.4	0.1	27.1
吉　林	3.7	53.0	113.8	54.3	1.3	42.7
黑龙江	4.9	19.2	22.6	8.8		6.5
上　海	13.2	68.3	70.8	43.5	5.8	32.0
江　苏	231.4	238.1	1395.0	854.8	77.4	607.8
浙　江	240.5	823.1	2501.0	1130.2	170.0	746.9
安　徽	14.0	102.0	529.5	254.8	7.9	222.8
福　建	12.2	362.0	570.4	275.3	33.3	203.3
江　西	6.1	197.0	432.8	303.7	12.4	251.9
山　东	13.3	169.3	267.0	304.8	7.6	267.5
河　南	0.6	164.7	271.0	246.6	33.3	187.4
湖　北	14.5	193.8	520.9	208.2	4.1	126.6
湖　南	7.7	212.1	326.3	368.7	14.9	299.7
广　东	12.5	148.0	211.0	147.5	20.7	119.5
广　西	7.3	73.8	496.8	493.6	52.3	337.4
海　南	0.5	0.3	4.5	8.7	0.8	7.6
重　庆	26.6	190.6	392.5	183.6	19.1	129.7
四　川	13.9	375.7	376.7	396.2	7.9	283.6
贵　州	8.4	61.6	43.3	119.7	0.8	90.8
云　南	15.8	129.4	346.3	361.3	14.1	307.1
西　藏	0.0	2.4	9.8	9.3	0.0	7.1
陕　西	2.0	78.9	65.3	110.2	2.6	98.4
甘　肃	2.0	28.5	29.6	48.8	2.9	39.4
青　海	0.1	14.8	16.1	31.1	0.8	24.0
宁　夏	5.0	35.0	17.7	30.9	0.3	20.3
新　疆	3.9	35.0	91.0	91.0	2.6	78.4

2-37 续表2

单位：万平方米

地　区	医疗用房屋（卫生医疗用房）	文化、体育和娱乐用房屋	厂房及建筑物	#厂房	仓　库	其他未列明的房屋建筑物
全国总计	**1113.6**	**1538.1**	**25304.5**	**15292.0**	**1305.5**	**3824.6**
北　京	5.8	9.3	14.8	10.3	0.8	6.7
天　津	1.0	33.9	72.9	37.0	5.8	37.6
河　北	39.4	37.1	431.3	245.6	32.5	229.8
山　西	8.0	14.3	137.1	57.5	9.1	46.2
内蒙古	2.5	5.7	8.2	5.9	1.5	49.8
辽　宁	2.2	13.7	370.8	204.8	7.7	103.5
吉　林	10.4	24.8	207.2	71.7	29.6	95.9
黑龙江	2.3	3.3	44.4	33.8	24.1	9.7
上　海	5.8	4.3	593.5	288.2	40.5	44.6
江　苏	169.6	339.6	4737.5	3308.9	301.3	387.0
浙　江	213.3	281.9	9591.9	6593.2	409.4	781.9
安　徽	24.2	48.8	1069.8	546.9	51.6	155.6
福　建	38.6	50.1	1738.7	724.3	65.7	18.8
江　西	39.5	117.0	544.3	340.9	57.0	187.6
山　东	29.7	53.8	1175.1	601.8	63.0	71.7
河　南	25.9	29.4	381.2	154.6	36.5	95.3
湖　北	77.6	50.1	1042.1	384.7	17.7	136.1
湖　南	54.0	37.9	594.0	382.0	19.3	149.3
广　东	7.4	31.5	602.1	269.0	10.0	72.5
广　西	103.9	118.5	236.0	63.0	27.1	98.2
海　南	0.3	1.1	0.1			11.3
重　庆	34.8	32.2	534.8	313.6	21.3	232.4
四　川	104.7	69.5	774.5	444.3	27.1	368.5
贵　州	28.1	13.2	44.4	15.2	5.4	31.6
云　南	40.1	82.3	155.5	89.7	20.6	147.4
西　藏	2.2	1.8	5.6	0.6	3.5	6.5
陕　西	9.1	11.4	61.2	26.4	3.7	46.0
甘　肃	6.4	7.5	18.5	4.7	3.3	46.3
青　海	6.4	1.9	4.6	2.0	1.0	20.8
宁　夏	10.2	0.9	20.9	12.5	6.9	14.5
新　疆	10.0	11.6	91.4	58.8	2.7	121.4

2-38 各地区按主要用途分的私营建筑业企业房屋竣工价值

单位：万元

地区	总计	住宅房屋	商业及服务用房屋			
				商厦房屋（批发和零售用房）	宾馆用房屋（住宿用房）	餐饮用房屋（餐饮用房）
全国总计	**267613597**	**178793793**	**17493350**	**6940605**	**1702373**	**604730**
北京	554843	288421	52119	25985		5413
天津	1216813	734931	67705	22654	12500	1639
河北	9155551	6855096	371177	194809	13006	2634
山西	2290091	1722769	142257	32446	32329	1532
内蒙古	1031386	825862	76502	10936	1354	8884
辽宁	3222193	2084955	134671	63159	11693	1419
吉林	2503046	1443758	196071	51197	10310	5618
黑龙江	720833	482055	54630	6047	1144	4743
上海	3328771	1748821	291519	92126	25283	3775
江苏	53188676	37798645	2054688	775416	188092	104410
浙江	69093015	42415434	5428779	2497323	584822	196482
安徽	9886946	6857340	623859	351193	117991	14833
福建	13762358	8915104	944440	282315	68903	6820
江西	7564962	4478546	552970	197516	33044	19369
山东	10168869	7402437	476365	158757	19839	4537
河南	6938954	5151340	394069	81922	27621	45731
湖北	14011815	10799444	571022	184266	38365	10799
湖南	8443831	5750072	650680	262050	60163	1550
广东	5946000	3709801	567551	170427	93115	5513
广西	5708402	3316864	328184	134550	70872	13336
海南	132393	74892	9646	7435	265	
重庆	9810681	6805956	830158	340783	56163	33486
四川	15162176	10732656	1390694	527673	144125	65751
贵州	1341189	807504	145050	27915	5339	7702
云南	5863708	3524253	531908	263470	33002	15551
西藏	147712	55635	11797	110	2720	104
陕西	2552573	1826509	201525	47600	19995	9573
甘肃	937919	586384	92507	38730	7103	675
青海	312969	122856	25836	85	4000	163
宁夏	750770	438471	150054	52589	6960	10108
新疆	1864152	1036980	124921	39124	12256	2581

2-38 续表1

单位：万元

地区	商务会展用房屋	其他商业及服务用房屋(居民服务业用房)	办公用房屋	科研、教育和医疗用房屋	科学研究用房屋	教育用房屋
全国总计	**1376354**	**6869288**	**16336287**	**11347715**	**1045277**	**8303463**
北京		20722	44378	74962	54988	8092
天津	8791	22121	54446	18112	635	16349
河北	22494	138236	420973	367384	20176	285031
山西	16347	59603	110358	63264	1596	47239
内蒙古	1079	54249	16027	61548	1113	57084
辽宁	80	58320	200478	40606	17	37953
吉林	8516	120431	265961	91319	392	65737
黑龙江	14019	28678	41905	17974		12579
上海	40426	129909	196070	118510	21723	83464
江苏	524972	461799	2866603	1900060	208407	1347228
浙江	502145	1648008	4197939	2251071	348598	1507392
安徽	9394	130448	637619	299824	7071	259762
福建	18029	568373	967050	492317	51139	374963
江西	9551	293489	1060413	421266	17515	338393
山东	21704	271527	412030	469732	15473	404392
河南	907	237888	378182	337848	41733	250538
湖北	20290	317302	725286	384832	12685	212559
湖南	6581	320337	396880	517776	21370	408306
广东	37838	260658	342527	205732	45149	150604
广西	11544	97881	630920	768984	81476	534087
海南	901	1045	7068	15892	1546	13729
重庆	35837	363889	651878	296646	35188	210758
四川	25199	627946	642319	726516	12116	526661
贵州	8099	95995	89301	155668	1257	119515
云南	12326	207560	517788	648994	25155	549489
西藏	20	8843	19399	27230	10	21988
陕西	1601	122756	102970	168802	6372	144663
甘肃	3572	42427	68455	91485	5254	74296
青海	130	21457	41214	70149	2389	50552
宁夏	6908	73490	28897	70023	1639	40366
新疆	7058	63903	200954	173193	3097	149696

2-38 续表2 单位：万元

地　区	医疗用房屋(卫生医疗用房)	文化、体育和娱乐用房屋	厂房及建筑物	#厂房	仓　库	其他未列明的房屋建筑物
全国总计	**1998976**	**2747973**	**33207504**	**19748039**	**1855067**	**5831909**
北　京	11883	51000	23406	12327	2555	18003
天　津	1128	136275	97126	45139	6090	102129
河　北	62178	56637	537654	325649	39720	506910
山　西	14430	30277	146778	54143	8961	65429
内蒙古	3351	14762	10527	6038	1630	24528
辽　宁	2637	29213	571819	268847	6747	153704
吉　林	25190	45880	248474	86691	48784	162798
黑龙江	5396	5631	74839	60864	24063	19735
上　海	13323	10503	802333	504051	92090	68927
江　苏	344425	649887	6916612	4709275	436280	565901
浙　江	395081	558814	12348395	8254056	622591	1269993
安　徽	32991	61394	1163129	557761	64757	179025
福　建	66215	86948	2246411	855471	81091	28998
江　西	65358	153363	640905	403289	80260	177241
山　东	49867	108383	1155502	621178	55567	88851
河　南	45577	35908	436463	185430	38398	166745
湖　北	159588	99906	1207991	453448	25219	198115
湖　南	88100	54906	828844	538329	19380	225294
广　东	9979	29767	986761	372809	11428	92433
广　西	153420	156447	321960	75327	43894	141149
海　南	617	1314	135			23447
重　庆	50699	55660	753299	418805	32556	384529
四　川	187738	122788	1003987	597204	35573	507643
贵　州	34896	32498	58122	16612	8089	44957
云　南	74351	94142	267336	145821	39127	240160
西　藏	5232	3505	10341	715	4272	15535
陕　西	17767	28595	139663	43022	6977	77533
甘　肃	11935	12879	23578	7716	5482	57149
青　海	17208	2947	10688	4334	3014	36264
宁　夏	28018	2295	26033	18263	5756	29240
新　疆	20401	15450	148394	105427	4717	159544

2-39 各地区私营建筑业企业主要生产效益指标

地区	建筑业企业个数（个）	从事建筑业活动的平均人数（人）	按总产值计算的劳动生产率（元/人）	人均竣工产值（元/人）	人均施工面积（平方米/人）	人均竣工面积（平方米/人）
全国总计	**49645**	**24928403**	**283703**	**176299**	**174.1**	**67.7**
北京	1427	195051	360817	196069	48.8	11.6
天津	869	210532	285000	109046	49.9	31.0
河北	2008	976967	276298	160585	160.7	64.5
山西	1869	384238	258476	129052	103.3	38.6
内蒙古	390	127244	235059	146501	142.0	56.6
辽宁	3025	431273	267095	154502	127.6	53.8
吉林	1074	242563	311939	200245	129.1	65.1
黑龙江	644	108382	236588	133830	80.9	40.0
上海	1827	463875	342819	195187	152.0	38.3
江苏	5567	3989716	267975	218542	205.4	76.1
浙江	4925	4957251	330336	199097	247.7	82.7
安徽	1825	836285	296025	164736	180.4	93.3
福建	2428	1882767	240579	132355	156.4	42.6
江西	1036	876167	230729	137961	108.6	63.6
山东	3456	1130666	264743	150297	175.4	68.8
河南	2083	690639	297314	186941	226.3	75.9
湖北	1712	879033	320241	215101	202.8	112.3
湖南	954	840792	246232	159443	145.9	70.7
广东	2106	641908	365208	220383	150.2	55.0
广西	724	465575	320426	188889	138.9	82.1
海南	35	8862	459517	250183	148.0	83.2
重庆	1585	1207712	264360	141883	110.2	49.5
四川	2616	1680072	243179	141679	121.3	57.4
贵州	510	168483	218049	120443	142.1	58.2
云南	1625	636670	261561	170470	99.0	57.6
西藏	141	21390	236949	186160	59.3	29.8
陕西	1266	383984	291782	121612	128.3	39.6
甘肃	590	131124	221352	130195	106.0	45.0
青海	183	44464	219856	121657	103.9	37.7
宁夏	517	118871	220407	150024	117.6	36.5
新疆	628	195847	325401	196855	133.5	56.5

2-40 各地区私营建筑业企业资产构成

单位：万元

地 区	资产合计	流动资产合计	#存货	非流动资产合计	#固定资产合计
全国总计	**494769665**	**403898442**	**78701644**	**90871223**	**46618226**
北 京	13102231	11096832	1287858	2005399	550166
天 津	7399517	6061212	475156	1338305	670407
河 北	28437216	22779155	4218422	5658061	3066497
山 西	10861236	8947397	1413452	1913839	1098839
内 蒙 古	7577205	5892751	702933	1684454	583972
辽 宁	17027901	14366196	1719058	2661705	1487305
吉 林	8065006	6563694	782857	1501312	718885
黑 龙 江	3690041	2981491	518415	708550	391745
上 海	22877623	20159030	2938243	2718593	1124561
江 苏	75947553	62469624	15048486	13477929	6709517
浙 江	67295304	55668686	14839072	11626618	6258003
安 徽	15937205	12816213	1979122	3120993	1668469
福 建	18947616	15385763	2604540	3561852	2143562
江 西	8914639	6687316	1450498	2227323	1160078
山 东	29732876	23348945	5225838	6383931	3646941
河 南	14393748	11003739	2093470	3390010	1899001
湖 北	15589239	12475671	2704316	3113568	2039799
湖 南	10319163	8108375	1747694	2210788	1210021
广 东	28275638	24529644	4257749	3745994	1556113
广 西	6736485	5255894	770071	1480591	718701
海 南	325502	269758	34668	55744	24493
重 庆	16348186	13430621	3031191	2917565	1283369
四 川	22458037	18014014	3667045	4444024	1977530
贵 州	4738430	4071106	598682	667325	285740
云 南	11796807	9154627	1299737	2642180	1415655
西 藏	859766	552350	61577	307415	204012
陕 西	11128366	8850230	1405785	2278137	1208300
甘 肃	4504868	3184014	655373	1320854	597767
青 海	1407454	1174498	178695	232956	160736
宁 夏	4396176	3750184	575076	645992	302496
新 疆	5678632	4849415	416568	829218	455544

2-41 各地区私营建筑业企业固定资产情况

单位：万元

地区	固定资产合计	固定资产原价	固定资产折旧	#本年折旧	在建工程
全国总计	**46618226**	**62205946**	**25643758**	**3599345**	**5178927**
北京	550166	982207	502218	62760	94099
天津	670407	1100153	518293	66222	32048
河北	3066497	3912652	1518545	222249	375309
山西	1098839	1617872	720881	104392	129605
内蒙古	583972	846336	340747	40661	46851
辽宁	1487305	2309836	1095725	127359	97136
吉林	718885	919529	347629	57990	59839
黑龙江	391745	567283	237484	26861	37237
上海	1124561	1922824	943118	90600	86917
江苏	6709517	8947159	3659053	513360	817922
浙江	6258003	9778852	4242192	592441	337704
安徽	1668469	2039574	737733	96097	241241
福建	2143562	3133405	1237857	200600	79223
江西	1160078	1326014	445594	76689	152853
山东	3646941	4772174	1869512	269180	294910
河南	1899001	2109615	772438	125872	175966
湖北	2039799	2385330	891995	125084	216725
湖南	1210021	1419977	554834	77837	213652
广东	1556113	2114283	952204	111998	235252
广西	718701	900640	346229	66254	90359
海南	24493	34454	19880	1724	15
重庆	1283369	1439430	589386	95362	234878
四川	1977530	2189420	943262	125290	461008
贵州	285740	193957	53108	11010	58022
云南	1415655	1803331	787847	117160	217818
西藏	204012	195151	42444	4180	19991
陕西	1208300	1408422	532539	82708	141408
甘肃	597767	583982	184583	24561	70224
青海	160736	207467	79334	11119	22765
宁夏	302496	439108	175901	23932	27564
新疆	455544	605510	301195	47794	110391

2-42 各地区私营建筑业企业负债及所有者权益

单位：万元

地区	负债合计	#流动负债	#应付账款	所有者权益	#实收资本
全国总计	**269681965**	**243913542**	**82319910**	**224936187**	**128270461**
北京	8954990	8684964	3088573	4147241	3114562
天津	4806651	4445187	2063779	2592356	1913561
河北	17726081	16215145	5874971	10711135	5749347
山西	6106600	5879353	2348839	4748088	3543877
内蒙古	4980592	4475655	1313385	2596613	1354788
辽宁	9661687	8577525	2730699	7287641	4090568
吉林	4365924	3770448	1471651	3699082	1911395
黑龙江	1933418	1848592	547841	1756623	1307426
上海	15081258	13956091	5467812	7795379	4560145
江苏	39052506	36042924	13629980	36849837	17059796
浙江	35928630	33740677	10450007	31365931	17491377
安徽	8072715	6819733	1780232	7844356	4597569
福建	7762129	7286970	1771054	11185555	7233834
江西	3179649	2659206	738085	5734990	3197881
山东	16989274	15623774	4919500	12743601	6995249
河南	6312503	5444208	2000717	8081245	4886440
湖北	7119551	5841865	2252019	8435318	4421712
湖南	4579753	3995865	1209211	5739436	3019438
广东	17173015	15245391	4699700	11087597	6272731
广西	3517123	2924151	914373	3219363	2148565
海南	151188	138554	33037	174314	91983
重庆	9591368	8054013	2403297	6756818	3257735
四川	11457661	9733303	2655067	11045333	7275628
贵州	3352342	2917706	785686	1386088	818884
云南	6203636	5392358	1719856	5594279	3254624
西藏	349951	303614	56220	520356	302014
陕西	5553635	5015762	2032072	5574732	4127777
甘肃	2429586	2015345	595938	2075281	1368608
青海	823977	772217	297970	583476	485876
宁夏	2632047	2487061	1080286	1764129	1075293
新疆	3832523	3605884	1388053	1839994	1341776

2-43 各地区私营建筑业企业实收资本

单位：万元

地区	合计	国家资本	集体资本	法人资本	个人资本	港澳台资本	外商资本
全国总计	**128270461**	**715653**	**1507094**	**37024967**	**88964677**	**49031**	**9040**
北京	3114562	271	11520	839238	2263534		
天津	1913561	3643	2823	438155	1468941		
河北	5749347	90605	97680	1829851	3721212	10000	
山西	3543877	7052	42272	1235379	2258665	505	5
内蒙古	1354788	309	16066	301792	1036622		
辽宁	4090568	18711	21901	1321355	2728600		
吉林	1911395	4646	21610	694258	1190880		
黑龙江	1307426	6390	11990	412929	876116	1	1
上海	4560145	16362	46223	1578945	2914096	1513	3005
江苏	17059796	100997	285335	4700005	11956004	16589	866
浙江	17491377	41572	144662	3960609	13339282	5253	
安徽	4597569	8471	56945	1249566	3280087	2500	
福建	7233834	10364	40552	1596558	5586360		
江西	3197881	13677	10173	772036	2401795	100	100
山东	6995249	37265	139970	2184347	4632487	1179	2
河南	4886440	19326	65023	1294886	3507204		
湖北	4421712	5647	38488	928763	3448814	1	
湖南	3019438	12801	49947	914653	2042038		
广东	6272731	7888	103973	2183316	3977372	182	
广西	2148565	19252	51691	700797	1373353	3472	
海南	91983		100	16108	75775		
重庆	3257735	6835	41425	837661	2371805	5	5
四川	7275628	43435	61870	2608030	4560725	1548	20
贵州	818884	5813	16339	348744	447988		
云南	3254624	176751	39544	1081993	1956317		20
西藏	302014	13000	13256	97333	167425	6000	5000
陕西	4127777	37756	30314	1256025	2803481	184	17
甘肃	1368608	2463	9114	718621	638410		
青海	485876	300	12788	233634	239155		
宁夏	1075293	1719	12043	337135	724396		
新疆	1341776	2336	11459	352245	975737		

2-44 各地区私营建筑业企业收入情况

单位：万元

地　区	主营业务收　入	#主营业务成　本	#主营业务税金及附加	其他业务收　入	#其他业务利　润
全国总计	**591890977**	**523271914**	**9672122**	**8035466**	**414246**
北　京	8928949	7764621	42650	113087	36731
天　津	5269651	4670213	37927	141344	4519
河　北	24611250	22138932	384319	431217	24728
山　西	9406440	8483458	97445	93677	8717
内蒙古	3446833	3008728	55407	68090	1011
辽　宁	10516540	8614530	138612	332923	23638
吉　林	6340329	5336980	96289	100946	5447
黑龙江	2436840	2108548	40785	58433	219
上　海	18075516	16551585	74935	204783	26148
江　苏	87991558	77999645	1811885	434272	64474
浙　江	121645589	112940381	1047048	575811	62553
安　徽	19958389	17226028	380850	171071	8122
福　建	38280808	34350250	812631	386836	8561
江　西	15785755	13755247	448400	379167	6098
山　东	27242386	23755181	422015	366347	9375
河　南	18337014	15393395	477376	314439	9838
湖　北	24496203	21382761	464132	312115	6837
湖　南	18348105	16270955	458496	104023	4852
广　东	25817195	21459218	301074	276715	19491
广　西	10623783	9496689	202320	591545	10964
海　南	419983	383102	3148		0
重　庆	25614763	21253172	554715	322981	17957
四　川	28160077	23794052	595733	1544852	13746
贵　州	3666238	3170898	64578	74689	954
云　南	12376328	10484103	267558	290886	9271
西　藏	716385	593082	14010	38529	544
陕　西	9731133	8594354	188703	60791	2886
甘　肃	2995874	2547643	58949	33486	2849
青　海	1191581	1095279	10426	57993	204
宁　夏	3255790	2934752	24279	40166	20184
新　疆	6203696	5714135	95427	114253	3329

2-45 各地区私营建筑业企业费用情况

单位：万元

地 区	管理费用	销售费用	财务费用	#利息收入	#利息支出
全国总计	**19530016**	**3353765**	**3830957**	**212093**	**2471404**
北 京	662246	236404	35772	8954	44162
天 津	309054	39384	29878	1850	24174
河 北	688612	69348	199392	17998	97747
山 西	410084	49379	56976	1591	26773
内 蒙 古	127044	5720	53441	32	32139
辽 宁	577373	53532	90525	444	55184
吉 林	223656	23694	56291	3631	34998
黑 龙 江	101034	14161	16425	207	13415
上 海	938749	100404	102003	7617	79128
江 苏	2933462	540635	665587	51873	449659
浙 江	2628826	369685	622805	49498	481323
安 徽	623622	116115	128661	3502	74396
福 建	1243384	157576	99110	5128	88378
江 西	424039	105581	68221	2122	34103
山 东	897910	157525	241336	10235	139431
河 南	617049	139512	110056	3361	65609
湖 北	749421	193742	178697	3376	96065
湖 南	551590	131122	80677	3311	42183
广 东	1111108	139180	207109	459	124593
广 西	345313	25677	49350	1386	19833
海 南	12947	94	751	-5	528
重 庆	807535	151633	180191	12782	80295
四 川	1117064	282582	261032	11470	154853
贵 州	117667	13467	18895	349	11057
云 南	473323	132127	96497	3546	75838
西 藏	38879	1517	3677	5	2287
陕 西	365241	54314	51096	1242	25731
甘 肃	106446	18806	54284	2886	45967
青 海	38391	5126	5837	510	4809
宁 夏	101750	15760	30440	634	16678
新 疆	187198	9964	35947	2100	30071

2-46 各地区私营建筑业企业利润及税金情况

单位：万元

地　区	利润总额	#应交所得税	税金总额	主营业务税金及附加	应交增值税
全国总计	**24698488**	**6018166**	**23364990**	**9672122**	**13692868**
北　京	224226	45116	253280	42650	210630
天　津	62812	33210	127154	37927	89227
河　北	1003732	257352	859086	384319	474767
山　西	246157	64050	330985	97445	233540
内蒙古	166777	43912	133606	55407	78199
辽　宁	516675	144356	319611	138612	180999
吉　林	419726	100149	244852	96289	148563
黑龙江	119083	35584	97940	40785	57155
上　海	387055	94783	520978	74935	446042
江　苏	4095126	922461	3985511	1811885	2173627
浙　江	3828593	969447	4198159	1047048	3151111
安　徽	870004	204864	847470	380850	466620
福　建	1525369	476091	1744737	812631	932106
江　西	742228	165171	659556	448400	211157
山　东	1427422	285607	976707	422015	554693
河　南	1105318	253827	880240	477376	402864
湖　北	1299667	363668	952259	464132	488127
湖　南	709232	160739	867415	458496	408919
广　东	1015717	243476	854888	301074	553814
广　西	321727	119460	381215	202320	178895
海　南	18703	10678	16956	3148	13807
重　庆	1709783	330268	1153371	554715	598656
四　川	1162810	300371	1314425	595733	718692
贵　州	188053	48573	165001	64578	100423
云　南	639685	144922	545236	267558	277678
西　藏	48785	6597	22097	14010	8087
陕　西	371026	66664	398718	188703	210015
甘　肃	175115	31143	128487	58949	69538
青　海	14705	3382	35925	10426	25499
宁　夏	138275	49077	107021	24279	82742
新　疆	144904	43170	242103	95427	146676

2-47 各地区私营建筑业企业应收工程款及企业亏损情况

地　区	应收工程款（万元）	企业个数（个）	#亏损企业个数	亏损企业的比重（%）
全国总计	**131196557**	**49645**	**7875**	**15.9**
北　京	3165275	1427	356	24.9
天　津	2754038	869	233	26.8
河　北	7431794	2008	297	14.8
山　西	3499723	1869	439	23.5
内蒙古	1996903	390	83	21.3
辽　宁	5206527	3025	712	23.5
吉　林	3105093	1074	144	13.4
黑龙江	881519	644	158	24.5
上　海	5353236	1827	384	21.0
江　苏	23386820	5567	397	7.1
浙　江	15074568	4925	702	14.3
安　徽	4298342	1825	205	11.2
福　建	4244074	2428	268	11.0
江　西	2031956	1036	104	10.0
山　东	8287877	3456	475	13.7
河　南	3759739	2083	280	13.4
湖　北	4271392	1712	231	13.5
湖　南	2514077	954	113	11.8
广　东	5987026	2106	395	18.8
广　西	1464402	724	132	18.2
海　南	74238	35	7	20.0
重　庆	4686495	1585	189	11.9
四　川	5826694	2616	352	13.5
贵　州	1267673	510	119	23.3
云　南	2654267	1625	291	17.9
西　藏	191254	141	11	7.8
陕　西	2823571	1266	273	21.6
甘　肃	989631	590	119	20.2
青　海	348467	183	61	33.3
宁　夏	1645604	517	171	33.1
新　疆	1974278	628	174	27.7

2-48 各地区私营建筑业企业主要经济效益指标

地　　区	产值利润率 (%)	产值利税率 (%)	资本利润率 (%)	资本利税率 (%)	人均利润 (元/人)	人均利税 (元/人)	资产负债率 (%)
全国总计	**3.5**	**6.8**	**19.3**	**37.5**	**9908**	**19281**	**54.5**
北　京	3.2	6.8	7.2	15.3	11496	24481	68.3
天　津	1.0	3.2	3.3	9.9	2983	9023	65.0
河　北	3.7	6.9	17.5	32.4	10274	19067	62.3
山　西	2.5	5.8	6.9	16.3	6406	15020	56.2
内蒙古	5.6	10.0	12.3	22.2	13107	23607	65.7
辽　宁	4.5	7.3	12.6	20.4	11980	19391	56.7
吉　林	5.5	8.8	22.0	34.8	17304	27398	54.1
黑龙江	4.6	8.5	9.1	16.6	10987	20024	52.4
上　海	2.4	5.7	8.5	19.9	8344	19575	65.9
江　苏	3.8	7.6	24.0	47.4	10264	20254	51.4
浙　江	2.3	4.9	21.9	45.9	7723	16192	53.4
安　徽	3.5	6.9	18.9	37.4	10403	20537	50.7
福　建	3.4	7.2	21.1	45.2	8102	17369	41.0
江　西	3.7	6.9	23.2	43.8	8471	15999	35.7
山　东	4.8	8.0	20.4	34.4	12625	21263	57.1
河　南	5.4	9.7	22.6	40.6	16004	28750	43.9
湖　北	4.6	8.0	29.4	50.9	14785	25618	45.7
湖　南	3.4	7.6	23.5	52.2	8435	18752	44.4
广　东	4.3	8.0	16.2	29.8	15823	29141	60.7
广　西	2.2	4.7	15.0	32.7	6910	15098	52.2
海　南	4.6	8.8	20.3	38.8	21104	40237	46.4
重　庆	5.4	9.0	52.5	87.9	14157	23707	58.7
四　川	2.8	6.1	16.0	34.0	6921	14745	51.0
贵　州	5.1	9.6	23.0	43.1	11162	20955	70.7
云　南	3.8	7.1	19.7	36.4	10047	18611	52.6
西　藏	9.6	14.0	16.2	23.5	22807	33138	40.7
陕　西	3.3	6.9	9.0	18.6	9663	20046	49.9
甘　肃	6.0	10.5	12.8	22.2	13355	23154	53.9
青　海	1.5	5.2	3.0	10.4	3307	11387	58.5
宁　夏	5.3	9.4	12.9	22.8	11632	20635	59.9
新　疆	2.3	6.1	10.8	28.8	7399	19761	67.5

2-49 各地区联营建筑业企业签订合同情况

单位：万元

地　区	签订合同额	上年结转合同额	本年新签合同额
全国总计	**3570321**	**2700574**	**869747**
北　京	62		62
天　津			
河　北			
山　西			
内蒙古			
辽　宁	36000		36000
吉　林			
黑龙江	32	32	
上　海	0		0
江　苏	3414650	2666013	748637
浙　江	4668	151	4516
安　徽	22920	6232	16688
福　建			
江　西			
山　东	12647	1865	10782
河　南	9000	1920	7080
湖　北			
湖　南	8274	882	7392
广　东	45726	21433	24292
广　西			
海　南	1513		1513
重　庆	1295		1295
四　川	747	175	572
贵　州	250	50	200
云　南	9576	1821	7755
西　藏			
陕　西	2963		2963
甘　肃			
青　海			
宁　夏			
新　疆			

2-50 各地区联营建筑业企业承包工程完成情况

单位：万元

地区	直接从建设单位承揽工程完成的产值	自行完成施工产值	分包出去工程的产值	从建设单位以外承揽工程完成的产值
全国总计	**731074**	**730911**	**163**	**2030**
北京	62	62		
天津				
河北				
山西				
内蒙古				
辽宁	35735	35735		
吉林				
黑龙江	29	29		
上海	0	0		
江苏	597589	597589		
浙江	2131	2131		
安徽	19901	19901		
福建				
江西				
山东	25000	25000		
河南	9000	9000		
湖北				
湖南	5200	5200		2030
广东	21031	21031		
广西				
海南	1513	1513		
重庆	1186	1022	163	
四川	654	654		
贵州	250	250		
云南	8830	8830		
西藏				
陕西	2963	2963		
甘肃				
青海				
宁夏				
新疆				

2-51 各地区联营企业建筑业总产值和竣工产值

单位：万元

地　区	建筑业总产值	#装饰装修产值	#在外省完成的产值	按构成分组			竣工产值
				建筑工程产值	安装工程产值	其他产值	
全国总计	**732941**	**9509**	**322340**	**689601**	**22174**	**21166**	**119266**
北　京	62	62		62			62
天　津							
河　北							
山　西							
内蒙古							
辽　宁	35735			5787	15030	14917	23735
吉　林							
黑龙江	29	2		29			29
上　海	0	0		0			0
江　苏	597589		318003	597338	251		37121
浙　江	2131			2131			42
安　徽	19901			18266	854	781	11882
福　建							
江　西							
山　东	25000	8254		24988		12	20648
河　南	9000			5500		3500	443
湖　北							
湖　南	7230			7230			6020
广　东	21031			20589		442	5004
广　西							
海　南	1513		1375			1513	1513
重　庆	1022			1022			
四　川	654	654			654		654
贵　州	250			250			1960
云　南	8830	537		3445	5385		8354
西　藏							
陕　西	2963		2963	2963			1800
甘　肃							
青　海							
宁　夏							
新　疆							

2-52 各地区联营建筑业企业房屋建筑面积

地　区	房屋施工面积（万平方米）	#本年新开工	房屋竣工面积（万平方米）	房屋竣工率（%）
全国总计	**69.7**	**36.3**	**34.6**	**49.6**
北　京				
天　津				
河　北				
山　西				
内蒙古				
辽　宁				
吉　林				
黑龙江				
上　海				
江　苏	30.4	12.1	20.4	67.1
浙　江	5.5	2.3		
安　徽	12.5	3.7	9.7	78.0
福　建				
江　西				
山　东	13.0	11.7	1.1	8.6
河　南	0.4	0.4	0.2	52.6
湖　北				
湖　南				
广　东	4.1	3.3	1.6	38.2
广　西				
海　南				
重　庆				
四　川				
贵　州	1.3	0.7	0.8	60.0
云　南	1.2	0.7	0.8	66.0
西　藏				
陕　西	1.3	1.3		
甘　肃				
青　海				
宁　夏				
新　疆				

2-53 各地区按主要用途分的联营建筑业企业房屋竣工面积

单位：万平方米

地区	总计	住宅房屋	商业及服务用房屋			
				商厦房屋（批发和零售用房）	宾馆用房屋（住宿用房）	餐饮用房屋（餐饮用房）
全国总计	**34.6**	**31.0**				
北京						
天津						
河北						
山西						
内蒙古						
辽宁						
吉林						
黑龙江						
上海						
江苏	20.4	19.7				
浙江						
安徽	9.7	9.5				
福建						
江西						
山东	1.1	0.5				
河南	0.2	0.2				
湖北						
湖南						
广东	1.6	0.4				
广西						
海南						
重庆						
四川						
贵州	0.8	0.8				
云南	0.8					
西藏						
陕西						
甘肃						
青海						
宁夏						
新疆						

2-53 续表1

单位：万平方米

地　　区	商务会展用房屋	其他商业及服务用房屋(居民服务业用房)	办公用房屋	科研、教育和医疗用房屋	科学研究用房屋	教育用房屋
全国总计			**1.2**	**0.2**		**0.2**
北　京						
天　津						
河　北						
山　西						
内蒙古						
辽　宁						
吉　林						
黑龙江						
上　海						
江　苏			0.7			
浙　江						
安　徽			0.1			
福　建						
江　西						
山　东			0.4			
河　南						
湖　北						
湖　南						
广　东				0.2		0.2
广　西						
海　南						
重　庆						
四　川						
贵　州						
云　南				0.0		0.0
西　藏						
陕　西						
甘　肃						
青　海						
宁　夏						
新　疆						

2-53 续表2

单位：万平方米

地区	医疗用房屋（卫生医疗用房）	文化、体育和娱乐用房屋	厂房及建筑物	#厂房	仓库	其他未列明的房屋建筑物
全国总计		**0.1**	**1.1**	**1.0**	**0.3**	**0.7**
北京						
天津						
河北						
山西						
内蒙古						
辽宁						
吉林						
黑龙江						
上海						
江苏						
浙江						
安徽			0.1			
福建						
江西						
山东					0.3	
河南						
湖北						
湖南						
广东			1.0	1.0		
广西						
海南						
重庆						
四川						
贵州						
云南		0.1				0.7
西藏						
陕西						
甘肃						
青海						
宁夏						
新疆						

2-54 各地区按主要用途分的联营建筑业企业房屋竣工价值

单位：万元

地区	总计	住宅房屋	商业及服务用房屋	商厦房屋（批发和零售用房）	宾馆用房屋（住宿用房）	餐饮用房屋（餐饮用房）
全国总计	**53250**	**46988**				
北京						
天津						
河北						
山西						
内蒙古						
辽宁						
吉林						
黑龙江						
上海						
江苏	36870	35390				
浙江						
安徽	8296	8008				
福建						
江西						
山东	2085	845				
河南	443	443				
湖北						
湖南						
广东	1348	343				
广西						
海南						
重庆						
四川						
贵州	1960	1960				
云南	2248					
西藏						
陕西						
甘肃						
青海						
宁夏						
新疆						

2-54 续表1

单位：万元

地　区	商务会展用房屋	其他商业及服务用房屋(居民服务业用房)	办公用房屋	科研、教育和医疗用房屋	科学研究用房屋	教育用房屋
全国总计			**2380**	**472**		**472**
北　京						
天　津						
河　北						
山　西						
内蒙古						
辽　宁						
吉　林						
黑龙江						
上　海						
江　苏			1480			
浙　江						
安　徽			168			
福　建						
江　西						
山　东			732			
河　南						
湖　北						
湖　南						
广　东				388		388
广　西						
海　南						
重　庆						
四　川						
贵　州						
云　南				84		84
西　藏						
陕　西						
甘　肃						
青　海						
宁　夏						
新　疆						

2-54 续表2

单位：万元

地　　区	医疗用房屋（卫生医疗用房）	文化、体育和娱乐用房屋	厂房及建筑物	#厂房	仓　库	其他未列明的房屋建筑物
全国总计		**164**	**737**	**617**	**508**	**2000**
北　京						
天　津						
河　北						
山　西						
内蒙古						
辽　宁						
吉　林						
黑龙江						
上　海						
江　苏						
浙　江						
安　徽			120			
福　建						
江　西						
山　东					508	
河　南						
湖　北						
湖　南						
广　东			617	617		
广　西						
海　南						
重　庆						
四　川						
贵　州						
云　南		164				2000
西　藏						
陕　西						
甘　肃						
青　海						
宁　夏						
新　疆						

2-55 各地区联营建筑业企业主要生产效益指标

地区	建筑业企业个数(个)	从事建筑业活动的平均人数(人)	按总产值计算的劳动生产率(元/人)	人均竣工产值(元/人)	人均施工面积(平方米/人)	人均竣工面积(平方米/人)
全国总计	**28**	**12856**	**570116**	**92771**	**54.2**	**26.9**
北京	1	5	123600	123600		
天津						
河北						
山西						
内蒙古						
辽宁	2	1316	271541	180356		
吉林						
黑龙江	1	3	95000	95000		
上海	1	1	3000	3000		
江苏	4	5120	1167166	72502	59.3	39.7
浙江	2	133	160256	3143	411.5	
安徽	2	1021	194919	116379	122.0	95.1
福建						
江西						
山东	2	725	344833	284803	180.0	15.4
河南	1	1615	55728	2740	2.7	1.4
湖北						
湖南	1	496	145766	121371		
广东	3	1494	140769	33493	27.6	10.6
广西						
海南	1	65	232800	232800		
重庆	1	325	31455			
四川	1	25	261560	261560		
贵州	1	66	37879	296970	197.0	118.2
云南	3	322	274236	259447	37.4	24.7
西藏						
陕西	1	124	238944	145161	103.2	
甘肃						
青海						
宁夏						
新疆						

2-56 各地区联营建筑业企业资产构成

单位：万元

地区	资产合计	#流动资产合计	#存货	#非流动资产合计	#固定资产合计
全国总计	**863983**	**714292**	**121509**	**149691**	**56192**
北京	758	757	412	2	2
天津					
河北					
山西					
内蒙古					
辽宁	36392	28214	2525	8178	7792
吉林					
黑龙江	1258	1145	322	113	98
上海	244	237		7	7
江苏	725448	604974	100089	120474	30324
浙江	1203	787	192	415	415
安徽	28229	22958	5798	5270	4984
福建					
江西					
山东	12113	11956	3140	157	157
河南	2507	1700	510	807	807
湖北					
湖南	12068	11805	3541	263	263
广东	9875	5930	284	3945	3567
广西					
海南	3075	2899	818	177	94
重庆	7748	2963	1795	4785	4785
四川	1505	1387	50	118	118
贵州	2067	1480	231	588	104
云南	10122	8225	1398	1897	1747
西藏					
陕西	9373	6875	405	2498	932
甘肃					
青海					
宁夏					
新疆					

2-57 各地区联营建筑业企业固定资产情况

单位：万元

地区	固定资产合计	固定资产原价	固定资产折旧	#本年折旧	在建工程
全国总计	**56192**	**128785**	**76978**	**4663**	**615**
北京	2	37	36		
天津					
河北					
山西					
内蒙古					
辽宁	7792	26666	18876	1175	2
吉林					
黑龙江	98	201	103	6	
上海	7	12	6	1	
江苏	30324	72256	45232	2525	
浙江	415	919	583	13	43
安徽	4984	10746	5762	528	
福建					
江西					
山东	157	300	145	3	
河南	807	1125	480	23	
湖北					
湖南	263	1224	961	103	
广东	3567	5410	1844	19	
广西					
海南	94	294	201	9	
重庆	4785	4919	135	8	
四川	118	303	185	16	
贵州	104	131	27	27	
云南	1747	3033	1308	52	
西藏					
陕西	932	1209	1095	156	570
甘肃					
青海					
宁夏					
新疆					

2-58 各地区联营建筑业企业负债及所有者权益

单位：万元

地区	负债合计	#流动负债	#应付账款	所有者权益	#实收资本
全国总计	**753548**	**726717**	**321528**	**110435**	**49027**
北京	313	313	4	445	500
天津					
河北					
山西					
内蒙古					
辽宁	15661	15661	10070	20731	3435
吉林					
黑龙江	1478	1478		-220	464
上海	108	108		135	
江苏	691537	666375	298047	33911	16009
浙江	454	446	112	749	664
安徽	8902	8607	4827	19327	2262
福建					
江西					
山东	8483	8483	2117	3630	3500
河南	271	270	32	2235	2000
湖北					
湖南	2542	2542	1810	9526	2000
广东	6540	6540	658	3336	3290
广西					
海南	1888	1888	5	1188	1028
重庆	2953	2953	900	4795	4795
四川	1236	1236	549	269	200
贵州	1400	1383		667	600
云南	6256	6052	1167	3865	2433
西藏					
陕西	3526	2383	1231	5847	5847
甘肃					
青海					
宁夏					
新疆					

2-59 各地区联营建筑业企业实收资本

单位：万元

地区	合计	国家资本	集体资本	法人资本	个人资本	港澳台资本	外商资本
全国总计	**49027**	**13625**	**19057**	**11695**	**4650**		
北京	500				500		
天津							
河北							
山西							
内蒙古							
辽宁	3435		3435				
吉林							
黑龙江	464			464			
上海							
江苏	16009	9477	1033	5500			
浙江	664		285	379			
安徽	2262	383	1880				
福建							
江西							
山东	3500			480	3020		
河南	2000			2000			
湖北							
湖南	2000	2000					
广东	3290	420	502	2188	180		
广西							
海南	1028		600	428			
重庆	4795		4795				
四川	200	146		46	8		
贵州	600		600				
云南	2433	1200	81	210	942		
西藏							
陕西	5847		5847				
甘肃							
青海							
宁夏							
新疆							

2-60 各地区联营建筑业企业收入情况

单位：万元

地区	主营业务收入	#主营业务成本	#主营业务税金及附加	其他业务收入	#其他业务利润
全国总计	**759612**	**728987**	**5840**	**424**	**302**
北京	62	40	0		
天津					
河北					
山西					
内蒙古					
辽宁	40017	36623	331	317	260
吉林					
黑龙江	29	28	1		
上海	0				
江苏	649016	632090	3138	19	17
浙江	1778	1513	58		
安徽	19321	16424	138		
福建					
江西					
山东	12682	11047	378		
河南	2235	1898	88		
湖北					
湖南	3485	2442	332		
广东	12937	11079	887	63	
广西					
海南	1483	1425	8		
重庆	1151	1032	4		
四川	654	556	5	24	24
贵州	250	213	6		
云南	8413	6929	255	1	1
西藏					
陕西	6099	5650	211		
甘肃					
青海					
宁夏					
新疆					

2-61 各地区联营建筑业企业费用情况

单位：万元

地区	管理费用	销售费用	财务费用	#利息收入	#利息支出
全国总计	**25877**	**815**	**5101**	**239**	**2359**
北京	46		0		
天津					
河北					
山西					
内蒙古					
辽宁	2853		-96	-56	
吉林					
黑龙江	24		0	0	
上海	1		0	0	
江苏	19100	6	5124	282	2238
浙江	84	2	56	1	55
安徽	1129	724	-7	8	56
福建					
江西					
山东	569		2		2
河南	8	9	5	0	5
湖北					
湖南	513	0	0		
广东	782	50	20	0	2
广西					
海南	44	0	0		
重庆	186		-2	2	
四川	51	16			
贵州	31		0		
云南	214	8	-1	2	
西藏					
陕西	243	0	0		
甘肃					
青海					
宁夏					
新疆					

2-62 各地区联营建筑业企业利润及税金情况

单位：万元

地区	利润总额	#应交所得税	税金总额	主营业务税金及附加	应交增值税
全国总计	**-5816**	**3094**	**15425**	**5840**	**9585**
北京	-25		2	0	2
天津					
河北					
山西					
内蒙古					
辽宁	642	222	3041	331	2710
吉林					
黑龙江	-31	7	1	1	
上海	-1	0			
江苏	-9558	2182	8026	3138	4888
浙江	65	22	111	58	53
安徽	765	258	895	138	757
福建					
江西					
山东	686	163	387	378	10
河南	227	47	88	88	
湖北					
湖南	198	50	437	332	105
广东	236	40	1622	887	735
广西					
海南	10	60	62	8	54
重庆	-68		38	4	35
四川	51	13	40	5	36
贵州			6	6	
云南	1003	7	453	255	198
西藏					
陕西	-16	25	215	211	4
甘肃					
青海					
宁夏					
新疆					

2-63 各地区联营建筑业企业应收工程款及企业亏损情况

地　区	应收工程款(万元)	企业个数(个)	#亏损企业个数	亏损企业的比重(%)
全国总计	**213716**	**28**	**7**	**25.0**
北　京	313	1	1	100.0
天　津				
河　北				
山　西				
内蒙古				
辽　宁	5611	2		
吉　林				
黑龙江		1	1	100.0
上　海	50	1	1	100.0
江　苏	181847	4	1	25.0
浙　江	445	2		
安　徽	7190	2	1	50.0
福　建				
江　西				
山　东	1405	2		
河　南	50	1		
湖　北				
湖　南	8264	1		
广　东	253	3		
广　西				
海　南	1230	1		
重　庆	43	1	1	100.0
四　川	712	1		
贵　州	190	1		
云　南	6109	3		
西　藏				
陕　西	4	1	1	100.0
甘　肃				
青　海				
宁　夏				
新　疆				

2-64 各地区联营建筑业企业主要经济效益指标

地　区	产值利润率(%)	产值利税率(%)	资本利润率(%)	资本利税率(%)	人均利润(元/人)	人均利税(元/人)	资产负债率(%)
全国总计	**-0.8**	**1.3**	**-11.9**	**19.6**	**-4524**	**7475**	**87.2**
北　京	-40.0	-36.4	-4.9	-4.5	-49400	-45000	41.3
天　津							
河　北							
山　西							
内蒙古							
辽　宁	1.8	10.3	18.7	107.2	4881	27989	43.0
吉　林							
黑龙江	-109.8	-108.1	-6.8	-6.6	-104333	-102667	117.5
上　海	-200.0	-200.0			-6000	-6000	44.4
江　苏	-1.6	-0.3	-59.7	-9.6	-18668	-2991	95.3
浙　江	3.1	8.3	9.8	26.6	4910	13286	37.7
安　徽	3.8	8.3	33.8	73.4	7496	16264	31.5
福　建							
江　西							
山　东	2.7	4.3	19.6	30.7	9458	14800	70.0
河　南	2.5	3.5	11.4	15.8	1407	1954	10.8
湖　北							
湖　南	2.7	8.8	9.9	31.7	3992	12792	21.1
广　东	1.1	8.8	7.2	56.5	1576	12434	66.2
广　西							
海　南	0.7	4.8	1.0	7.0	1585	11092	61.4
重　庆	-6.6	-2.9	-1.4	-0.6	-2089	-917	38.1
四　川	7.8	13.9	25.4	45.6	20280	36440	82.1
贵　州		2.4		1.0		909	67.7
云　南	11.4	16.5	41.2	59.8	31140	45208	61.8
西　藏							
陕　西	-0.6	6.7	-0.3	3.4	-1323	15984	37.6
甘　肃							
青　海							
宁　夏							
新　疆							

2-65 各地区股份制建筑业企业签订合同情况

单位：万元

地　区	签订合同额	上年结转合同额	本年新签合同额
全国总计	**2458844262**	**1087129835**	**1371714427**
北　京	239534919	125486744	114048175
天　津	89545211	42956669	46588543
河　北	52113444	25454804	26658640
山　西	61114076	28187094	32926983
内蒙古	11132732	4626506	6506226
辽　宁	45520184	22370967	23149217
吉　林	21431934	7502454	13929480
黑龙江	13868330	4738361	9129969
上　海	133649182	67322450	66326732
江　苏	258174643	107328927	150845716
浙　江	176522259	67281502	109240757
安　徽	63635820	26491683	37144138
福　建	92617374	39210787	53406587
江　西	65637579	29199884	36437695
山　东	121246069	48588431	72657638
河　南	130418557	50167178	80251379
湖　北	169850145	73783409	96066736
湖　南	104273246	48971441	55301805
广　东	168371381	78411218	89960163
广　西	21383934	8078247	13305687
海　南	5291015	2500149	2790866
重　庆	64596728	26694114	37902614
四　川	122858929	61854088	61004841
贵　州	38987606	15629259	23358347
云　南	47093908	18458941	28634967
西　藏	1503133	651985	851148
陕　西	91365048	36678431	54686617
甘　肃	19182046	8756036	10426011
青　海	1746655	1073271	673384
宁　夏	2584018	840252	1743766
新　疆	23594158	7834557	15759601

2-66 各地区股份制建筑业企业承包工程完成情况

单位：万元

地区	直接从建设单位承揽工程完成的产值	自行完成施工产值	分包出去工程的产值	从建设单位以外承揽工程完成的产值
全国总计	**1099287122**	**1063055334**	**36231788**	**46804020**
北京	72017194	59479672	12537521	10223176
天津	27484283	26335531	1148752	872186
河北	20229992	19696229	533764	909083
山西	19972817	19952004	20813	203941
内蒙古	6614219	6596534	17685	26631
辽宁	19009973	18720951	289022	197814
吉林	12763615	12677484	86130	161771
黑龙江	8058080	8023251	34829	93013
上海	38729155	31224020	7505135	4831683
江苏	150597069	150101037	496033	9977263
浙江	99925661	98302531	1623130	2713356
安徽	29896083	29685807	210276	833112
福建	45218145	45109207	108938	1570190
江西	31688952	31487724	201229	962963
山东	65484530	64659638	824892	1041958
河南	68144476	67802278	342198	1445052
湖北	77828677	77116191	712486	1089300
湖南	43494400	43340323	154076	603923
广东	63026487	57920795	5105692	3234991
广西	12162739	11966894	195845	181684
海南	2109017	2108172	846	28701
重庆	36460089	35814047	646043	974838
四川	50709170	49980886	728284	2308802
贵州	13836963	13782159	54805	92433
云南	19497513	19400496	97017	515418
西藏	949567	836878	112690	5681
陕西	37277616	35222611	2055005	1509950
甘肃	10248192	10037971	210221	111077
青海	855750	837113	18637	18101
宁夏	1388298	1372281	16017	6801
新疆	13608401	13464620	143781	59130

2-67 各地区股份制企业建筑业总产值和竣工产值

单位：万元

地区	建筑业总产值	#装饰装修产值	#在外省完成的产值	按构成分组 建筑工程产值	安装工程产值	其他产值	竣工产值
全国总计	**1109859354**	**58690002**	**436761398**	**990805369**	**88222212**	**30831773**	**581815799**
北京	69702848	6361403	52046059	65472614	3014210	1216024	27445404
天津	27207717	448694	15620001	23878008	2759700	570009	12167760
河北	20605312	488102	9163634	15700630	4209543	695138	9628253
山西	20155945	355533	10709189	18187916	1652414	315614	6279368
内蒙古	6623165	118391	78870	5608647	426454	588065	2981466
辽宁	18918765	856103	6505556	16098301	2184099	636365	7958089
吉林	12839255	640986	1596842	10663048	1593995	582211	7820342
黑龙江	8116264	252932	1210176	7212898	659615	243751	4439792
上海	36055703	2803725	20842211	31159421	4141471	754810	21897861
江苏	160078300	8527149	90006416	151353631	7754577	970092	121874641
浙江	101015887	7495425	52308241	90666401	8582265	1767222	57608898
安徽	30518919	704906	8266642	26606386	1972658	1939875	13374186
福建	46679397	1387496	20303316	43272590	3089575	317232	24947113
江西	32450687	1584179	13541505	28746945	1841967	1861775	16912295
山东	65701596	3949700	12878965	56531583	7773275	1396739	30382818
河南	69247330	2261633	16530743	60681092	6066095	2500143	33390496
湖北	78205491	3305794	29668901	68822069	7193719	2189703	38297980
湖南	43944246	1809020	16496491	38391737	2528675	3023834	24325630
广东	61155786	9328080	12252178	52578126	6826579	1751081	29222744
广西	12148578	432418	2392986	10839883	740038	568658	6156805
海南	2136873	91146	63037	1841396	268134	27342	1368940
重庆	36788885	1358635	7861825	33111543	2363597	1313744	17620202
四川	52289688	1664692	12139399	45801209	4349864	2138614	23679563
贵州	13874591	322776	4392959	12795231	417481	661879	6888540
云南	19915914	407834	1973799	17928733	1214851	772330	8939230
西藏	842559	30409	9186	758445	83189	925	329957
陕西	36732561	1104629	14644435	32745424	2801321	1185817	12187547
甘肃	10149048	234686	1860770	8908885	713322	526841	4881415
青海	855214	105768	28666	727600	95112	32502	508695
宁夏	1379082	36947	51744	1270696	96988	11397	796037
新疆	13523750	220813	1316659	12444281	807428	272041	7503733

2-68 各地区股份制建筑业企业房屋建筑面积

地　区	房屋施工面积（万平方米）	#本年新开工	房屋竣工面积（万平方米）	房屋竣工率（%）
全国总计	**714035.8**	**266174.9**	**208813.5**	**29.2**
北　京	51001.5	13459.4	7523.3	14.8
天　津	12302.2	3321.2	2193.7	17.8
河　北	14505.4	3616.0	2499.5	17.2
山　西	8439.3	2471.8	1350.0	16.0
内蒙古	2869.2	1196.0	1163.5	40.6
辽　宁	9601.5	3332.4	2574.0	26.8
吉　林	5971.3	3134.8	2153.7	36.1
黑龙江	2643.6	1480.0	1254.3	47.4
上　海	32855.5	9595.4	5954.7	18.1
江　苏	144861.8	53434.1	43766.3	30.2
浙　江	78576.5	28747.7	23819.9	30.3
安　徽	19522.5	7576.6	5817.1	29.8
福　建	30268.4	9660.2	7465.5	24.7
江　西	15927.9	6925.8	7205.5	45.2
山　东	47285.2	19050.4	12917.9	27.3
河　南	35729.6	16711.2	13729.9	38.4
湖　北	43652.4	20418.1	17834.3	40.9
湖　南	30602.1	12638.9	10036.4	32.8
广　东	29684.9	11665.9	8665.4	29.2
广　西	8738.6	2578.8	2156.9	24.7
海　南	1639.1	445.3	331.3	20.2
重　庆	18498.3	7042.7	6773.5	36.6
四　川	24445.0	10399.4	8287.2	33.9
贵　州	11038.0	3264.5	2790.9	25.3
云　南	6754.2	3474.9	2728.8	40.4
西　藏	146.4	57.5	69.4	47.4
陕　西	14506.1	4682.9	3448.4	23.8
甘　肃	5513.6	2357.2	1794.4	32.5
青　海	261.8	100.0	145.8	55.7
宁　夏	496.0	223.8	135.0	27.2
新　疆	5698.0	3112.0	2226.7	39.1

2-69 各地区按主要用途分的股份制建筑业企业房屋竣工面积

单位：万平方米

地区	总计	住宅房屋	商业及服务用房屋	商厦房屋（批发和零售用房）	宾馆用房屋（住宿用房）	餐饮用房屋（餐饮用房）
全国总计	**208813.5**	**141467.0**	**16574.4**	**7697.9**	**1692.9**	**344.9**
北京	7523.3	4687.3	1266.3	1026.9	82.7	2.0
天津	2193.7	1417.1	148.0	74.9		0.2
河北	2499.5	1662.0	151.9	93.5	0.5	16.5
山西	1350.0	946.8	35.9	22.4	0.6	1.2
内蒙古	1163.5	877.1	59.7	13.5	8.0	0.0
辽宁	2574.0	1828.1	179.5	115.0	1.9	1.0
吉林	2153.7	1402.2	154.2	32.3	23.4	5.1
黑龙江	1254.3	885.8	54.4	11.2	7.1	4.7
上海	5954.7	2887.3	1080.0	371.5	234.2	1.8
江苏	43766.3	32576.5	2233.9	1081.0	192.6	45.0
浙江	23819.9	13901.4	2736.0	1229.5	334.6	94.6
安徽	5817.1	3854.8	427.1	110.0	22.9	2.9
福建	7465.5	4890.2	598.2	374.3	32.8	8.1
江西	7205.5	4680.5	576.6	265.4	54.9	20.7
山东	12917.9	8557.8	1057.0	559.0	27.4	13.2
河南	13729.9	9581.7	825.8	300.2	116.7	29.3
湖北	17834.3	12151.6	1536.7	750.0	260.8	23.6
湖南	10036.4	7118.3	643.9	304.4	37.7	7.5
广东	8665.4	5992.9	629.3	276.0	78.8	8.1
广西	2156.9	1468.5	79.4	54.7	2.2	0.8
海南	331.3	216.1	31.4	6.8	6.4	1.4
重庆	6773.5	4965.8	506.5	149.1	14.9	16.0
四川	8287.2	6271.4	628.4	202.7	67.4	12.1
贵州	2790.9	1998.7	93.3	13.5	5.0	2.8
云南	2728.8	1600.4	187.5	59.1	14.6	2.4
西藏	69.4	28.0	18.6	14.0	0.3	0.2
陕西	3448.4	2505.4	285.2	61.5	33.3	2.2
甘肃	1794.4	1268.4	127.2	52.2	12.9	1.5
青海	145.8	101.8	8.7	0.2	1.8	0.2
宁夏	135.0	69.9	16.5	5.4	0.9	0.0
新疆	2226.7	1073.3	197.4	67.5	15.8	19.9

2-69 续表1 单位：万平方米

地　区	商务会展用房屋	其他商业及服务用房屋(居民服务业用房)	办公用房屋	科研、教育和医疗用房屋	科学研究用房屋	教育用房屋
全国总计	**1414.3**	**5424.5**	**11331.6**	**9935.4**	**985.9**	**6625.9**
北　京	18.4	136.4	576.3	342.7	72.6	209.0
天　津	23.1	49.8	80.7	79.9	15.9	61.8
河　北	20.9	20.5	95.7	142.7	34.6	55.5
山　西	6.2	5.6	90.0	106.5	3.9	81.5
内蒙古		38.1	74.5	44.5	3.0	30.0
辽　宁	5.0	56.6	68.8	82.3	11.4	36.7
吉　林	2.9	90.5	117.5	82.2	11.9	40.9
黑龙江	0.1	31.4	49.9	46.0	8.8	29.4
上　海	257.6	214.8	720.1	174.5	36.1	86.1
江　苏	619.2	296.0	1639.7	1368.5	176.1	782.0
浙　江	89.5	987.9	1746.1	828.4	102.3	529.1
安　徽	5.2	286.1	245.5	283.9	24.7	204.1
福　建	25.1	157.9	403.1	279.4	20.6	212.0
江　西	37.0	198.7	367.0	393.0	54.9	252.6
山　东	17.8	439.5	728.5	925.1	95.9	644.9
河　南	43.1	336.4	940.3	786.5	54.5	597.4
湖　北	85.4	416.9	928.9	938.3	121.0	468.5
湖　南	22.3	272.1	581.5	514.4	18.5	343.1
广　东	44.6	221.8	341.8	354.2	38.1	249.8
广　西	5.1	16.7	172.4	209.7	4.6	165.7
海　南		16.8	16.2	46.9	5.3	39.7
重　庆	9.4	317.2	287.2	248.4	5.1	214.1
四　川	24.5	321.6	215.0	324.1	4.9	248.1
贵　州	0.8	71.2	159.9	293.6	7.0	210.6
云　南	12.3	99.2	242.8	375.5	9.3	313.7
西　藏	0.6	3.6	3.1	3.6		3.5
陕　西	23.7	164.6	150.2	161.6	20.1	115.7
甘　肃	11.3	49.3	72.8	142.0	10.8	93.8
青　海	0.0	6.5	17.0	7.9	0.0	6.0
宁　夏		10.1	8.6	17.5	0.1	14.0
新　疆	3.3	90.9	190.5	331.8	13.8	286.4

2-69 续表2

单位：万平方米

地区	医疗用房屋(卫生医疗用房)	文化、体育和娱乐用房屋	厂房及建筑物	#厂房	仓库	其他未列明的房屋建筑物
全国总计	**2323.6**	**2352.3**	**20664.2**	**13754.6**	**1544.2**	**4944.2**
北京	61.1	87.7	397.2	366.6	13.5	152.2
天津	2.2	51.3	201.8	105.8	3.7	211.2
河北	52.5	31.9	256.4	207.5	19.1	139.9
山西	21.2	4.6	118.4	81.9	1.6	46.4
内蒙古	11.5	8.9	49.7	18.3	1.9	47.3
辽宁	34.2	5.1	282.7	122.0	28.6	99.0
吉林	29.3	25.8	256.7	154.0	29.6	85.6
黑龙江	7.7	3.1	159.1	84.9	34.1	22.0
上海	52.2	268.0	475.3	317.0	73.9	275.8
江苏	410.3	411.4	4669.5	3361.9	424.0	442.8
浙江	197.0	420.2	3483.4	2535.5	191.1	513.3
安徽	55.0	33.3	841.8	548.3	27.5	103.2
福建	46.8	37.1	1174.2	444.9	59.4	24.1
江西	85.5	81.9	958.4	637.7	46.5	101.6
山东	184.4	120.6	1138.5	777.4	109.3	281.1
河南	134.7	119.1	1050.8	563.9	158.2	267.6
湖北	348.8	201.9	1650.3	1194.5	55.6	371.0
湖南	152.8	84.9	781.5	542.3	54.4	257.5
广东	66.2	63.2	846.2	520.9	45.7	392.1
广西	39.4	31.2	118.2	77.1	11.0	66.6
海南	1.8	3.0	10.0	5.5	1.6	6.1
重庆	29.3	32.6	465.3	255.1	39.6	228.0
四川	71.1	62.0	554.9	333.1	36.8	194.6
贵州	75.9	26.0	96.7	83.7	7.7	115.2
云南	52.5	36.6	145.0	104.5	5.4	135.6
西藏	0.1	0.5	9.6	2.5	0.6	5.3
陕西	25.8	42.5	169.6	132.7	22.9	111.0
甘肃	37.4	26.8	92.6	33.4	21.9	42.6
青海	1.8	1.1	2.1	0.4	0.1	7.1
宁夏	3.4	2.6	4.7	2.9	6.5	8.9
新疆	31.6	27.5	203.8	138.3	12.6	189.9

2-70 各地区按主要用途分的股份制建筑业企业房屋竣工价值

单位：万元

地区	总计	住宅房屋	商业及服务用房屋	商厦房屋(批发和零售用房)	宾馆用房屋(住宿用房)	餐饮用房屋(餐饮用房)
全国总计	**377097001**	**250544537**	**32943004**	**14708377**	**3387138**	**582908**
北京	18018928	9731318	3467295	2726171	264660	12217
天津	4926319	2729676	424980	192501		346
河北	4205979	2427354	379334	189815	973	22228
山西	2615995	1690331	62655	30123	921	2047
内蒙古	1782099	1316630	72087	21252	18257	115
辽宁	4160242	2814520	368471	257459	3070	1148
吉林	4007443	2581752	373728	62791	18528	9808
黑龙江	1914683	1350906	84375	17596	11533	6415
上海	14468811	6406523	3016543	943537	634354	3441
江苏	88111836	65371637	4890312	1963983	370749	90823
浙江	42103571	24517980	5188497	2238906	732163	185122
安徽	8620607	5855349	665494	166977	27060	13904
福建	12983021	8681775	1216333	774517	60257	16311
江西	11047159	7143883	861407	377465	126252	20724
山东	24372430	16915454	2022339	777239	36224	19676
河南	23412494	17831173	1064943	384830	145850	34701
湖北	26640398	16782344	2419647	1277147	318726	38496
湖南	15587236	10640190	1157413	500817	54854	13350
广东	15380937	10630336	1159607	544861	123285	14675
广西	3959100	2377861	156034	95069	26492	1703
海南	781330	447972	151144	18377	11411	2113
重庆	10707284	7812233	840968	238329	26498	17615
四川	13773962	10342331	1156542	373770	168846	19832
贵州	4675451	2936389	154116	25586	9213	7817
云南	4654591	2749905	338543	125032	29688	6564
西藏	136409	46562	51334	39394	292	166
陕西	6066277	4016190	485127	89187	84452	4088
甘肃	3356626	2208013	257821	97945	28937	2889
青海	253817	175003	12088	278	2532	375
宁夏	333021	148543	29734	9982	2364	150
新疆	4038945	1864403	414093	147442	48699	14051

2-70 续表1

单位：万元

地区	商务会展用房屋	其他商业及服务用房屋(居民服务业用房)	办公用房屋	科研、教育和医疗用房屋	科学研究用房屋	教育用房屋
全国总计	**3824305**	**10440276**	**22864021**	**20191820**	**2358904**	**13097519**
北京	50296	413950	1745482	1262355	380165	667416
天津	83538	148596	337081	288083	81974	185926
河北	25841	140477	208250	266457	65298	98014
山西	12053	17512	163377	342521	6014	283643
内蒙古		32462	137320	80705	5744	52407
辽宁	4524	102270	126622	156419	20166	60891
吉林	5736	276866	225489	185498	16199	99402
黑龙江	273	48558	82201	79079	16600	55036
上海	824034	611177	2049436	624126	116985	283266
江苏	1845289	619469	3838717	3034335	454607	1777295
浙江	195949	1836358	3562880	1977366	239813	1277106
安徽	6904	450649	353138	437138	25693	308765
福建	94506	270742	780614	575641	48821	429492
江西	50140	286825	564053	668165	101970	426335
山东	52574	1136626	1286482	1867203	175607	1322235
河南	50521	449041	1325201	1077017	72177	792944
湖北	244009	541268	1460798	1471869	267174	679076
湖南	28756	559637	1050372	870725	21269	518694
广东	114729	362057	687135	747635	88548	506570
广西	5998	26773	344368	461046	7015	343596
海南		119243	32179	104908	14671	86023
重庆	11485	547042	491455	471889	11052	413321
四川	32280	561813	380866	592748	15882	444470
贵州	851	110650	341095	459900	7920	327186
云南	19353	157906	363725	669998	17763	562314
西藏	3212	8271	5657	10199		10066
陕西	32172	275229	266185	364780	37642	271790
甘肃	26127	101923	187948	275729	16008	189146
青海	44	8859	33992	15684	98	10772
宁夏		17239	18637	92886	84	29787
新疆	3112	200789	413268	659717	25949	584536

2-70 续表2

单位：万元

地区	医疗用房屋(卫生医疗用房)	文化、体育和娱乐用房屋	厂房及建筑物	#厂房	仓库	其他未列明的房屋建筑物
全国总计	**4735397**	**5446328**	**32271889**	**22024015**	**2528323**	**10307080**
北京	214774	387297	1029709	926816	27557	367916
天津	20184	355135	365817	232936	8207	417340
河北	103146	103510	522275	451601	42694	256106
山西	52863	4403	227711	192795	10109	114889
内蒙古	22554	14949	74182	35030	3067	83161
辽宁	75363	10968	466991	198562	52247	164005
吉林	69898	53709	366176	223430	53164	167927
黑龙江	7443	9434	240301	120340	34320	34065
上海	223875	665099	1137618	729884	112449	457019
江苏	802433	934682	8308035	6107865	839868	894250
浙江	460448	944836	4565538	3574093	286094	1060381
安徽	102680	62436	1065674	688416	34988	146391
福建	97329	63671	1527627	610403	87897	49462
江西	139859	128316	1469073	882255	82828	129435
山东	369361	204453	1479742	973833	174018	422740
河南	211896	208452	1317775	655520	170252	417682
湖北	525619	315491	2478745	1682471	90540	1620965
湖南	330762	138561	1279184	965320	80737	370054
广东	152517	161479	1222498	719665	69274	702975
广西	110435	62303	212084	137870	22038	323365
海南	4213	4978	19409	7324	3672	17068
重庆	47516	46740	694115	387776	62452	287431
四川	132397	142167	789495	471342	50837	318977
贵州	124794	113502	192088	169117	18491	459868
云南	89921	63351	219434	155062	9143	240493
西藏	133	703	5427	1550	536	15991
陕西	55349	122018	413844	358920	38916	359216
甘肃	70575	72642	239111	145532	21067	94295
青海	4814	1750	5047	893	344	9910
宁夏	63016	6626	7826	3952	11628	17142
新疆	49232	42668	329342	213445	28892	286562

2-71 各地区股份制建筑业企业主要生产效益指标

地区	建筑业企业个数（个）	从事建筑业活动的平均人数（人）	按总产值计算的劳动生产率（元/人）	人均竣工产值（元/人）	人均施工面积（平方米/人）	人均竣工面积（平方米/人）
全国总计	**31384**	**29069771**	**381792**	**200145**	**245.6**	**71.8**
北京	981	1185377	588023	231533	430.3	63.5
天津	577	622125	437335	195584	197.7	35.3
河北	330	404265	509698	238167	358.8	61.8
山西	447	498255	404531	126027	169.4	27.1
内蒙古	467	205540	322232	145055	139.6	56.6
辽宁	1737	471243	401465	168874	203.7	54.6
吉林	1146	347648	369318	224950	171.8	62.0
黑龙江	760	311398	260640	142576	84.9	40.3
上海	519	608061	592962	360126	540.3	97.9
江苏	2703	4683317	341805	260231	309.3	93.5
浙江	1133	2717575	371713	211986	289.1	87.7
安徽	1095	678425	449850	197136	287.8	85.7
福建	1465	1664749	280399	149855	181.8	44.8
江西	1046	872327	372001	193876	182.6	82.6
山东	2522	1913043	343440	158819	247.2	67.5
河南	3392	1890444	366302	176628	189.0	72.6
湖北	1668	1447718	540198	264540	301.5	123.2
湖南	979	1289775	340712	188604	237.3	77.8
广东	2195	1275611	479423	229088	232.7	67.9
广西	263	515262	235775	119489	169.6	41.9
海南	86	53061	402720	257994	308.9	62.4
重庆	957	1028801	357590	171269	179.8	65.8
四川	1558	1674587	312254	141405	146.0	49.5
贵州	362	370554	374428	185898	297.9	75.3
云南	799	630348	315951	141814	107.1	43.3
西藏	66	20292	415217	162604	72.1	34.2
陕西	859	810227	453361	150421	179.0	42.6
甘肃	611	329603	307917	148100	167.3	54.4
青海	118	42814	199751	118815	61.2	34.0
宁夏	98	51389	268361	154904	96.5	26.3
新疆	445	455937	296614	164578	125.0	48.8

2-72 各地区股份制建筑业企业资产构成

单位：万元

地区	资产合计	#流动资产合计	#存货	#非流动资产合计	#固定资产合计
全国总计	**1140305217**	**893601037**	**181364372**	**246704179**	**69152385**
北京	169592765	108585590	15125897	61007175	2765736
天津	42491539	33902813	6145824	8588726	2384273
河北	25013799	21778983	7787753	3234817	1622205
山西	30394754	26507216	3271569	3887539	1361807
内蒙古	10690723	8336801	882642	2353921	1030715
辽宁	30584410	25330266	3907068	5254144	1871802
吉林	14760113	12293743	1572093	2466370	1166992
黑龙江	10667087	8633267	1248579	2033820	937122
上海	56382752	46739550	11204455	9643202	1820571
江苏	97661526	81583612	19630954	16077914	7985850
浙江	56745001	46557513	13809209	10187488	3515520
安徽	31138494	24152134	3831836	6986360	2178877
福建	28371946	23860458	5728283	4511488	2394448
江西	22945760	18362828	4960911	4582932	1813270
山东	72978238	60729248	11654467	12248990	5735038
河南	53844103	43233511	8656284	10610591	5793810
湖北	58728029	48773997	12486458	9954032	4399443
湖南	28653638	22373252	4294108	6280386	2330247
广东	79414070	65169681	10824116	14244389	4730038
广西	7180279	5705567	1223125	1474713	477518
海南	1910795	1605500	143803	305296	43150
重庆	30521786	25249632	6823029	5272154	2088295
四川	66048631	40846617	8641608	25202014	3305832
贵州	17714776	15624245	4425250	2090531	576274
云南	24214275	19093085	2699035	5121190	1635288
西藏	1680035	1231975	148938	448060	80537
陕西	38000350	31606916	6246376	6393435	2265358
甘肃	12504324	9834599	1843971	2669724	1351002
青海	1540014	1136922	249308	403092	184700
宁夏	1869157	1655381	257812	213776	133135
新疆	16062050	13106139	1639613	2955911	1173531

2-73 各地区股份制建筑业企业固定资产情况

单位：万元

地 区	固定资产合 计	固定资产原 价	固定资产折 旧	#本年折旧	在建工程
全国总计	**69152385**	**99624395**	**45322219**	**6114557**	**7427697**
北 京	2765736	5602172	3059294	457700	302917
天 津	2384273	4328068	2089456	252342	96991
河 北	1622205	3193138	1828771	152373	55254
山 西	1361807	2571777	1423414	187062	164078
内 蒙 古	1030715	1281568	533970	55132	223285
辽 宁	1871802	3131292	1751808	201891	183152
吉 林	1166992	1599134	743395	86570	168475
黑 龙 江	937122	1434487	624331	65633	33921
上 海	1820571	3233992	1702590	231580	156757
江 苏	7985850	10408913	4388027	565688	780610
浙 江	3515520	5246520	2237875	281186	230348
安 徽	2178877	2763270	1087676	155674	175267
福 建	2394448	2749011	1128727	160565	126162
江 西	1813270	2213044	850432	135824	251050
山 东	5735038	7488626	3366784	456528	481620
河 南	5793810	7717826	3182756	471483	601061
湖 北	4399443	6549140	3059424	527445	612182
湖 南	2330247	3084822	1310460	196914	294717
广 东	4730038	6711085	2967432	351076	763797
广 西	477518	591103	231608	39491	73592
海 南	43150	74610	36933	8733	1744
重 庆	2088295	2671125	1146217	174837	290433
四 川	3305832	4467208	1905027	228171	538396
贵 州	576274	650363	199083	26235	100195
云 南	1635288	2535067	1159317	109291	103905
西 藏	80537	97717	32156	5451	4804
陕 西	2265358	3647195	1792642	340345	245714
甘 肃	1351002	1664348	563404	64971	119520
青 海	184700	267866	111310	14032	10775
宁 夏	133135	206541	85289	12532	6805
新 疆	1173531	1443367	722612	97803	230174

2-74 各地区股份制建筑业企业负债及所有者权益

单位：万元

地区	负债合计	#流动负债	#应付账款	所有者权益	#实收资本
全国总计	**785311257**	**709851936**	**291290115**	**354747344**	**184368062**
北京	113469310	98509488	39921946	56123455	20083509
天津	33161045	30522834	13707472	9330538	5113098
河北	18959144	17834922	9646322	6054656	3215913
山西	25222372	24533461	12068539	5172383	3409203
内蒙古	6810971	6453815	2040934	3879751	2105715
辽宁	22833360	19222079	6968803	7572982	4429966
吉林	9923418	8873743	3072852	4836695	2811403
黑龙江	7306439	6605573	2847090	3360648	2362058
上海	45769844	44367410	19183603	10612908	6503317
江苏	57903223	54623140	20370911	39698024	13479976
浙江	36827346	34663679	13818813	19917655	8058277
安徽	21802003	18741718	6567050	9336136	4569908
福建	16433994	15352344	5303716	11937952	6620759
江西	13506837	11794188	4796890	9439023	5746235
山东	53392846	48986263	18473054	19585392	9701549
河南	34768823	31897737	12411489	19076545	13882666
湖北	41143778	37401876	19848369	17583538	8533777
湖南	18559633	16237274	7771730	10086815	5293731
广东	56926612	48773556	16352683	22486375	12097356
广西	4494367	3901392	1216807	2685912	1143306
海南	1216010	1171271	486496	694785	395962
重庆	22252649	20249801	8854356	8269138	4151012
四川	37410452	33238358	12310143	28638179	25228113
贵州	12646300	11285309	4844383	5068476	2079872
云南	17595124	14742485	6655020	6618816	3025232
西藏	1028538	787488	320843	651497	259874
陕西	29920388	27317977	13014405	8079963	5389808
甘肃	8904607	8417103	3158221	3599717	2091431
青海	987667	857797	321895	552347	467466
宁夏	1356484	1328240	508515	512673	336438
新疆	12777677	11159618	4426767	3284373	1781136

2-75 各地区股份制建筑业企业实收资本

单位：万元

地　区	合计	国家资本	集体资本	法人资本	个人资本	港澳台资本	外商资本
全国总计	**184369062**	**52429628**	**6844828**	**63384832**	**61488146**	**101602**	**120027**
北　京	20083509	6379998	225799	10559697	2918014		
天　津	5113098	1768752	143685	2326890	872852		918
河　北	3215913	1434871	258598	963165	559278		
山　西	3409203	1661224	96223	1125397	526359		
内蒙古	2105715	249179	143631	615507	1096793		605
辽　宁	4429966	767565	330891	1743107	1577140	3640	7622
吉　林	2811403	198646	114749	1019402	1478607		
黑龙江	2362058	323895	221106	731000	1085443	600	15
上　海	6503317	1810685	326931	3751587	614011	104	
江　苏	13479976	1370358	461345	4064501	7508368	3658	71745
浙　江	8059277	608146	321468	3287713	3785815	56136	
安　徽	4569908	910482	272213	1569780	1817432		
福　建	6620759	662983	199150	1722601	4020891	12584	2550
江　西	5746235	621735	83974	2320784	2719542	100	100
山　东	9701549	1084285	918647	3986318	3702707	7130	2463
河　南	13882666	1743695	562490	3342910	8224834	8419	318
湖　北	8533777	2644219	436092	1878624	3538719	5910	30213
湖　南	5293731	976198	248684	2060670	2008180		
广　东	12097356	1419530	354831	6181815	4138657	1089	1434
广　西	1143306	394595	56650	271797	419715	300	250
海　南	395962	116946	7884	162637	108495		
重　庆	4151012	1198851	106621	1200381	1644659		500
四　川	25228113	19666145	287025	2577640	2695379	1378	546
贵　州	2079872	1017938	93002	525477	443455		
云　南	3025232	1028539	119777	866820	1010096		
西　藏	259874	87067	29626	57179	85914	52	36
陕　西	5389808	1340210	116314	2674794	1257489	502	500
甘　肃	2091431	307573	124408	914809	744641		
青　海	467466	95203	37543	139573	195146		
宁　夏	336438	3191	20294	147249	165704		
新　疆	1781136	536925	125178	595008	523812		213

2-76 各地区股份制建筑业企业收入情况

单位：万元

地　区	主营业务收　入	#主营业务成　本	#主营业务税金及附加	其他业务收　入	#其他业务利　润
全国总计	**1014092732**	**919500404**	**11478170**	**10446581**	**904018**
北　京	87274010	81712837	232212	377022	97379
天　津	24222307	22500087	78794	295701	22593
河　北	19456497	18039496	128984	118750	19962
山　西	21252528	19383924	76896	139816	21896
内蒙古	6883755	5753127	93694	120248	6472
辽　宁	17544913	15343291	147929	308498	17581
吉　林	10876939	9487272	170931	156570	11287
黑龙江	7465693	6689093	90389	106303	4759
上　海	47926910	44762526	154412	306386	37524
江　苏	127841232	115339845	1901708	704233	85611
浙　江	73928505	69140079	527186	464394	66958
安　徽	26573712	23614249	295563	340121	20709
福　建	40197965	36453835	745207	247229	29540
江　西	28736827	26021848	515385	451760	9995
山　东	60201164	54011026	614697	714182	59504
河　南	62134322	53788811	1345163	1102781	121422
湖　北	71301614	64152613	1037409	405819	24303
湖　南	38370195	34909084	755855	494437	26086
广　东	63363882	55948277	589617	556951	75124
广　西	9255259	8496987	96352	100746	4883
海　南	2172265	2012619	25027	10373	1022
重　庆	30649314	27247989	426530	289760	29608
四　川	39844288	35486878	570419	964298	21050
贵　州	14054954	13145334	94123	316436	6323
云　南	17317773	15638846	230073	280730	17159
西　藏	1131874	962305	7895	7007	240
陕　西	37759063	35235557	260708	688009	21792
甘　肃	10633816	9729083	122643	171197	14433
青　海	995408	866940	6686	48445	869
宁　夏	1349002	1224167	11811	42003	4370
新　疆	13376749	12402379	123876	116378	23565

2-77 各地区股份制建筑业企业费用情况

单位：万元

地 区	管理费用	销售费用	财务费用	#利息收入	#利息支出
全国总计	**32012492**	**2987415**	**6548614**	**2518615**	**6842116**
北 京	2852782	127651	462215	1011187	1411341
天 津	1010887	54032	300531	119463	363518
河 北	651566	42915	99120	49889	52241
山 西	1054694	21596	79901	74273	141081
内蒙古	295898	12141	49258	3026	33653
辽 宁	830915	42376	177742	29896	167582
吉 林	396673	23494	84796	4032	48419
黑龙江	299708	33465	41707	18003	37663
上 海	1903954	80378	115032	130980	153026
江 苏	3384450	403927	819167	85340	598710
浙 江	1589133	127289	467137	69197	408192
安 徽	855414	103952	259693	63276	206324
福 建	1079986	107921	180678	50064	204127
江 西	724279	96951	129741	8853	77256
山 东	1870147	175433	449562	83856	359090
河 南	2021849	296305	493700	70376	330742
湖 北	2392677	345633	372935	127037	259888
湖 南	1155755	137119	150713	85989	150706
广 东	2350064	233338	540912	81094	488505
广 西	286825	27083	78494	1185	67295
海 南	43293	3282	4304	582	3388
重 庆	811016	85912	242542	44859	330541
四 川	1395915	201548	324730	136559	299936
贵 州	326468	7891	68715	3413	87267
云 南	578059	73064	192426	22413	163756
西 藏	33899	685	4333	2827	5367
陕 西	1099158	65339	164560	91138	198256
甘 肃	301870	42840	79981	8538	67047
青 海	40489	1226	9012	11	2375
宁 夏	46624	1097	5563	1402	2412
新 疆	328046	11534	99416	39859	122414

2-78 各地区股份制建筑业企业利润及税金情况

单位：万元

地　区	利润总额	#应交所得税	税金总额	主营业务税金及附加	应交增值税
全国总计	**40803082**	**8119187**	**31439600**	**11478170**	**19961430**
北　京	6473466	471576	1258423	232212	1026212
天　津	467720	94115	379288	78794	300494
河　北	523204	138067	479163	128984	350179
山　西	705622	65550	396810	76896	319914
内蒙古	341041	83656	257043	93694	163348
辽　宁	433329	153917	479052	147929	331123
吉　林	449464	158404	418117	170931	247186
黑龙江	173823	70978	246600	90389	156211
上　海	1387216	215311	878262	154412	723850
江　苏	6056455	1357392	4963261	1901708	3061553
浙　江	2278003	520732	2222048	527186	1694862
安　徽	968595	201618	860565	295563	565003
福　建	1642914	488496	1563091	745207	817884
江　西	1001565	237731	960510	515385	445125
山　东	2354656	539955	1858593	614697	1243895
河　南	3135880	610518	2666815	1345163	1321652
湖　北	2725619	690630	2333652	1037409	1296243
湖　南	1241568	230833	1488380	755855	732525
广　东	2646777	542895	1967599	589617	1377982
广　西	209528	70389	279409	96352	183056
海　南	83875	46581	82967	25027	57940
重　庆	1446837	265121	1170495	426530	743965
四　川	1208871	271011	1437599	570419	867180
贵　州	415999	77542	337764	94123	243642
云　南	601043	140315	680062	230073	449990
西　藏	142658	6948	31287	7895	23392
陕　西	907801	165490	859797	260708	599089
甘　肃	349525	70855	338351	122643	215708
青　海	1433	3640	32945	6686	26259
宁　夏	46358	12633	42590	11811	30779
新　疆	382235	116288	469065	123876	345189

2-79 各地区股份制建筑业企业应收工程款及企业亏损情况

地　区	应收工程款（万元）	企业个数（个）	#亏损企业个数	亏损企业的比重（%）
全国总计	**265197359**	**31384**	**4506**	**14.4**
北　京	23494716	981	214	21.8
天　津	10129428	577	129	22.4
河　北	5949838	330	57	17.3
山　西	10615315	447	87	19.5
内蒙古	3297329	467	88	18.8
辽　宁	7284604	1737	470	27.1
吉　林	4707710	1146	176	15.4
黑龙江	2816544	760	179	23.6
上　海	10909628	519	83	16.0
江　苏	28454328	2703	130	4.8
浙　江	11825570	1133	113	10.0
安　徽	7521246	1095	139	12.7
福　建	5175458	1465	168	11.5
江　西	5361118	1046	111	10.6
山　东	20371421	2522	375	14.9
河　南	11891660	3392	391	11.5
湖　北	15554819	1668	209	12.5
湖　南	7148633	979	92	9.4
广　东	19584574	2195	365	16.6
广　西	1500097	263	43	16.3
海　南	588181	86	8	9.3
重　庆	8441437	957	123	12.9
四　川	10612686	1558	185	11.9
贵　州	4046984	362	59	16.3
云　南	8300671	799	120	15.0
西　藏	394021	66	11	16.7
陕　西	9899078	859	108	12.6
甘　肃	3506147	611	116	19.0
青　海	364571	118	36	30.5
宁　夏	710912	98	18	18.4
新　疆	4738637	445	103	23.1

2-80 各地区股份制建筑业企业主要经济效益指标

地 区	产值利润率 (%)	产值利税率 (%)	资本利润率 (%)	资本利税率 (%)	人均利润 (元/人)	人均利税 (元/人)	资产负债率 (%)
全国总计	**3.7**	**6.5**	**22.1**	**39.2**	**14036**	**24851**	**68.9**
北 京	9.3	11.1	32.2	38.5	54611	65227	66.9
天 津	1.7	3.1	9.1	16.6	7518	13615	78.0
河 北	2.5	4.9	16.3	31.2	12942	24795	75.8
山 西	3.5	5.5	20.7	32.3	14162	22126	83.0
内 蒙 古	5.1	9.0	16.2	28.4	16592	29098	63.7
辽 宁	2.3	4.8	9.8	20.6	9195	19361	74.7
吉 林	3.5	6.8	16.0	30.9	12929	24956	67.2
黑 龙 江	2.1	5.2	7.4	17.8	5582	13501	68.5
上 海	3.8	6.3	21.3	34.8	22814	37257	81.2
江 苏	3.8	6.9	44.9	81.7	12932	23530	59.3
浙 江	2.3	4.5	28.3	55.8	8382	16559	64.9
安 徽	3.2	6.0	21.2	40.0	14277	26962	70.0
福 建	3.5	6.9	24.8	48.4	9869	19258	57.9
江 西	3.1	6.0	17.4	34.1	11482	22492	58.9
山 东	3.6	6.4	24.3	43.4	12308	22024	73.2
河 南	4.5	8.4	22.6	41.8	16588	30695	64.6
湖 北	3.5	6.5	31.9	59.3	18827	34947	70.1
湖 南	2.8	6.2	23.5	51.6	9626	21166	64.8
广 东	4.3	7.5	21.9	38.1	20749	36174	71.7
广 西	1.7	4.0	18.3	42.8	4066	9489	62.6
海 南	3.9	7.8	21.2	42.1	15807	31444	63.6
重 庆	3.9	7.1	34.9	63.1	14063	25441	72.9
四 川	2.3	5.1	4.8	10.5	7219	15804	56.6
贵 州	3.0	5.4	20.0	36.2	11226	20342	71.4
云 南	3.0	6.4	19.9	42.3	9535	20324	72.7
西 藏	16.9	20.6	54.9	66.9	70303	85721	61.2
陕 西	2.5	4.8	16.8	32.8	11204	21816	78.7
甘 肃	3.4	6.8	16.7	32.9	10604	20870	71.2
青 海	0.2	4.0	0.3	7.4	335	8030	64.1
宁 夏	3.4	6.4	13.8	26.4	9021	17309	72.6
新 疆	2.8	6.3	21.5	47.8	8384	18671	79.6

2-81 各地区外商投资建筑业企业签订合同情况

单位：万元

地区	签订合同额	上年结转合同额	本年新签合同额
全国总计	**11276514**	**4467776**	**6808738**
北京	1685286	1030247	655040
天津	82114	16320	65794
河北	8039	1832	6207
山西	24068	1150	22918
内蒙古			
辽宁	137758	69812	67946
吉林	19592	19592	
黑龙江	14927	13748	1179
上海	2459304	898732	1560572
江苏	1293428	527957	765471
浙江	2090041	515550	1574491
安徽	32831	2803	30028
福建	90605	46572	44033
江西	16836	3144	13692
山东	76430	9546	66884
河南	36426	25	36401
湖北	669052	160123	508929
湖南	102820		102820
广东	2261231	1107395	1153836
广西	7082	112	6970
海南			
重庆	1020	1020	
四川	104134	36275	67859
贵州			
云南	500	300	200
西藏			
陕西	539	110	429
甘肃	436		436
青海	55		55
宁夏	61821	5401	56420
新疆	140	10	130

2-82 各地区外商投资建筑业企业承包工程完成情况

单位：万元

地区	直接从建设单位承揽工程完成的产值	自行完成施工产值	分包出去工程的产值	从建设单位以外承揽工程完成的产值
全国总计	**5879976**	**5186836**	**693140**	**286181**
北京	410035	255832	154203	107200
天津	71224	71224		2905
河北	7820	7820		
山西	25614	25614		
内蒙古				
辽宁	69312	69312		9799
吉林	1100	1100		
黑龙江	8719	8719		
上海	1200055	724650	475405	102119
江苏	680927	656433	24495	34663
浙江	954028	954028		14117
安徽	35428	35428		
福建	50592	50592		3791
江西	17422	17422		
山东	55108	55108		9434
河南	43455	43455		
湖北	462660	462183	477	
湖南	102820	102820		
广东	1546725	1543295	3430	732
广西	5765	5765		
海南				
重庆	1082		1082	1082
四川	33436	33436		
贵州				
云南				340
西藏				
陕西	220	220		
甘肃	436	436		
青海	10	10		
宁夏	95869	61821	34048	
新疆	115	115		

2-83　各地区外商投资企业建筑业总产值和竣工产值

单位：万元

地　区	建筑业总产值	#装饰装修产　值	#在外省完成的产值	按构成分组			竣工产值
				建筑工程产值	安装工程产值	其他产值	
全国总计	**5473017**	**432548**	**2346499**	**4507246**	**862014**	**103758**	**2722963**
北　京	363032	43704	218062	326852	29182	6998	130302
天　津	74129	518	33394	25978	47634	518	1259
河　北	7820	7820	3332			7820	
山　西	25614	73	1712	21295	1491	2827	24506
内蒙古							
辽　宁	79110	9335	22978	26523	51323	1264	40562
吉　林	1100			1100			1100
黑龙江	8719		496	7083	1636		439
上　海	826769	252277	511859	591554	173199	62016	295235
江　苏	691096	20803	378752	347600	343486	10	435009
浙　江	968145	29085	865264	918960	49185		709784
安　徽	35428				29248	6180	27403
福　建	54383	10	685	46938	6994	451	38640
江　西	17422			12161	5261		12151
山　东	64541	3062	2105	53346	3218	7978	51148
河　南	43455	2001	13525	16997	26327	132	35820
湖　北	462183	30740	30040	461070	1113		61344
湖　南	102820		81914	102820			102820
广　东	1544027	31222	99884	1456142	80321	7565	688460
广　西	5765				5765		3717
海　南							
重　庆	1082		1082		1082		
四　川	33436	1234	19547	28482	4954		450
贵　州							
云　南	340		48		340		340
西　藏							
陕　西	220	220		220			220
甘　肃	436	436		305	131		436
青　海	10	10			10		
宁　夏	61821		61821	61821			61821
新　疆	115				115		

2-84 各地区外商投资建筑业企业房屋建筑面积

地区	房屋施工面积(万平方米)	#本年新开工	房屋竣工面积(万平方米)	房屋竣工率(%)
全国总计	**2272.7**	**1525.0**	**410.5**	**18.1**
北京	149.1	68.2	28.6	19.2
天津				
河北				
山西				
内蒙古				
辽宁	0.3	0.3	0.3	100.0
吉林	8.1			
黑龙江				
上海	117.5	34.4	24.4	20.8
江苏	112.0	31.0	28.4	25.4
浙江	693.4	523.6	240.4	34.7
安徽				
福建	29.8	27.4	15.7	52.6
江西	9.4	8.2	9.1	97.8
山东	1.9		1.9	99.8
河南				
湖北	182.4	137.1	29.3	16.1
湖南				
广东	968.9	694.8	32.3	3.3
广西				
海南				
重庆				
四川				
贵州				
云南				
西藏				
陕西				
甘肃				
青海				
宁夏				
新疆				

2-85 各地区按主要用途分的外商投资建筑业企业房屋竣工面积

单位：万平方米

地区	总计	住宅房屋	商业及服务用房屋	商厦房屋(批发和零售用房)	宾馆用房屋(住宿用房)	餐饮用房屋(餐饮用房)
全国总计	**410.5**	**263.5**	**35.7**	**13.6**	**0.3**	
北京	28.6	9.7				
天津						
河北						
山西						
内蒙古						
辽宁	0.3					
吉林						
黑龙江						
上海	24.4					
江苏	28.4	1.9	8.2		0.3	
浙江	240.4	194.4	27.5	13.6		
安徽						
福建	15.7					
江西	9.1	9.1				
山东	1.9					
河南						
湖北	29.3	22.9				
湖南						
广东	32.3	25.5				
广西						
海南						
重庆						
四川						
贵州						
云南						
西藏						
陕西						
甘肃						
青海						
宁夏						
新疆						

2-85 续表1 单位：万平方米

地　区	商务会展用房屋	其他商业及服务用房屋(居民服务业用房)	办公用房屋	科研、教育和医疗用房屋	科学研究用房屋	教育用房屋
全国总计	**7.9**	**14.0**	**0.8**	**5.6**		**5.6**
北　京			0.4	1.1		1.1
天　津						
河　北						
山　西						
内蒙古						
辽　宁						
吉　林						
黑龙江						
上　海						
江　苏	7.9		0.3			
浙　江		14.0				
安　徽						
福　建						
江　西						
山　东						
河　南						
湖　北						
湖　南						
广　东				4.5		4.5
广　西						
海　南						
重　庆						
四　川						
贵　州						
云　南						
西　藏						
陕　西						
甘　肃						
青　海						
宁　夏						
新　疆						

2-85 续表2

单位：万平方米

地区	医疗用房屋(卫生医疗用房)	文化、体育和娱乐用房屋	厂房及建筑物	#厂房	仓库	其他未列明的房屋建筑物
全国总计			**98.2**	**93.1**		**6.8**
北京			17.0	17.0		0.3
天津						
河北						
山西						
内蒙古						
辽宁			0.3	0.3		
吉林						
黑龙江						
上海			24.4	24.4		
江苏			18.1	13.0		
浙江			18.5	18.5		
安徽						
福建			15.7	15.7		
江西						
山东			1.9	1.9		
河南						
湖北						6.4
湖南						
广东			2.3	2.3		
广西						
海南						
重庆						
四川						
贵州						
云南						
西藏						
陕西						
甘肃						
青海						
宁夏						
新疆						

2-86 各地区按主要用途分的外商投资建筑业企业房屋竣工价值

单位：万元

地区	总计	住宅房屋	商业及服务用房屋			
				商厦房屋(批发和零售用房)	宾馆用房屋(住宿用房)	餐饮用房屋(餐饮用房)
全国总计	**1009560**	**703576**	**94801**	**40703**	**246**	
北京	30195	12933				
天津						
河北						
山西						
内蒙古						
辽宁	355					
吉林						
黑龙江						
上海	85711					
江苏	64752	8521	12246		246	
浙江	673080	583075	82556	40703		
安徽						
福建	29840					
江西	12151	12151				
山东	906					
河南						
湖北	60631	43530				
湖南						
广东	51939	43367				
广西						
海南						
重庆						
四川						
贵州						
云南						
西藏						
陕西						
甘肃						
青海						
宁夏						
新疆						

2-86 续表1

单位：万元

地区	商务会展用房屋	其他商业及服务用房屋(居民服务业用房)	办公用房屋	科研、教育和医疗用房屋	科学研究用房屋	教育用房屋
全国总计	**12000**	**41853**	**1550**	**6899**		**6899**
北京			1094	2315		2315
天津						
河北						
山西						
内蒙古						
辽宁						
吉林						
黑龙江						
上海						
江苏	12000		456			
浙江		41853				
安徽						
福建						
江西						
山东						
河南						
湖北						
湖南						
广东				4584		4584
广西						
海南						
重庆						
四川						
贵州						
云南						
西藏						
陕西						
甘肃						
青海						
宁夏						
新疆						

2-86 续表2

单位：万元

地　　区	医疗用房屋（卫生医疗用房）	文化、体育和娱乐用房屋	厂房及建筑物	#厂房	仓　库	其他未列明的房屋建筑物
全国总计			**183390**	**166249**		**19343**
北　京			11611	11611		2242
天　津						
河　北						
山　西						
内蒙古						
辽　宁			355	355		
吉　林						
黑龙江						
上　海			85711	85711		
江　苏			43530	26389		
浙　江			7450	7450		
安　徽						
福　建			29840	29840		
江　西						
山　东			906	906		
河　南						
湖　北						17101
湖　南						
广　东			3988	3988		
广　西						
海　南						
重　庆						
四　川						
贵　州						
云　南						
西　藏						
陕　西						
甘　肃						
青　海						
宁　夏						
新　疆						

2-87 各地区外商投资建筑业企业主要生产效益指标

地　区	建筑业企业个数（个）	从事建筑业活动的平均人数（人）	按总产值计算的劳动生产率（元/人）	人均竣工产　值（元/人）	人均施工面　积（平方米/人）	人均竣工面　积（平方米/人）
全国总计	**218**	**93788**	**583552**	**290332**	**242.3**	**43.8**
北　京	31	7082	512612	183990	210.5	40.4
天　津	6	750	988392	16792		
河　北	1	325	240606			
山　西	3	1730	148055	141651		
内蒙古						
辽　宁	23	4001	197726	101379	0.8	0.8
吉　林	1	120	91667	91667	674.6	
黑龙江	3	436	199977	10060		
上　海	48	19426	425599	151979	60.5	12.6
江　苏	40	17323	398947	251116	64.6	16.4
浙　江	6	18575	521209	382118	373.3	129.4
安　徽	4	524	676097	522948		
福　建	3	2101	258843	183911	142.0	74.8
江　西	3	764	228041	159048	122.4	119.8
山　东	13	942	685153	542976	19.7	19.6
河　南	7	1340	324293	267313		
湖　北	3	5207	887618	117811	350.4	56.4
湖　南	1	4371	235232	235232		
广　东	10	7447	2073355	924479	1301.1	43.3
广　西	1	358	161034	103827		
海　南						
重　庆	1	31	348903			
四　川	4	367	911071	12256		
贵　州						
云　南	1	20	169850	169850		
西　藏						
陕　西	1	32	68750	68750		
甘　肃	1	31	140548	140548		
青　海	1	3	33333			
宁　夏	1	470	1315343	1315343		
新　疆	1	12	95833			

2-88 各地区外商投资建筑业企业资产构成

单位：万元

地区	资产合计	#流动资产合计	#存货	#非流动资产合计	#固定资产合计
全国总计	**10771201**	**8860530**	**1204324**	**1910670**	**490886**
北京	954337	846261	135066	108076	39482
天津	90021	75616	21590	14405	9984
河北	5476	5463	1643	13	13
山西	31601	27819	205	3782	3782
内蒙古					
辽宁	186917	125292	13595	61624	34025
吉林	6551	6518	5377	33	33
黑龙江	48236	24060	9243	24177	276
上海	1209043	1163040	168408	46003	14161
江苏	1171015	882828	196563	288187	74238
浙江	140351	120854	21143	19497	11701
安徽	92643	32795	6790	59848	54642
福建	39801	36168	9225	3633	2252
江西	4877	3823	250	1053	1027
山东	114270	76415	7253	37855	36159
河南	108696	72226	4169	36470	21910
湖北	86063	80791	18543	5273	2378
湖南	138522	125292	7315	13231	3220
广东	6110530	4955084	564821	1155447	156906
广西	12953	12700	10429	253	70
海南					
重庆	4307	3792	991	515	6
四川	11748	10966	740	782	134
贵州					
云南	3740	2450	64	1289	489
西藏					
陕西	2372	2076	260	296	10
甘肃	1593	1593		0	0
青海	322	267	95	55	12
宁夏	194967	166128	501	28839	23943
新疆	250	215	46	35	35

2-89 各地区外商投资建筑业企业固定资产情况

单位：万元

地区	固定资产合计	固定资产原价	固定资产折旧	#本年折旧	在建工程
全国总计	**490886**	**542687**	**257137**	**27331**	**177057**
北京	39482	63919	37969	4404	13210
天津	9984	19399	9415	1282	
河北	13	47	34	2	
山西	3782	9203	5421	412	
内蒙古					
辽宁	34025	46717	17559	1340	2412
吉林	33	51	18	6	
黑龙江	276	1185	909	63	
上海	14161	40439	26363	1743	84
江苏	74238	84344	34911	2875	18792
浙江	11701	21159	9955	1408	496
安徽	54642	59904	14149	2300	7904
福建	2252	6762	4514	330	4
江西	1027	1569	542	70	
山东	36159	58149	24818	1766	2541
河南	21910	8700	3962	1010	3577
湖北	2378	2524	1612	168	74
湖南	3220				
广东	156906	73299	43933	4148	127540
广西	70	461	391	14	
海南					
重庆	6	38	32	1	
四川	134	393	259	34	
贵州					
云南	489	278	208	17	419
西藏					
陕西	10	36	30	30	4
甘肃	0	64	64		
青海	12	105	93		
宁夏	23943	43841	19898	3901	
新疆	35	105	80	10	

2-90 各地区外商投资建筑业企业负债及所有者权益

单位：万元

地区	负债合计	#流动负债	#应付账款	所有者权益	#实收资本
全国总计	**6795055**	**5502582**	**1828809**	**3976173**	**1280919**
北京	702967	699509	303268	251371	152009
天津	44175	43837	29449	45846	21525
河北	3506	3506	989	1970	1600
山西	27008	26988	23769	4593	2600
内蒙古					
辽宁	120181	115804	23705	66736	51266
吉林	5941	5941	5941	610	
黑龙江	45591	45591	5242	2645	2189
上海	836265	827361	381542	372804	145008
江苏	674588	588901	262995	496427	170855
浙江	87609	87609	21931	52742	23295
安徽	55366	53687	30322	37277	30635
福建	28453	27209	13117	11348	11864
江西	1587	1587	1263	3290	1244
山东	74967	66432	29955	39303	17511
河南	75036	38406	3301	33661	11364
湖北	69713	67477	44448	16350	10325
湖南	99242	99242	32001	39280	5691
广东	3641889	2521853	530757	2468642	580820
广西	11411	11411	2200	1542	2000
海南					
重庆	1068	1068	711	3239	810
四川	6406	6406	1350	5342	3872
贵州					
云南	1738	1738	1559	2002	2000
西藏					
陕西	869	806	38	1502	1500
甘肃	194	194	57	1399	500
青海	22	22	22	300	300
宁夏	179150	159885	78836	15817	30000
新疆	114	114	42	136	136

2-91 各地区外商投资建筑业企业实收资本

单位：万元

地区	合计	国家资本	集体资本	法人资本	个人资本	港澳台资本	外商资本
全国总计	**1280919**	**42696**	**9696**	**772996**	**54870**	**20700**	**379962**
北　京	152009	6584	375	37435	12644	412	94559
天　津	21525	45		5091	6799		9590
河　北	1600			1200			400
山　西	2600			1000	1200		400
内蒙古							
辽　宁	51266	2560	960	27581	6358		13807
吉　林							
黑龙江	2189	955		243		87	905
上　海	145008	3273	6567	22754	868	54	111492
江　苏	170855			51098	12081	18678	88997
浙　江	23295			17168	1619	869	3640
安　徽	30635	23931		6223			481
福　建	11864	5100		400	864	600	4900
江　西	1244			1244			
山　东	17511	249	594	8637	873		7159
河　南	11364			1618	6802		2944
湖　北	10325			2663	118		7544
湖　南	5691			5691			
广　东	580820		1200	561417	3500		14703
广　西	2000			1020			980
海　南							
重　庆	810						810
四　川	3872			1600	620		1652
贵　州							
云　南	2000			500			1500
西　藏							
陕　西	1500				300		1200
甘　肃	500			370			130
青　海	300				225		75
宁　夏	30000			18000			12000
新　疆	136			42			94

2-92 各地区外商投资建筑业企业收入情况

单位：万元

地区	主营业务收入	#主营业务成本	#主营业务税金及附加	其他业务收入	#其他业务利润
全国总计	**5601754**	**4874544**	**25309**	**40008**	**9659**
北京	770600	682307	3126	7040	3847
天津	72627	54430	285	658	497
河北	7859	7161	15		
山西	35376	33862	151		
内蒙古					
辽宁	98379	74175	376	1901	5
吉林	1698	1421	48		
黑龙江	8502	6964	6	47	47
上海	1337059	1166546	5802	20134	2682
江苏	762791	632507	3677	1871	734
浙江	544221	524425	1733	1669	1012
安徽	66406	40921	218	707	508
福建	55906	51712	154	107	93
江西	17851	15064	133	63	11
山东	71966	55549	318	997	115
河南	38764	28532	416	4691	39
湖北	96317	93716	311		
湖南	102820	72372	793		
广东	1435681	1263373	7291	104	46
广西	4102	3827	20	0	
海南					
重庆	1647	1282	10		
四川	6206	3878	87		
贵州					
云南	340	306	7	22	22
西藏					
陕西	2210	2105	11		
甘肃	410	336	2		
青海					
宁夏	61821	57610	318		
新疆	195	163	0		

2-93 各地区外商投资建筑业企业费用情况

单位：万元

地区	管理费用	销售费用	财务费用	#利息收入	#利息支出
全国总计	**301571**	**46938**	**54718**	**3378**	**57328**
北京	46523	17350	3220	1945	4701
天津	7785	2658	168	56	261
河北	269		32	1	33
山西	617		-5	0	
内蒙古					
辽宁	9400	1302	2057	108	1079
吉林	168		42	0	42
黑龙江	1220	87	153	2	145
上海	75554	9395	-5615	2022	1143
江苏	49501	4487	265	1735	1170
浙江	7753	721	854	21	858
安徽	3048	6835	534	-68	
福建	2296	211	368	15	294
江西	1256	403	39	4	
山东	5367	763	707	99	769
河南	5293	909	-805	-8	52
湖北	1977	26	68	3	
湖南	5585	54	-419		
广东	71481	1370	51177	-2561	43367
广西	241		-3	4	
海南					
重庆	255	1	-3	3	0
四川	563	367	-18	-20	1
贵州					
云南	76	0	0	0	
西藏					
陕西	112		1		
甘肃	41	0	0		0
青海					
宁夏	5141		1902	17	3413
新疆	50		0		

2-94 各地区外商投资建筑业企业利润及税金情况

单位：万元

地　区	利润总额	#应交所得税	税金总额	主营业务税金及附加	应交增值税
全国总计	**304510**	**78303**	**116986**	**25309**	**91677**
北　京	21856	7672	16414	3126	13288
天　津	5464	1145	1072	285	787
河　北	382	99	179	15	164
山　西	696	158	503	151	351
内蒙古					
辽　宁	5514	2230	2109	376	1733
吉　林	62	42	99	48	51
黑龙江	149	45	103	6	97
上　海	86203	23777	32465	5802	26664
江　苏	76380	18176	8035	3677	4358
浙　江	9391	1919	18767	1733	17034
安　徽	15829	4015	1145	218	927
福　建	1669	461	540	154	386
江　西	968	235	390	133	257
山　东	9571	2468	2095	318	1776
河　南	7258	1805	1982	416	1566
湖　北	1152	197	1870	311	1559
湖　南	24538	6151	793	793	
广　东	39706	7045	25139	7291	17847
广　西	-179		129	20	109
海　南					
重　庆	117	18	10	10	
四　川	1354	227	575	87	488
贵　州					
云　南	-28	6	67	7	60
西　藏					
陕　西	-19		76	11	65
甘　肃	31	0	14	2	12
青　海					
宁　夏	-3535	413	2417	318	2098
新　疆	-19		0	0	

2-95 各地区外商投资建筑业企业应收工程款及企业亏损情况

地 区	应收工程款(万元)	企业个数(个)	#亏损企业个数	亏损企业的比重(%)
全国总计	**2238048**	**218**	**60**	**27.5**
北 京	263580	31	12	38.7
天 津	25232	6	1	16.7
河 北	805	1		
山 西	22158	3		
内蒙古				
辽 宁	43079	23	10	43.5
吉 林	1141	1		
黑龙江	6110	3		
上 海	275935	48	14	29.2
江 苏	227472	40	9	22.5
浙 江	51816	6	1	16.7
安 徽	4584	4		
福 建	7612	3	1	33.3
江 西	2487	3	1	33.3
山 东	35853	13	2	15.4
河 南	48993	7	1	14.3
湖 北	40584	3	1	33.3
湖 南	49580	1		
广 东	1000248	10	1	10.0
广 西		1	1	100.0
海 南				
重 庆	1764	1		
四 川	1132	4	1	25.0
贵 州				
云 南	1036	1	1	100.0
西 藏				
陕 西	333	1	1	100.0
甘 肃	261	1		
青 海		1		
宁 夏	126221	1	1	100.0
新 疆	34	1	1	100.0

2-96 各地区外商投资建筑业企业主要经济效益指标

地　区	产值利润率(%)	产值利税率(%)	资本利润率(%)	资本利税率(%)	人均利润(元/人)	人均利税(元/人)	资产负债率(%)
全国总计	**5.6**	**7.7**	**23.8**	**32.9**	**32468**	**44941**	**63.1**
北　京	6.0	10.5	14.4	25.2	30861	54038	73.7
天　津	7.4	8.8	25.4	30.4	72853	87151	49.1
河　北	4.9	7.2	23.9	35.0	11745	17246	64.0
山　西	2.7	4.7	26.8	46.1	4021	6927	85.5
内蒙古							
辽　宁	7.0	9.6	10.8	14.9	13782	19054	64.3
吉　林	5.6	14.6			5133	13375	90.7
黑龙江	1.7	2.9	6.8	11.5	3424	5778	94.5
上　海	10.4	14.4	59.4	81.8	44375	61087	69.2
江　苏	11.1	12.2	44.7	49.4	44092	48730	57.6
浙　江	1.0	2.9	40.3	120.9	5056	15159	62.4
安　徽	44.7	47.9	51.7	55.4	302074	323924	59.8
福　建	3.1	4.1	14.1	18.6	7943	10512	71.5
江　西	5.6	7.8	77.8	109.1	12664	17764	32.5
山　东	14.8	18.1	54.7	66.6	101604	123839	65.6
河　南	16.7	21.3	63.9	81.3	54167	68960	69.0
湖　北	0.2	0.7	11.2	29.3	2213	5805	81.0
湖　南	23.9	24.6	431.2	445.1	56139	57953	71.6
广　东	2.6	4.2	6.8	11.2	53318	87074	59.6
广　西	-3.1	-0.9	-8.9	-2.5	-4989	-1397	88.1
海　南							
重　庆	10.8	11.7	14.4	15.7	37645	40968	24.8
四　川	4.1	5.8	35.0	49.8	36902	52564	54.5
贵　州							
云　南	-8.2	11.5	-1.4	2.0	-13850	19600	46.5
西　藏							
陕　西	-8.7	26.0	-1.3	3.8	-5969	17906	36.7
甘　肃	7.2	10.3	6.2	9.0	10065	14516	12.2
青　海							6.8
宁　夏	-5.7	-1.8	-11.8	-3.7	-75219	-23804	91.9
新　疆	-16.1	-15.9	-13.6	-13.5	-15417	-15250	45.7

2-97 各地区港澳台商投资建筑业企业签订合同情况

单位：万元

地区	签订合同额	上年结转合同额	本年新签合同额
全国总计	**21882925**	**12035293**	**9847632**
北京	1317103	451207	865896
天津	6521	2542	3978
河北	36060		36060
山西	5551	1371	4180
内蒙古			
辽宁	1945697	1734645	211053
吉林	134796	102366	32429
黑龙江	6486	3317	3168
上海	1217942	376863	841079
江苏	800236	250343	549893
浙江	2184232	632675	1551558
安徽	10477	5400	5077
福建	1964855	528910	1435945
江西	4634303	3279511	1354792
山东	1343874	777217	566656
河南	162972	60958	102014
湖北	50629	10562	40067
湖南	765764	583260	182504
广东	4499322	2971811	1527511
广西	16116	5738	10378
海南	7785	6975	809
重庆	544266	151306	392960
四川	220097	98064	122034
贵州			
云南	1538	238	1300
西藏			
陕西	432		432
甘肃	5827	14	5814
青海			
宁夏			
新疆	46		46

2-98 各地区港澳台商投资建筑业企业承包工程完成情况

单位：万元

地区	直接从建设单位承揽工程完成的产值			从建设单位以外承揽工程完成的产值
		自行完成施工产值	分包出去工程的产值	
全国总计	**8413536**	**7585139**	**828396**	**408477**
北京	684499	602258	82241	33042
天津	50924	50869	56	56
河北	39000	39000		
山西	5465	5449	16	
内蒙古				
辽宁	335540	335320	220	130
吉林	101332	101332		
黑龙江	6239	6239		
上海	683777	582389	101388	125498
江苏	488627	484836	3792	22482
浙江	1234256	1225318	8937	75457
安徽	14160	13791	370	370
福建	982479	953450	29029	1197
江西	1132660	1132660		296
山东	437659	435934	1726	1726
河南	97140	97140		
湖北	46065	46065		335
湖南	266676	266674	2	1
广东	1517028	940755	576273	98970
广西	13277	13277		
海南	3222	3222		
重庆	82816	59301	23516	25760
四川	186788	185956	832	12394
贵州				
云南	700	700		
西藏				
陕西	432	432		10764
甘肃	2726	2726		
青海				
宁夏				
新疆	46	46		

2-99 各地区港澳台商投资企业建筑业总产值和竣工产值

单位：万元

地区	建筑业总产值	#装饰装修产值	#在外省完成的产值	按构成分组			竣工产值
				建筑工程产值	安装工程产值	其他产值	
全国总计	**7993616**	**1820836**	**4022371**	**6283663**	**1526534**	**183419**	**4359203**
北　京	635300	497021	383078	610435	22779	2086	306648
天　津	50924		635	48736	1341	848	2178
河　北	39000	36060		36060		2941	39000
山　西	5449	4414	127	5437	4	8	3995
内蒙古							
辽　宁	335450	306250	262106	317002	9377	9071	105089
吉　林	101332	12580	69174	70799	28071	2461	18781
黑龙江	6239	5900	2578	5900	339		5857
上　海	707888	200025	449092	275784	415794	16310	214226
江　苏	507318	69132	112688	455973	51059	286	580822
浙　江	1300775	89793	1004018	1112830	173813	14133	712835
安　徽	14160	1493	5450	11512	2279	370	1279
福　建	954647	89375	543903	807706	146636	306	563725
江　西	1132956	4440	338151	996053	136894	10	479492
山　东	437659	25893	110170	372912	23912	40836	150108
河　南	97140	26100		69933	1107	26100	81477
湖　北	46400	26129	12521	45269	939	192	30457
湖　南	266675	38263	147887	255961	5	10709	132578
广　东	1039725	380111	422833	599677	429130	10918	857031
广　西	13277			13277			13277
海　南	3222			439	2783		1657
重　庆	85061	1855	63229	59695	7362	18005	26796
四　川	198350	5450	94730	108444	62147	27759	30858
贵　州							
云　南	700			700			462
西　藏							
陕　西	11197	432		432	10764		355
甘　肃	2726	74		2652		74	174
青　海							
宁　夏							
新　疆	46	46		46			46

2-100 各地区港澳台商投资建筑业企业房屋建筑面积

地　　区	房屋施工面积（万平方米）	#本年新开工	房屋竣工面积（万平方米）	房屋竣工率（%）
全国总计	**5341.9**	**1607.8**	**1261.9**	**23.6**
北　京	114.7	16.1		
天　津				
河　北				
山　西	0.8	0.4	0.1	12.5
内蒙古				
辽　宁	5.2	5.2		
吉　林	17.6			
黑龙江				
上　海	29.6			
江　苏	226.6	95.4	114.1	50.4
浙　江	938.1	681.2	278.9	29.7
安　徽	4.0	1.4		
福　建	1672.5	355.7	243.4	14.6
江　西	1204.7	226.9	301.6	25.0
山　东	23.7	15.0	10.2	42.8
河　南	63.1	62.2	120.2	190.4
湖　北	26.0	15.2	1.5	5.7
湖　南	337.5	49.5	73.8	21.9
广　东	641.8	72.2	97.8	15.2
广　西	6.0		5.7	95.0
海　南				
重　庆	23.2	10.4	11.2	48.3
四　川	6.7	1.1	3.1	46.3
贵　州				
云　南	0.1		0.1	100.0
西　藏				
陕　西				
甘　肃	0.2	0.0	0.2	84.9
青　海				
宁　夏				
新　疆				

2-101 各地区按主要用途分的港澳台商投资建筑业企业房屋竣工面积

单位：万平方米

地区	总计	住宅房屋	商业及服务用房屋	商厦房屋(批发和零售用房)	宾馆用房屋(住宿用房)	餐饮用房屋(餐饮用房)
全国总计	**1261.9**	**737.4**	**87.4**	**30.5**	**20.7**	**7.3**
北京						
天津						
河北						
山西	0.1					
内蒙古						
辽宁						
吉林						
黑龙江						
上海						
江苏	114.1	60.9				
浙江	278.9	58.0	17.7		4.1	
安徽						
福建	243.4	241.3	0.2			
江西	301.6	155.1	33.8	24.2	9.6	
山东	10.2	7.5				
河南	120.2	43.8	25.9	6.3	7.0	7.3
湖北	1.5					
湖南	73.8	60.4	9.2			
广东	97.8	93.6	0.5			
广西	5.7	2.6				
海南	0.0					
重庆	11.2	11.2				
四川	3.1	2.9	0.1			
贵州						
云南	0.1		0.1			
西藏						
陕西						
甘肃	0.2	0.1				
青海						
宁夏						
新疆						

2-101 续表1

单位：万平方米

地　区	商务会展用房屋	其他商业及服务用房屋(居民服务业用房)	办公用房　屋	科研、教育和医疗用房屋	科学研究用 房 屋	教育用房　屋
全国总计	**0.5**	**28.4**	**50.3**	**137.5**	**5.8**	**127.9**
北　京						
天　津						
河　北						
山　西			0.0			
内 蒙 古						
辽　宁						
吉　林						
黑 龙 江						
上　海						
江　苏			7.3	10.0	3.0	7.0
浙　江		13.6	26.6	18.8		17.0
安　徽						
福　建		0.2	0.4	1.5		0.1
江　西			3.7	93.6	2.8	90.8
山　东			0.0			
河　南		5.2	9.0	6.4		6.4
湖　北						
湖　南		9.2		4.2		3.6
广　东	0.5			2.9		2.9
广　西			3.0			
海　南						
重　庆						
四　川	0.0	0.1	0.1	0.0	0.0	0.0
贵　州						
云　南		0.1				
西　藏						
陕　西						
甘　肃			0.1			
青　海						
宁　夏						
新　疆						

2-101 续表2

单位：万平方米

地区	医疗用房屋(卫生医疗用房)	文化、体育和娱乐用房屋	厂房及建筑物	#厂房	仓库	其他未列明的房屋建筑物
全国总计	**3.8**	**11.7**	**211.1**	**149.0**	**18.1**	**8.3**
北京						
天津						
河北						
山西			0.0	0.0	0.0	
内蒙古						
辽宁						
吉林						
黑龙江						
上海						
江苏			25.5	19.7	10.1	0.3
浙江	1.8		157.8	110.7		
安徽						
福建	1.3					
江西		6.0	9.4	9.4		
山东			2.6		0.0	
河南		5.7	13.4	7.7	8.0	8.0
湖北			1.5	1.5		
湖南	0.6		0.0	0.0		
广东			0.8			
广西						
海南			0.0	0.0		
重庆						
四川	0.0	0.0	0.0		0.0	0.0
贵州						
云南						
西藏						
陕西						
甘肃		0.0				
青海						
宁夏						
新疆						

2-102 各地区按主要用途分的港澳台商投资建筑业企业房屋竣工价值

单位：万元

地区	总计	住宅房屋	商业及服务用房屋	商厦房屋(批发和零售用房)	宾馆用房屋(住宿用房)	餐饮用房屋(餐饮用房)
全国总计	**2216530**	**1433790**	**155675**	**38882**	**31332**	**7668**
北京						
天津						
河北						
山西	176					
内蒙古						
辽宁						
吉林						
黑龙江						
上海						
江苏	331054	196520				
浙江	516640	113215	64673		11248	
安徽						
福建	476034	470630	351			
江西	319518	207240	42573	28828	13745	
山东	10567	7682				
河南	136270	48689	30402	10054	6340	7668
湖北	2210					
湖南	98556	77740	15997			
广东	272891	265685	1289			
广西	10536	4864				
海南	9					
重庆	25612	25612				
四川	16134	15859	153			
贵州						
云南	238		238			
西藏						
陕西						
甘肃	85	55				
青海						
宁夏						
新疆						

2-102 续表1

单位：万元

地区	商务会展用房屋	其他商业及服务用房屋(居民服务业用房)	办公用房屋	科研、教育和医疗用房屋	科学研究用房屋	教育用房屋
全国总计	**1317**	**76475**	**76936**	**159124**	**14723**	**130733**
北京						
天津						
河北						
山西			120			
内蒙古						
辽宁						
吉林						
黑龙江						
上海						
江苏			10484	14958	5737	9221
浙江		53425	40477	103170		94230
安徽						
福建		351	1156	3897		221
江西			6672	20766	8971	11794
山东			20			
河南		6339	12254	8562		8562
湖北						
湖南		15997		4799		3755
广东	1289			2940		2940
广西			5672			
海南						
重庆						
四川	28	125	60	32	15	10
贵州						
云南		238				
西藏						
陕西						
甘肃			20			
青海						
宁夏						
新疆						

2-102 续表2

单位：万元

地　　区	医疗用房屋（卫生医疗用房）	文化、体育和娱乐用房屋	厂房及建筑物	#厂房	仓　库	其他未列明的房屋建筑物
全国总计	**13668**	**17289**	**342561**	**222341**	**22574**	**8581**
北　京						
天　津						
河　北						
山　西			32	24	24	
内蒙古						
辽　宁						
吉　林						
黑龙江						
上　海						
江　苏			94342	26715	13839	911
浙　江	8940		195105	152167		
安　徽						
福　建	3677					
江　西		9500	32768	32768		
山　东			2825		40	
河　南		7769	12269	8447	8661	7664
湖　北			2210	2210		
湖　南	1044		20	2		
广　东			2977			
广　西						
海　南			9	9		
重　庆						
四　川	7	10	5		9	6
贵　州						
云　南						
西　藏						
陕　西						
甘　肃		10				
青　海						
宁　夏						
新　疆						

2-103 各地区港澳台商投资建筑业企业主要生产效益指标

地区	建筑业企业个数(个)	从事建筑业活动的平均人数(人)	按总产值计算的劳动生产率(元/人)	人均竣工产值(元/人)	人均施工面积(平方米/人)	人均竣工面积(平方米/人)
全国总计	**334**	**217029**	**368320**	**200858**	**246.1**	**58.1**
北京	38	14742	430945	208010	77.8	
天津	4	428	1189822	50893		
河北	3	453	860929	860929		
山西	4	392	138992	101901	20.4	2.6
内蒙古						
辽宁	17	6416	522833	163792	8.1	
吉林	7	1886	537284	99582	93.1	
黑龙江	4	297	210077	197189		
上海	56	12219	579333	175322	24.2	
江苏	37	15126	335394	383989	149.8	75.4
浙江	17	24046	540953	296446	390.1	116.0
安徽	4	725	195316	17644	55.6	
福建	22	36936	258460	152622	452.8	65.9
江西	9	49265	229972	97329	244.5	61.2
山东	17	8360	523516	179556	28.4	12.1
河南	7	4734	205196	172111	133.4	254.0
湖北	12	1432	324022	212689	181.3	10.3
湖南	6	4487	594327	295472	752.2	164.5
广东	49	24722	420567	346667	259.6	39.6
广西	1	457	290530	290530	130.4	123.9
海南	1	166	194078	99825		0.2
重庆	6	1678	506918	159690	138.0	66.6
四川	7	7580	261676	40710	8.8	4.1
贵州						
云南	1	39	179590	118462	24.0	24.0
西藏						
陕西	2	218	513601	16266		
甘肃	2	222	122793	7838	9.1	7.7
青海						
宁夏						
新疆	1	3	154000	154000		

2-104 各地区港澳台商投资建筑业企业资产构成

单位：万元

地区	资产合计	#流动资产合计	#存货	#非流动资产合计	#固定资产合计
全国总计	**15014425**	**12391270**	**2427360**	**2623156**	**1321034**
北京	1011580	935483	128702	76097	17798
天津	61752	60037	1935	1715	1397
河北	21059	18556	5594	2503	1140
山西	13684	13109	2066	575	471
内蒙古					
辽宁	1458521	1267757	377286	190764	123591
吉林	287103	220100	51651	67003	16007
黑龙江	14246	13244	1336	1002	975
上海	1687174	1470478	315634	216697	148150
江苏	874629	755531	144504	119098	47777
浙江	534531	469885	110976	64646	47375
安徽	91797	87843	49815	3954	1062
福建	515849	477279	140588	38570	6584
江西	1992978	1633816	569850	359162	16094
山东	801563	636558	106863	165005	28489
河南	50675	30141	1537	20534	3822
湖北	117983	106282	11062	11701	1136
湖南	100503	93606	1371	6896	1516
广东	3872239	3418650	340654	453589	69412
广西	17516	17132		384	384
海南	2203	1897		306	306
重庆	1250452	445920	56839	804532	773745
四川	221741	205144	8286	16597	12055
贵州					
云南	2174	413	238	1761	1695
西藏					
陕西	5278	5231	559	48	38
甘肃	7073	7060	14	13	13
青海					
宁夏					
新疆	125	120		6	6

2-105 各地区港澳台商投资建筑业企业固定资产情况

单位：万元

地区	固定资产合计	固定资产原价	固定资产折旧	#本年折旧	在建工程
全国总计	**1321034**	**1493197**	**533529**	**77698**	**180604**
北京	17798	42752	25438	3446	26
天津	1397	7115	5876	146	157
河北	1140	3592	2451	0	
山西	471	4178	3708	25	
内蒙古					
辽宁	123591	165351	88275	8927	16143
吉林	16007	34562	19649	1668	
黑龙江	975	1578	603	18	
上海	148150	193681	45986	6531	
江苏	47777	79207	35398	4976	1987
浙江	47375	79784	34238	3078	65
安徽	1062	1259	497	39	300
福建	6584	13528	9059	653	
江西	16094	19511	4157	1027	240
山东	28489	53956	26679	3538	600
河南	3822	24528	20768	843	
湖北	1136	3007	2185	125	200
湖南	1516	2362	1596	104	647
广东	69412	117655	58288	5878	2389
广西	384	1604	1220		
海南	306	526	220	44	
重庆	773745	620723	136962	34933	156573
四川	12055	21810	9822	1655	
贵州					
云南	1695	632	215	28	1278
西藏					
陕西	38	167	129	14	
甘肃	13	51	39	4	
青海					
宁夏					
新疆	6	79	74		

2-106 各地区港澳台商投资建筑业企业负债及所有者权益

单位：万元

地区	负债合计	#流动负债	#应付账款	所有者权益	#实收资本
全国总计	**11298510**	**9958079**	**3451378**	**3715915**	**1779363**
北京	839010	805947	274280	172570	175989
天津	29920	29920	19320	31832	26853
河北	13727	13725	3289	7332	4814
山西	12095	12065	3887	1589	3804
内蒙古					
辽宁	955984	932144	271774	502537	238831
吉林	208319	206251	16345	78784	23441
黑龙江	8796	8670	6623	5450	4163
上海	1186890	1180855	443874	500285	221030
江苏	590523	511870	163825	284106	116760
浙江	344578	339862	132031	189953	74223
安徽	80031	80031	2376	11766	8577
福建	345535	345311	99355	170314	72083
江西	1730252	1569839	705522	262726	145751
山东	617510	569008	212042	184054	76944
河南	29885	27655	6785	20790	13708
湖北	48482	34818	10334	69501	52460
湖南	84730	83991	42593	15772	7819
广东	3008169	2660512	842759	864071	279630
广西	5123	5123	686	12393	8000
海南	288	288	64	1915	2000
重庆	972802	354364	84691	277649	194072
四川	180200	180167	106821	41541	20521
贵州					
云南	112	112	81	2062	2000
西藏					
陕西	3600	3600	1664	1678	1185
甘肃	1821	1821	234	5251	4648
青海					
宁夏					
新疆	128	128	126	-3	60

2-107 各地区港澳台商投资建筑业企业实收资本

单位：万元

地区	合计	国家资本	集体资本	法人资本	个人资本	港澳台资本	外商资本
全国总计	**1779363**	**140299**	**41989**	**427141**	**166805**	**952182**	**50947**
北京	175989	1553	17	40400	16153	116223	1643
天津	26853	510		20055	470	5818	
河北	4814		505	993		3315	
山西	3804	1	1	3700	2	100	
内蒙古							
辽宁	238831	2990		4358	5750	225733	
吉林	23441			11305	52	12084	
黑龙江	4163		3	1064	2100	996	
上海	221030		11736	26356	6646	175065	1227
江苏	116760	2253	723	38606	28602	37514	9062
浙江	74223		353	31010	12168	30692	
安徽	8577	1001		500		7076	
福建	72083		6260	34456	6460	24907	
江西	145751	62820		9500	27260	25511	20660
山东	76944	18290	20187	12433	9711	16323	
河南	13708		2205	7301	3797	150	256
湖北	52460			33171	700	18589	
湖南	7819	1275		236	10	5873	425
广东	279630	43339		138181	28536	52729	16846
广西	8000				8000		
海南	2000			887	1029	84	
重庆	194072				8160	185911	
四川	20521	6000		7936		5758	827
贵州							
云南	2000				1200	800	
西藏							
陕西	1185	267		48		870	
甘肃	4648			4648			
青海							
宁夏							
新疆	60					60	

2-108 各地区港澳台商投资建筑业企业收入情况

单位：万元

地区	主营业务收入	#主营业务成本	#主营业务税金及附加	其他业务收入	#其他业务利润
全国总计	**8519349**	**7545056**	**42637**	**248613**	**10740**
北京	771675	690644	2903	10245	1203
天津	52991	44374	221	27	17
河北	39643	34445	275		
山西	6493	6018	21	25	
内蒙古					
辽宁	668979	531895	4371	305	
吉林	90823	82718	466	891	875
黑龙江	8174	6863	40		
上海	1093140	956292	1610	15269	5504
江苏	474944	421522	7118	2160	564
浙江	920771	852197	3639	7280	371
安徽	16516	14745	38		
福建	985078	936907	3944	1626	366
江西	967460	871352	955	83661	
山东	455656	426342	1719	545	27
河南	36357	38513	715	97152	
湖北	50875	43828	821		-11
湖南	241783	234426	1924	68	
广东	1209118	1029629	5746	27380	1139
广西	13317	1574	72		
海南	3095	2017	15	809	
重庆	196329	131037	4219	178	0
四川	200020	173266	1274	991	684
贵州					
云南	700	548	34		
西藏					
陕西	11198	10232	33		
甘肃	4173	3649	464		
青海					
宁夏					
新疆	45	24	0		

2-109 各地区港澳台商投资建筑业企业费用情况

单位：万元

地　区	管理费用	销售费用	财务费用	#利息收入	#利息支出
全国总计	**472074**	**59334**	**126471**	**23615**	**118549**
北　京	55640	10014	6472	3781	9289
天　津	5181		22	-6	33
河　北	2818	770	-11		
山　西	494	1	42		
内蒙古					
辽　宁	89622	10587	22195	87	15154
吉　林	5675	65	1923	1	9
黑龙江	967	8	-1	0	
上　海	79681	11040	4119	743	2943
江　苏	21358	4704	7159	862	5119
浙　江	23078	5111	6551	66	5928
安　徽	919		105		97
福　建	13450	1791	-163	696	359
江　西	11585	106	18955	8616	26332
山　东	9960	1064	3366	5674	7999
河　南	3585	171	177	1	186
湖　北	1858	414	187	30	40
湖　南	3248	1044	331	34	86
广　东	93729	11413	17298	907	7481
广　西	175		-1	-1	
海　南	581		0	1	
重　庆	35301	840	37290	1867	36833
四　川	12814	150	467	282	662
贵　州					
云　南	60	44	8		
西　藏					
陕　西	263		-21	-26	
甘　肃	15	1	1		0
青　海					
宁　夏					
新　疆	18				

2-110 各地区港澳台商投资建筑业企业利润及税金情况

单位：万元

地　区	利润总额	#应交所得税	税金总额	主营业务税金及附加	应交增值税
全国总计	**418746**	**78128**	**211851**	**42637**	**169214**
北　京	4317	6471	21292	2903	18389
天　津	3178	520	554	221	333
河　北	915	246	511	275	235
山　西	-28	6	72	21	51
内蒙古					
辽　宁	27358	2346	10064	4371	5694
吉　林	-34	664	1918	466	1452
黑龙江	377	140	305	40	265
上　海	54632	11804	30780	1610	29170
江　苏	15100	3727	20203	7118	13086
浙　江	29142	7643	22365	3639	18726
安　徽	707	175	38	38	1
福　建	29955	7423	28139	3944	24195
江　西	78325	12196	8864	955	7909
山　东	20476	3200	8017	1719	6298
河　南	2729	343	1373	715	658
湖　北	4092	960	2273	821	1452
湖　南	897	288	9553	1924	7629
广　东	122687	12359	31914	5746	26167
广　西	11497	266	72	72	
海　南	215	54	201	15	186
重　庆	3582	6201	10280	4219	6061
四　川	7881	1017	2055	1274	781
贵　州					
云　南	7	2	91	34	57
西　藏					
陕　西	684	74	46	33	13
甘　肃	53	2	871	464	407
青　海					
宁　夏					
新　疆	3	0	1	0	1

2-111 各地区港澳台商投资建筑业企业应收工程款及企业亏损情况

地　区	应收工程款(万元)	企业个数(个)	#亏损企业个数	亏损企业的比重(%)
全国总计	**3480753**	**334**	**80**	**24.0**
北　京	322543	38	15	39.5
天　津	26231	4	1	25.0
河　北	5007	3	1	33.3
山　西	5682	4	2	50.0
内蒙古				
辽　宁	456634	17	7	41.2
吉　林	91582	7	3	42.9
黑龙江	9310	4	2	50.0
上　海	429921	56	17	30.4
江　苏	294068	37	7	18.9
浙　江	118338	17	4	23.5
安　徽	9943	4	1	25.0
福　建	193444	22	2	9.1
江　西	317389	9	2	22.2
山　东	235684	17	4	23.5
河　南	7168	7		
湖　北	25755	12	3	25.0
湖　南	35272	6	1	16.7
广　东	801006	49	7	14.3
广　西	5053	1		
海　南	397	1		
重　庆	69422	6	1	16.7
四　川	17794	7		
贵　州				
云　南	130	1		
西　藏				
陕　西	1666	2		
甘　肃	1213	2		
青　海				
宁　夏				
新　疆	101	1		

2-112 各地区港澳台商投资建筑业企业主要经济效益指标

地　区	产值利润率(%)	产值利税率(%)	资本利润率(%)	资本利税率(%)	人均利润(元/人)	人均利税(元/人)	资产负债率(%)
全国总计	**5.2**	**7.9**	**23.5**	**35.4**	**19294**	**29056**	**75.3**
北　京	0.7	4.0	2.5	14.6	2929	17372	82.9
天　津	6.2	7.3	11.8	13.9	74243	87192	48.5
河　北	2.3	3.7	19.0	29.6	20194	31470	65.2
山　西	-0.5	0.8	-0.7	1.2	-707	1128	88.4
内蒙古							
辽　宁	8.2	11.2	11.5	15.7	42640	58326	65.5
吉　林	0.0	1.9	-0.1	8.0	-178	9991	72.6
黑龙江	6.0	10.9	9.0	16.4	12684	22953	61.7
上　海	7.7	12.1	24.7	38.6	44711	69901	70.3
江　苏	3.0	7.0	12.9	30.2	9983	23339	67.5
浙　江	2.2	4.0	39.3	69.4	12119	21420	64.5
安　徽	5.0	5.3	8.2	8.7	9756	10284	87.2
福　建	3.1	6.1	41.6	80.6	8110	15728	67.0
江　西	6.9	7.7	53.7	59.8	15899	17698	86.8
山　东	4.7	6.5	26.6	37.0	24493	34083	77.0
河　南	2.8	4.2	19.9	29.9	5765	8665	59.0
湖　北	8.8	13.7	7.8	12.1	28573	44446	41.1
湖　南	0.3	3.9	11.5	133.7	1999	23290	84.3
广　东	11.8	14.9	43.9	55.3	49627	62536	77.7
广　西	86.6	87.1	143.7	144.6	251578	253153	29.2
海　南	6.7	12.9	10.8	20.8	12976	25084	13.1
重　庆	4.2	16.3	1.8	7.1	21346	82608	77.8
四　川	4.0	5.0	38.4	48.4	10397	13108	81.3
贵　州							
云　南	1.0	14.0	0.4	4.9	1846	25231	5.2
西　藏							
陕　西	6.1	6.5	57.7	61.6	31362	33482	68.2
甘　肃	1.9	33.9	1.1	19.9	2374	41595	25.8
青　海							
宁　夏							
新　疆	6.7	9.1	5.2	7.0	10333	14000	102.2

三、中央和地方建筑业企业

3-1 各地区中央建筑业企业签订合同情况

单位：万元

地　区	签订合同额	上年结转合同额	本年新签合同额
全国总计	**1342049908**	**698149734**	**643900175**
北　京	221515502	118778248	102737254
天　津	89929230	45099780	44829450
河　北	34141023	18152460	15988564
山　西	48224201	23795647	24428554
内蒙古	4560841	1815843	2744999
辽　宁	27765333	14246148	13519185
吉　林	5442150	3317615	2124535
黑龙江	4135243	1803330	2331913
上　海	92541503	45632344	46909159
江　苏	37484246	19851781	17632465
浙　江	9004243	4726928	4277315
安　徽	33001266	15779553	17221713
福　建	23278297	14281501	8996796
江　西	12470223	7583145	4887079
山　东	55815139	32453729	23361410
河　南	65404071	29801166	35602905
湖　北	173148025	86086851	87061173
湖　南	66407617	35125252	31282365
广　东	94622749	53177388	41445361
广　西	9834436	3971268	5863168
海　南	623	75	548
重　庆	25100105	12185034	12915071
四　川	68783651	41110805	27672846
贵　州	25642600	11982512	13660087
云　南	19097024	13167374	5929650
西　藏	757	155	602
陕　西	67307765	32371844	34935921
甘　肃	5709153	3100777	2608376
青　海	4881137	2553154	2327983
宁　夏	870729	324587	546142
新　疆	15931027	5873441	10057586

3-2 各地区中央建筑业企业承包工程完成情况

单位：万元

地　　区	直接从建设单位承揽工程完成的产值	自行完成施工产值	分包出去工程的产值	从建设单位以外承揽工程完成的产值
全国总计	**383279408**	**359612306**	**23667102**	**21255809**
北　　京	60258545	46859999	13398547	10813650
天　　津	24297426	23257300	1040126	1015861
河　　北	9837668	9539185	298483	732559
山　　西	12457164	12430312	26852	96847
内 蒙 古	1071581	1071581		21314
辽　　宁	9148297	8997175	151121	7226
吉　　林	2132220	2023718	108501	103351
黑 龙 江	1800591	1699947	100644	
上　　海	23468268	22964093	504175	567862
江　　苏	11066169	10757119	309050	269557
浙　　江	2898037	2347078	550959	351310
安　　徽	11089206	10990900	98306	161123
福　　建	6016705	5933043	83662	487033
江　　西	3851065	3851065		
山　　东	17199073	16911594	287479	135674
河　　南	20352117	20315631	36485	518867
湖　　北	49961923	49894223	67700	356231
湖　　南	17454688	17454688		247253
广　　东	24933027	20644419	4288608	1174439
广　　西	3012728	3012728		226234
海　　南	623	623		
重　　庆	7603244	7568295	34950	123487
四　　川	17932489	17789037	143452	1810701
贵　　州	8206677	8206677		6360
云　　南	4033194	4028217	4977	
西　　藏	270	260	10	6
陕　　西	21278273	19316880	1961392	1333490
甘　　肃	2106024	2094296	11728	3008
青　　海	1038391	1013636	24756	575126
宁　　夏	480928	479373	1555	1555
新　　疆	8292800	8159214	133587	115685

3-3 各地区中央企业建筑业总产值和竣工产值

单位：万元

地区	建筑业总产值	#装饰装修产值	#在外省完成的产值	按构成分组：建筑工程产值	按构成分组：安装工程产值	按构成分组：其他产值	竣工产值
全国总计	**380868115**	**6755909**	**255298144**	**342812418**	**31112975**	**6942722**	**122750785**
北京	57673649	2662216	51491990	54525009	2358741	789899	21653353
天津	24273161	99964	20121176	22910422	1170171	192568	8091619
河北	10271744	75431	6745896	7590546	2304334	376864	3243306
山西	12527159	85261	9821620	11689743	721906	115510	2637252
内蒙古	1092895	57555	704153	941861	115034	36000	130939
辽宁	9004402	23430	5747672	7664862	1187916	151624	2272946
吉林	2127070		1166391	1619183	460799	47088	660576
黑龙江	1699947	4067	659027	825122	867306	7519	776079
上海	23531955	618667	19703463	20494490	2612623	424841	9201778
江苏	11026675		6964501	9105614	1796379	124682	3607162
浙江	2698388		1181235	1996313	610680	91396	930302
安徽	11152023	11115	7668941	10000511	1017087	134424	2309626
福建	6420076	40825	1573021	6015531	391664	12881	2493705
江西	3851065	1000	2992568	3555687	238193	57185	811097
山东	17047268	195123	9436237	14938044	1888409	220815	5178403
河南	20834498	162882	11413597	18771853	1745838	316807	1989323
湖北	50250454	933987	36866676	45663583	3368771	1218099	17629099
湖南	17701941	297374	13712473	16120859	1071311	509771	8187745
广东	21818858	526035	6874942	20080423	1295033	443403	10856290
广西	3238962	17723	1656585	2696266	499046	43650	1135945
海南	623				623		
重庆	7691781	146270	5750835	7191392	335282	165108	1470786
四川	19599738	345071	7659884	16963058	1978865	657815	4031503
贵州	8213037	149878	4460780	6858085	1295265	59687	2206451
云南	4028217	63553	1761948	3786121	21972	220124	244237
西藏	266	24		210	56		654
陕西	20650370	115090	14837562	19699988	578152	372230	5418113
甘肃	2097305	67656	1320520	1699065	323819	74421	499913
青海	1588762		1372052	1342471	197851	48440	1185149
宁夏	480928		188332	351718	124408	4802	96303
新疆	8274899	55712	1444067	7714387	535441	25071	3801130

3-4 各地区中央建筑业企业房屋建筑面积

地　　区	房屋施工面积（万平方米）	#本年新开工	房屋竣工面积（万平方米）	房屋竣工率（%）
全国总计	**191726.8**	**51461.7**	**25511.3**	**13.3**
北　京	44170.1	12438.8	6328.1	14.3
天　津	9300.4	2045.6	1025.6	11.0
河　北	2630.1	365.8	174.5	6.6
山　西	3936.9	1504.9	446.2	11.3
内蒙古	594.2	247.2	70.5	11.9
辽　宁	2178.4	737.6	269.2	12.4
吉　林	164.3	51.2	99.1	60.3
黑龙江	57.5	15.5	24.9	43.3
上　海	17771.4	4898.5	2419.7	13.6
江　苏	4785.9	1080.4	624.7	13.1
浙　江	191.1	38.9	12.8	6.7
安　徽	5959.4	1231.2	599.0	10.1
福　建	4505.0	1047.4	314.5	7.0
江　西	324.9	148.1	114.2	35.2
山　东	7071.7	1881.5	1076.0	15.2
河　南	6993.2	1638.2	315.6	4.5
湖　北	32803.1	8515.5	4742.2	14.5
湖　南	13558.4	3991.1	2093.1	15.4
广　东	13290.2	3202.2	1406.2	10.6
广　西	340.8	167.9	8.1	2.4
海　南				
重　庆	2065.5	355.6	266.4	12.9
四　川	5739.7	1493.5	670.4	11.7
贵　州	4692.7	1272.9	967.1	20.6
云　南	820.3	405.1	4.9	0.6
西　藏	0.5	0.2	0.3	73.6
陕　西	4000.4	1008.6	358.3	9.0
甘　肃	283.2	100.8	25.4	9.0
青　海	85.1	49.1	4.7	5.5
宁　夏	64.4	40.5	15.0	23.3
新　疆	3348.4	1487.9	1034.7	30.9

3-5 各地区按主要用途分的中央建筑业企业房屋竣工面积

单位：万平方米

地区	总计	住宅房屋	商业及服务用房屋	商厦房屋（批发和零售用房）	宾馆用房屋（住宿用房）	餐饮用房屋（餐饮用房）
全国总计	**25511.3**	**16111.0**	**3406.5**	**2256.1**	**374.4**	**2.8**
北京	6328.1	3951.7	1160.7	973.3	72.9	0.1
天津	1025.6	787.6	44.3	41.7		
河北	174.5	75.6	2.4			
山西	446.2	285.7	4.6	3.7	0.4	0.4
内蒙古	70.5		0.1		0.1	
辽宁	269.2	128.9	66.0	62.6		
吉林	99.1	85.8				
黑龙江	24.9	0.4				
上海	2419.7	868.0	521.1	187.7	194.5	1.4
江苏	624.7	465.7	1.0	0.9	0.1	
浙江	12.8	12.2				
安徽	599.0	525.8	43.2	1.8	40.1	
福建	314.5	312.0				
江西	114.2	66.0	5.2	5.2		
山东	1076.0	358.5	415.2	236.2		
河南	315.6	165.6	51.4	8.9		
湖北	4742.2	2889.8	690.3	502.7	50.8	
湖南	2093.1	1480.5	134.2	67.3		
广东	1406.2	1243.8	64.2	62.0		
广西	8.1	0.3				
海南						
重庆	266.4	152.4	16.7	8.7		
四川	670.4	449.6	51.0	27.7	0.6	
贵州	967.1	877.1	20.0		1.6	
云南	4.9	0.5				
西藏	0.3	0.2	0.1		0.0	0.0
陕西	358.3	285.8	1.1			
甘肃	25.4	13.6	6.2			
青海	4.7					
宁夏	15.0	1.2				
新疆	1034.7	626.9	107.4	65.8	13.2	0.9

3-5 续表1

单位：万平方米

地　区	商务会展用房屋	其他商业及服务用房屋(居民服务业用房)	办公用房屋	科研、教育和医疗用房屋	科学研究用房屋	教育用房屋
全国总计	**181.3**	**591.9**	**1815.2**	**941.4**	**133.1**	**630.1**
北　京	25.9	88.5	498.3	215.3	42.5	128.3
天　津		2.6	5.8	65.3		65.3
河　北		2.4	7.9	13.4	7.4	
山　西	0.1		13.3	31.4	1.8	29.6
内蒙古			13.0	14.0		14.0
辽　宁	2.9	0.6	9.4	1.7		1.7
吉　林			0.1			
黑龙江						
上　海	103.5	34.0	286.9	47.6	9.0	31.7
江　苏			45.6	13.8		1.6
浙　江						
安　徽		1.4	1.7	9.2		4.8
福　建			0.5			
江　西			3.8	0.9		0.6
山　东	0.3	178.8	36.2	96.9	4.2	65.5
河　南		42.5	19.3	15.2		15.2
湖　北	29.6	107.1	528.6	168.8	57.7	83.5
湖　南	3.2	63.7	156.6	74.8		45.5
广　东		2.2	64.0	7.9		7.9
广　西						
海　南						
重　庆		8.0	3.3	28.0		28.0
四　川	14.9	7.8	26.7	28.5	0.0	21.9
贵　州		18.4	25.9	25.0	1.1	20.9
云　南						
西　藏		0.0	0.1			
陕　西		1.1		23.0	4.8	18.2
甘　肃		6.2	4.8	0.7	0.7	
青　海						
宁　夏			3.0			
新　疆	0.9	26.5	60.6	60.2	3.9	45.9

3-5 续表2

单位：万平方米

地区	医疗用房屋（卫生医疗用房）	文化、体育和娱乐用房屋	厂房及建筑物	#厂房	仓库	其他未列明的房屋建筑物
全国总计	**178.2**	**501.9**	**1961.9**	**1629.2**	**69.5**	**704.0**
北京	44.5	55.3	311.5	284.1	12.2	122.9
天津		44.1	75.8	33.7		2.7
河北	6.0		59.4	55.2		15.9
山西		3.9	73.2	58.9	1.5	32.7
内蒙古			27.2	27.2		16.2
辽宁			53.2	26.5	0.1	10.0
吉林			6.0			7.2
黑龙江			21.1	21.1		3.4
上海	6.9	224.2	192.4	117.1	51.9	227.7
江苏	12.2	0.4	90.5	90.3		7.6
浙江			0.5	0.5		
安徽	4.3		17.5	17.5		1.6
福建			2.1			
江西	0.3		35.2	35.2		3.1
山东	27.2	102.0	66.5	66.5		0.6
河南			63.0	17.5		1.1
湖北	27.6	39.6	368.8	348.2	0.7	55.7
湖南	29.3	15.6	210.2	205.7		21.2
广东			8.3	8.3	0.4	17.6
广西			3.1		0.6	4.0
海南						
重庆			66.0	52.9		
四川	6.6	10.6	69.0	56.5		35.1
贵州	3.0	0.5	6.9	5.8		11.8
云南			4.4			
西藏			0.0			0.0
陕西		0.0	25.9	13.3	0.8	21.7
甘肃			0.2	0.2		0.1
青海			3.1	3.1		1.6
宁夏			10.8	7.8		
新疆	10.4	5.6	90.2	76.1	1.2	82.5

3-6 各地区按主要用途分的中央建筑业企业房屋竣工价值

单位：万元

地区	总计	住宅房屋	商业及服务用房屋	商厦房屋(批发和零售用房)	宾馆用房屋(住宿用房)	餐饮用房屋(餐饮用房)
全国总计	**55526748**	**30712838**	**8735892**	**5464870**	**952415**	**3374**
北京	15190884	8501043	3096423	2577559	240098	250
天津	2243898	1459424	68960	66227		
河北	333311	163318	3500			
山西	1055481	576957	8266	7000	636	474
内蒙古	89067		197		197	
辽宁	655551	291389	165094	163594		
吉林	185802	156012				
黑龙江	63377	902				
上海	5481576	1895755	1356637	444781	440911	2441
江苏	1289805	824675	3653	3630	23	
浙江	27131	26196				
安徽	1063861	864252	96097	2995	91372	
福建	453066	447027				
江西	306500	180785	16889	16889		
山东	2858023	741152	1381163	667602		
河南	613571	223581	69100	13844		
湖北	10431053	5245097	1628153	1032126	132948	
湖南	4027636	2526203	284196	145702		
广东	2513860	2262988	106212	96213		
广西	12853	704				
海南						
重庆	599116	303306	36072	19086		
四川	1354629	841041	96121	66497	1930	
贵州	1628163	1305682	45589		2084	
云南	11252	1252				
西藏	600	265	143		65	48
陕西	850546	568929	5391			
甘肃	68361	29524	11545			
青海	7872					
宁夏	31439	2873				
新疆	2078467	1272506	256494	141126	42153	163

3-6 续表1

单位：万元

地 区	商务会展用房屋	其他商业及服务用房屋(居民服务业用房)	办公用房屋	科研、教育和医疗用房屋	科学研究用房屋	教育用房屋
全国总计	**638559**	**1676674**	**4512345**	**2946532**	**492202**	**1867385**
北 京	58549	219967	1380104	846061	226142	425764
天 津		2733	17147	142267		142267
河 北		3500	17488	9556	6556	
山 西	157		37884	179580	1629	177951
内蒙古			21476	18181		18181
辽 宁	900	600	33692	2598		2598
吉 林			97			
黑龙江						
上 海	397297	71208	704605	171737	33566	121789
江 苏			137008	32848		7268
浙 江						
安 徽		1730	2050	49697		22100
福 建			726			
江 西			5722	2746		2188
山 东	1960	711602	127621	379017	12837	259495
河 南		55256	154907	41322		41322
湖 北	150360	312719	1197118	446842	170542	188427
湖 南	8955	129539	350082	147422		69803
广 东		9999	90855	13280		13280
广 西						
海 南						
重 庆		16986	10691	103836		103836
四 川	18481	9213	44696	81117	9	60479
贵 州		43505	32520	57934	3641	46943
云 南						
西 藏		30	64			
陕 西		5391		64337	26504	37833
甘 肃		11545	19219	3407	3407	
青 海						
宁 夏			6404			
新 疆	1900	71152	120170	152747	7369	125862

3-6 续表2

单位：万元

地　区	医疗用房屋（卫生医疗用房）	文化、体育和娱乐用房屋	厂房及建筑物	#厂房	仓　库	其他未列明的房屋建筑物
全国总计	**586945**	**1442838**	**4591765**	**3828591**	**133723**	**2450815**
北　京	194155	285491	739240	668153	29172	313351
天　津		352893	190117	114444		13091
河　北	3000		77200	72959		62249
山　西		3332	152694	139442	9842	86925
内蒙古			33152	33152		16062
辽　宁			140716	51968	320	21742
吉　林			15857			13837
黑龙江			53809	53809		8666
上　海	16383	498298	508637	278347	77245	268663
江　苏	25580	384	238134	230645		53104
浙　江			935	935		
安　徽	27597		49760	49760		2005
福　建			5313			
江　西	558		88883	88883		11475
山　东	106686	102353	124905	124905		1812
河　南			123970	31698		692
湖　北	87873	100533	808998	774760	12485	991828
湖　南	77619	26589	667221	650867		25922
广　东			10144	10144	782	29599
广　西			7577		264	4308
海　南						
重　庆			145211	134966		
四　川	20628	38356	137137	117549		116160
贵　州	7350	23511	17373	15395		145555
云　南			10000			
西　藏			63			66
陕　西		64	49855	27201	1564	160405
甘　肃			892	892		3774
青　海			4000	4000		3872
宁　夏			22162	18289		
新　疆	19516	11035	167814	135431	2050	95653

3-7 各地区中央建筑业企业主要生产效益指标

地　区	建筑业企业个数（个）	从事建筑业活动的平均人数（人）	按总产值计算的劳动生产率（元/人）	人均竣工产值（元/人）	人均施工面积（平方米/人）	人均竣工面积（平方米/人）
全国总计	**1209**	**5480412**	**694963**	**223981**	**349.8**	**46.6**
北　京	162	852874	676227	253887	517.9	74.2
天　津	57	401860	604020	201354	231.4	25.5
河　北	43	102979	997460	314948	255.4	16.9
山　西	52	286690	436958	91990	137.3	15.6
内蒙古	7	9877	1106505	132569	601.6	71.3
辽　宁	80	133764	673156	169922	162.9	20.1
吉　林	31	29256	727054	225792	56.2	33.9
黑龙江	17	59389	286239	130677	9.7	4.2
上　海	47	225471	1043680	408114	788.2	107.3
江　苏	32	154141	715363	234017	310.5	40.5
浙　江	18	20125	1340814	462262	94.9	6.3
安　徽	26	77089	1446643	299605	773.1	77.7
福　建	22	204825	313442	121748	219.9	15.4
江　西	18	35926	1071944	225769	90.4	31.8
山　东	63	277796	613661	186410	254.6	38.7
河　南	60	276018	754824	72072	253.4	11.4
湖　北	61	417821	1202679	421929	785.1	113.5
湖　南	30	299284	591476	273578	453.0	69.9
广　东	68	332522	656163	326483	399.7	42.3
广　西	14	61049	530551	186071	55.8	1.3
海　南	1	9	692556			
重　庆	25	91860	837337	160112	224.8	29.0
四　川	65	218735	896049	184310	262.4	30.7
贵　州	21	116400	705587	189558	403.2	83.1
云　南	12	38004	1059945	64266	215.8	1.3
西　藏	1	10	266100	654000	450.1	331.4
陕　西	62	406112	508490	133414	98.5	8.8
甘　肃	21	44422	472132	112537	63.7	5.7
青　海	9	28442	558597	416690	29.9	1.6
宁　夏	6	15685	306617	61398	41.1	9.6
新　疆	78	261977	315864	145094	127.8	39.5

3-8 各地区中央建筑业企业资产构成

单位：万元

地区	资产合计	#流动资产合计	#存货	#非流动资产合计	#固定资产合计
全国总计	**553197623**	**413859715**	**83740103**	**139337908**	**26266245**
北京	162082551	99973047	12289836	62109504	1942945
天津	33046295	24128946	4219417	8917349	2072967
河北	13640253	11709946	3610361	1930307	948526
山西	20527878	17852684	1987133	2675194	682200
内蒙古	1556228	1333549	483778	222679	125818
辽宁	12694876	10820916	2386373	1873959	834946
吉林	2061158	1654445	370403	406713	143832
黑龙江	2917890	2676602	565837	241288	212728
上海	33078407	25306163	6786938	7772244	1368749
江苏	12165622	10375509	2581136	1790113	546042
浙江	3474356	2918035	654116	556321	239224
安徽	12127945	10010545	1598778	2117400	590267
福建	5879103	4829613	1274807	1049490	775670
江西	2776418	2294131	414778	482287	102594
山东	20780335	17935705	3802315	2844630	1667423
河南	23099716	19715012	3806067	3384704	1604119
湖北	60326783	46924381	14419070	13402402	4468555
湖南	17769377	13432788	3741472	4336588	696978
广东	27580561	20502703	4183805	7077858	1444110
广西	2565287	2235004	763658	330283	209119
海南	3447	825		2623	401
重庆	6983041	5884833	954639	1098208	674848
四川	20324067	16728601	4441254	3595467	1669564
贵州	9282819	7917064	2092415	1365755	249338
云南	4989703	3185289	649266	1804414	361311
西藏	690	162	66	528	124
陕西	25700663	21195668	3820723	4504995	1093352
甘肃	2987184	2344786	293243	642398	114205
青海	2395468	1826799	373929	568669	564983
宁夏	501027	448402	79131	52625	43555
新疆	9878479	7697565	1095359	2180914	817754

3-9 各地区中央建筑业企业固定资产情况

单位：万元

地区	固定资产合计	固定资产原价	固定资产折旧	#本年折旧	在建工程
全国总计	**26266245**	**46294175**	**24874501**	**3461538**	**2545339**
北京	1942945	4174712	2274728	394682	97176
天津	2072967	4091310	2055496	246174	18481
河北	948526	2428144	1511249	140891	28659
山西	682200	1553296	966652	136681	80528
内蒙古	125818	188164	97318	9530	34193
辽宁	834946	1719861	1045488	122266	37270
吉林	143832	310245	187041	20929	12041
黑龙江	212728	547464	343026	25370	
上海	1368749	2875984	1636602	148802	123128
江苏	546042	1145249	627342	103979	8004
浙江	239224	476177	247799	27953	6878
安徽	590267	1056322	532379	71077	30065
福建	775670	467167	221543	20234	23198
江西	102594	241972	143181	15159	3238
山东	1667423	2284953	1338197	170786	42592
河南	1604119	2772641	1533730	235493	108152
湖北	4468555	6317035	3116076	578665	1231326
湖南	696978	1234672	713057	130211	120518
广东	1444110	2382963	1175261	160440	232356
广西	209119	430793	232255	25876	6326
海南	401	1096	695	31	
重庆	674848	1225071	597384	103467	45923
四川	1669564	2919387	1328341	160116	77826
贵州	249338	380153	159093	13841	20025
云南	361311	704694	353823	6450	7585
西藏	124	124	36	36	25
陕西	1093352	2686562	1634173	288617	22829
甘肃	114205	246144	145723	14526	3384
青海	564983	381562	213825	33321	3166
宁夏	43555	84606	48144	4400	5624
新疆	817754	965649	394846	51535	114825

3-10 各地区中央建筑业企业负债及所有者权益

单位：万元

地区	负债合计	#流动负债	#应付账款	所有者权益	#实收资本
全国总计	**428267456**	**389686068**	**184651241**	**124926780**	**60728271**
北京	107071625	92297258	35788550	55010926	19133108
天津	25688304	23960111	11017481	7357991	4285158
河北	11053144	10309560	5141550	2587109	1775278
山西	17762844	17316014	8090175	2765034	1979836
内蒙古	1381501	1313053	585408	174727	123140
辽宁	10622898	9980236	4396237	2068590	1683409
吉林	1747019	1660370	621296	314139	266811
黑龙江	2617687	2575479	1318880	300203	436778
上海	26536492	25426036	13767635	6541915	4145493
江苏	10073970	9685636	5171045	2091652	1002900
浙江	2649531	2451286	1298065	824825	438300
安徽	10051711	9919508	3960064	2076233	1327783
福建	4865469	4715525	2976282	1013634	662185
江西	2466012	2311037	1405934	310406	242063
山东	17506429	16284861	8110391	3273906	2177357
河南	19103953	18054188	8982225	3995762	2210856
湖北	48768645	42365195	23011494	11558139	3596294
湖南	14369454	12763011	7218709	3399922	1813421
广东	22578152	20960473	9908981	5002408	2932810
广西	2246371	2124315	1093438	318916	237545
海南	430	430	103	3018	
重庆	5574514	5421847	3158768	1408527	785605
四川	16883229	14920265	7151196	3440838	3917692
贵州	7834383	7280207	3717133	1448436	1062548
云南	3981452	3143035	1494236	1008252	354620
西藏	587	100		103	
陕西	21783461	20672523	10579633	3917202	2496823
甘肃	2486866	2472740	867075	500318	403215
青海	1867353	1732010	940130	528115	185261
宁夏	402505	387190	109745	98522	67982
新疆	8291467	7182572	2769386	1587012	984004

3-11 各地区中央建筑业企业实收资本

单位：万元

地区	合计	国家资本	集体资本	法人资本	个人资本	港澳台资本	外商资本
全国总计	**60728271**	**32918760**	**93812**	**25553371**	**2158487**	**3505**	**337**
北京	19133108	8019731	5075	9525988	1582190		124
天津	4285158	2477440		1622480	185237		
河北	1775278	1220068	8590	542624	3996		
山西	1979836	1270411	1327	706799	1300		
内蒙古	123140	122400	457	26	257		
辽宁	1683409	996100	21273	622933	43078	25	
吉林	266811	144043	12654	101874	8240		
黑龙江	436778	218085	5923	212770			
上海	4145493	1401529	1463	2721447	21053		
江苏	1002900	763527	3960	210089	21844	3480	
浙江	438300	260239	2010	176051			
安徽	1327783	726492	2752	595929	2611		
福建	662185	424808		237376			
江西	242063	179664	5630	55791	978		
山东	2177357	953882	100	1205277	18098		
河南	2210856	1582004	354	623178	5320		
湖北	3596294	2744027		670717	181550		
湖南	1813421	705335		1102406	5680		
广东	2932810	1773990		1157890	930		
广西	237545	184188		53357			
海南							
重庆	785605	556448	101	217191	11865		
四川	3917692	2951642	4072	943056	18923		
贵州	1062548	910090		149854	2604		
云南	354620	276701		77919			
西藏							
陕西	2496823	1038143	6112	1447752	4816		
甘肃	403215	141041		262174			
青海	185261	34934		150326			
宁夏	67982	63823	4159				
新疆	984004	777976	7800	160098	37918		213

3-12 各地区中央建筑业企业收入情况

单位：万元

地　区	主营业务收　入	#主营业务成　本	#主营业务税金及附加	其他业务收　入	#其他业务利　润
全国总计	**403689994**	**376434083**	**1135758**	**2354270**	**294232**
北　京	75377495	70929386	147550	238462	59625
天　津	20872312	19411031	45102	67367	14013
河　北	10572672	9690995	41571	52915	11575
山　西	13853620	12746442	42438	68750	11757
内蒙古	1067733	1001387	2765	5196	-47
辽　宁	8808569	8038208	26742	120124	7761
吉　林	1944597	1819024	13535	70182	3802
黑龙江	1961040	1863609	2942	11461	1324
上　海	28419365	26522680	83003	104916	29872
江　苏	11499197	10696124	35783	67364	5004
浙　江	3272758	2994205	13879	11070	5034
安　徽	11111702	10521150	28033	56011	9872
福　建	5927177	5630938	18463	32597	2167
江　西	3658121	3477965	12400	188306	-94
山　东	19895295	18754461	60161	110530	493
河　南	21041029	19784694	48508	165275	41836
湖　北	50519978	46208064	207533	223796	25948
湖　南	16702939	15683127	54707	27038	5622
广　东	21329170	19543007	49267	98687	3351
广　西	2689203	2558053	10588	17783	3621
海　南	259	249	3	55	
重　庆	7062377	6590709	14696	20353	3500
四　川	16155448	14658326	45236	131309	10871
贵　州	8370217	8054205	11658	232781	6099
云　南	3746611	3430381	8910	23112	798
西　藏				246	
陕　西	25667876	24349516	58879	79187	16416
甘　肃	2139645	2030713	7100	31831	2771
青　海	1961995	1766944	7338	40045	3442
宁　夏	512077	477049	2044	7632	1361
新　疆	7549516	7201441	34921	49890	6440

3-13 各地区中央建筑业企业费用情况

单位：万元

地区	管理费用	销售费用	财务费用		
				#利息收入	#利息支出
全国总计	**13952227**	**527476**	**2697489**	**2177253**	**3870605**
北京	2246224	60764	405629	1087449	1390383
天津	841082	40264	277660	104850	282996
河北	526861	23352	115710	49539	49891
山西	628484	3097	32697	71250	95649
内蒙古	36121	333	19172	393	18911
辽宁	450759	4597	109498	24806	100794
吉林	85224	1576	13187	4094	10016
黑龙江	72863	91	10055	486	4802
上海	1059709	55419	144929	122879	169561
江苏	360066	7424	73611	19266	61305
浙江	181013	4076	5709	7510	9330
安徽	358340	2287	8350	42280	31657
福建	129226	2344	40239	2934	36840
江西	108500	1234	12090	2207	8953
山东	550451	38708	106781	75860	143912
河南	685168	14600	184053	57975	206432
湖北	2057427	147057	372486	139598	359826
湖南	483381	11186	99887	76620	127560
广东	680447	18928	172428	59702	193402
广西	68708	3899	25507	1804	27484
海南	22			108	
重庆	217063	23818	20205	11271	21440
四川	688160	34832	134771	58077	130254
贵州	185646	1388	45664	3196	65138
云南	156441	3085	52957	11270	56518
西藏	75	30	15		
陕西	719426	8196	107851	82409	142074
甘肃	63042	10610	12747	1888	11998
青海	120711	283	18869	15830	6046
宁夏	19018	965	3654	135	3725
新疆	172574	3034	71078	41570	103709

3-14 各地区中央建筑业企业利润及税金情况

单位：万元

地 区	利润总额	#应交所得税	税金总额	主营业务税金及附加	应交增值税
全国总计	**14366370**	**1745595**	**6431555**	**1135758**	**5295798**
北 京	6325358	415076	797459	147550	649908
天 津	367485	26798	296521	45102	251419
河 北	193492	49589	233356	41571	191784
山 西	554352	31961	142271	42438	99832
内蒙古	9037	1072	17277	2765	14512
辽 宁	96685	23083	171703	26742	144961
吉 林	24007	5804	40879	13535	27344
黑龙江	24348	21696	26820	2942	23878
上 海	876518	139239	330800	83003	247797
江 苏	308276	59669	145560	35783	109777
浙 江	71914	20878	63701	13879	49822
安 徽	275035	32351	231314	28033	203281
福 建	113406	27800	108320	18463	89857
江 西	50820	18826	58278	12400	45878
山 东	434963	72601	319240	60161	259079
河 南	342284	65420	396889	48508	348381
湖 北	1653343	310943	914501	207533	706968
湖 南	482866	60365	283692	54707	228985
广 东	573216	105338	308102	49267	258835
广 西	32872	2309	43262	10588	32674
海 南	118	9	12	3	9
重 庆	157587	30605	131235	14696	116539
四 川	381445	61725	372033	45236	326797
贵 州	156288	19988	86022	11658	74365
云 南	108659	18645	161180	8910	152269
西 藏	98	21			
陕 西	571892	84844	397635	58879	338756
甘 肃	38963	5689	44276	7100	37176
青 海	53082	5037	54383	7338	47045
宁 夏	10930	3045	10384	2044	8340
新 疆	77033	25170	244453	34921	209532

3-15 各地区中央建筑业企业应收工程款及企业亏损情况

地　区	应收工程款(万元)	企业个数(个)	#亏损企业个数	亏损企业的比重(%)
全国总计	**100992936**	**1209**	**142**	**11.7**
北　京	16593962	162	18	11.1
天　津	6462053	57	7	12.3
河　北	3109880	43	5	11.6
山　西	6031719	52	8	15.4
内蒙古	445233	7	1	14.3
辽　宁	3094000	80	16	20.0
吉　林	470710	31	6	19.4
黑龙江	1424988	17	5	29.4
上　海	6098726	47	4	8.5
江　苏	2832786	32	1	3.1
浙　江	655270	18		
安　徽	3283464	26	1	3.8
福　建	783596	22	2	9.1
江　西	572979	18	1	5.6
山　东	4315408	63	6	9.5
河　南	4963401	60	7	11.7
湖　北	10655214	61	6	9.8
湖　南	3647261	30		
广　东	5218510	68	5	7.4
广　西	617068	14	1	7.1
海　南	26	1		
重　庆	2133213	25	2	8.0
四　川	4383240	65	5	7.7
贵　州	2164765	21	2	9.5
云　南	1087969	12	1	8.3
西　藏	55	1		
陕　西	5951196	62	4	6.5
甘　肃	753890	21	6	28.6
青　海	469280	9	5	55.6
宁　夏	241253	6		
新　疆	2531820	78	17	21.8

3-16 各地区中央建筑业企业主要经济效益指标

地区	产值利润率 (%)	产值利税率 (%)	资本利润率 (%)	资本利税率 (%)	人均利润 (元/人)	人均利税 (元/人)	资产负债率 (%)
全国总计	**3.8**	**5.5**	**23.7**	**34.2**	**26214**	**37950**	**77.4**
北京	11.0	12.4	33.1	37.2	74165	83515	66.1
天津	1.5	2.7	8.6	15.5	9145	16523	77.7
河北	1.9	4.2	10.9	24.0	18789	41450	81.0
山西	4.4	5.6	28.0	35.2	19336	24299	86.5
内蒙古	0.8	2.4	7.3	21.4	9149	26641	88.8
辽宁	1.1	3.0	5.7	15.9	7228	20064	83.7
吉林	1.1	3.1	9.0	24.3	8206	22178	84.8
黑龙江	1.4	3.0	5.6	11.7	4100	8616	89.7
上海	3.7	5.1	21.1	29.1	38875	53546	80.2
江苏	2.8	4.1	30.7	45.3	20000	29443	82.8
浙江	2.7	5.0	16.4	30.9	35734	67386	76.3
安徽	2.5	4.5	20.7	38.1	35678	65684	82.9
福建	1.8	3.5	17.1	33.5	5537	10825	82.8
江西	1.3	2.8	21.0	45.1	14146	30367	88.8
山东	2.6	4.4	20.0	34.6	15658	27149	84.2
河南	1.6	3.5	15.5	33.4	12401	26780	82.7
湖北	3.3	5.1	46.0	71.4	39571	61458	80.8
湖南	2.7	4.3	26.6	42.3	16134	25613	80.9
广东	2.6	4.0	19.5	30.1	17238	26504	81.9
广西	1.0	2.4	13.8	32.1	5384	12471	87.6
海南	19.0	21.0			131556	145333	12.5
重庆	2.0	3.8	20.1	36.8	17155	31442	79.8
四川	1.9	3.8	9.7	19.2	17439	34447	83.1
贵州	1.9	3.0	14.7	22.8	13427	20817	84.4
云南	2.7	6.7	30.6	76.1	28591	71003	79.8
西藏	36.9	36.9			98200	98200	85.0
陕西	2.8	4.7	22.9	38.8	14082	23873	84.8
甘肃	1.9	4.0	9.7	20.6	8771	18738	83.3
青海	3.3	6.8	28.7	58.0	18663	37784	78.0
宁夏	2.3	4.4	16.1	31.4	6968	13589	80.3
新疆	0.9	3.9	7.8	32.7	2940	12272	83.9

3-17 各地区地方建筑业企业签订合同情况

单位：万元

地区	签订合同额	上年结转合同额	本年新签合同额
全国总计	**3052562482**	**1150266809**	**1902295672**
北京	96170528	43847805	52322723
天津	29949809	12196588	17753221
河北	81608318	33189715	48418603
山西	37668627	12699595	24969032
内蒙古	17785824	7224397	10561427
辽宁	50147357	20875883	29271474
吉林	31250425	10155865	21094560
黑龙江	22022750	7400175	14622575
上海	112390763	54655886	57734876
江苏	411400873	155954713	255446160
浙江	443341194	157161025	286180169
安徽	95744451	34423442	61321009
福建	161090190	56386634	104703556
江西	104629884	41401847	63228036
山东	148913788	47194278	101719510
河南	115550250	37647532	77902718
湖北	129366077	45685436	83680641
湖南	118324275	47499382	70824893
广东	215232201	95265170	119967031
广西	72236871	25134214	47102656
海南	7746193	3749707	3996486
重庆	98271226	37176967	61094259
四川	167546105	65481185	102064920
贵州	53163818	22450670	30713148
云南	83773678	27631604	56142074
西藏	2394090	871243	1522847
陕西	72838399	22727601	50110798
甘肃	29366357	11654734	17711623
青海	4623517	2316812	2306705
宁夏	8599984	2866559	5733425
新疆	29414664	7340145	22074519

3-18 各地区地方建筑业企业承包工程完成情况

单位：万元

地区	直接从建设单位承揽工程完成的产值	自行完成施工产值	分包出去工程的产值	从建设单位以外承揽工程完成的产值
全国总计	**1724200812**	**1691754642**	**32446170**	**66812833**
北京	38707912	35959462	2748450	3734025
天津	17551240	17242933	308307	1107380
河北	46113811	45652836	460975	635027
山西	23079359	22836788	242571	301785
内蒙古	10100984	10071305	29680	57733
辽宁	27715435	27369290	346145	509565
吉林	19856306	19687007	169299	369625
黑龙江	13795005	13740233	54772	160490
上海	42936545	34274241	8662304	6457981
江苏	251512307	250833125	679182	17707304
浙江	264170142	261894217	2275925	7765654
安徽	56169408	55714924	454484	1429755
福建	91539918	91284874	255044	2231530
江西	55965570	55238269	727302	2578793
山东	96137588	95196231	941357	2534041
河南	78136103	77500609	635494	2530718
湖北	83118429	82044640	1073789	1612217
湖南	65633534	65191434	442100	1336646
广东	94897394	88266360	6631034	3635236
广西	38579308	38227896	351412	633865
海南	3200239	3198054	2185	28953
重庆	67182164	65780644	1401520	2584221
四川	92018627	90569505	1449122	3834137
贵州	20950039	20806155	143884	310389
云南	42865581	41907816	957765	1327551
西藏	1646479	1472499	173980	6414
陕西	40987573	40637011	350562	987309
甘肃	16232485	15982110	250375	174813
青海	2513057	2431331	81726	49220
宁夏	5039880	4956721	83159	54460
新疆	15848391	15786124	62267	125995

3-19 各地区地方企业建筑业总产值和竣工产值

单位：万元

地区	建筑业总产值	#装饰装修产值	#在外省完成的产值	按构成分组 建筑工程产值	安装工程产值	其他产值	竣工产值
全国总计	**1758567475**	**113415624**	**488547162**	**1548833879**	**147707303**	**62026293**	**1044689414**
北京	39693487	8046331	16327104	37057463	1943528	692497	19243856
天津	18350313	981957	2909473	14354215	2978432	1017666	8944959
河北	46287863	1905014	10157374	38567547	5292848	2427468	25144276
山西	23138573	1106269	3904820	19531826	2816120	790628	11416605
内蒙古	10129037	206387	312811	8713693	579524	835820	5104582
辽宁	27878855	2280474	3376422	22520209	4061394	1297253	14971355
吉林	20056633	1044238	1741341	16423100	2225055	1408478	12577840
黑龙江	13900723	383859	2091800	12053566	1396151	451006	7245316
上海	40732223	6411121	14565890	33870249	5901839	960134	25509057
江苏	268540429	15303161	123978990	253169030	13433309	1938090	211818250
浙江	269659871	18696079	138947578	243246103	19503165	6910604	160254198
安徽	57144679	2400023	8535188	47907734	4275439	4961505	29577014
福建	93516404	4062005	40328979	86139727	6657315	719362	51869963
江西	57817061	3057566	19213436	49938537	4353045	3525479	33479656
山东	97730272	6844632	10627134	82477891	12443761	2808620	51034618
河南	80031327	4136383	10012725	67845997	7880189	4305142	47947195
湖北	83656857	5008449	13714786	73264060	7597918	2794880	51184238
湖南	66528080	3207764	14367493	56236490	5031955	5259636	41647538
广东	91901596	15199486	15093772	77090025	11586252	3225320	49953445
广西	38861761	1595527	5105431	33247054	3146714	2467994	21198985
海南	3227007	164258	98330	2735149	343668	148190	2053725
重庆	68364864	2447897	6708802	61392112	4186752	2786000	36065063
四川	94403641	3585505	15367266	81650621	8566793	4186228	52780281
贵州	21116544	468943	2401186	19145423	1059904	911217	9764743
云南	43235368	1521584	1905934	38072383	2988994	2173991	23417313
西藏	1478913	43164	9187	1329019	136159	13735	800314
陕西	41624320	2151976	4404524	35775111	4245999	1603210	17575328
甘肃	16156923	401973	1861792	14033334	1477916	645673	8226037
青海	2480551	153716	191716	2118273	210940	151337	1319656
宁夏	5011181	135650	250950	4657983	274656	78542	3290384
新疆	15912119	464233	34931	14269958	1111571	530590	9273626

3-20 各地区地方建筑业企业房屋建筑面积

地　区	房屋施工面积(万平方米)	#本年新开工	房屋竣工面积(万平方米)	房屋竣工率(%)
全国总计	**1126647.3**	**469834.9**	**393560.9**	**34.9**
北　京	21120.0	4870.6	3516.4	16.6
天　津	5780.8	2230.0	2192.9	37.9
河　北	31935.8	12611.8	9661.4	30.3
山　西	11924.9	3741.0	3106.5	26.1
内蒙古	4849.7	2281.1	1961.0	40.4
辽　宁	14327.6	6229.1	5048.4	35.2
吉　林	9171.9	4779.8	3735.2	40.7
黑龙江	4711.2	2698.9	2102.1	44.6
上　海	23426.1	7360.0	5646.8	24.1
江　苏	227248.3	90143.0	74829.5	32.9
浙　江	205603.8	84606.4	66552.6	32.4
安　徽	38261.9	15770.5	14382.2	37.6
福　建	61206.9	21016.7	16580.6	27.1
江　西	30402.0	14676.1	14928.0	49.1
山　东	70261.0	32570.4	22268.4	31.7
河　南	48701.5	22257.5	19910.4	40.9
湖　北	46454.6	27412.4	26094.6	56.2
湖　南	41035.3	18292.1	17747.2	43.2
广　东	46957.0	18442.1	15281.2	32.5
广　西	24966.1	8833.2	8430.5	33.8
海　南	2060.5	604.3	562.5	27.3
重　庆	31131.3	13565.9	13181.8	42.3
四　川	52539.1	23715.1	20977.9	39.9
贵　州	13361.7	4677.7	3747.0	28.0
云　南	16497.8	7982.2	7446.9	45.1
西　藏	352.3	184.1	153.5	43.6
陕　西	22976.9	8898.7	6623.3	28.8
甘　肃	9494.5	3971.0	3006.0	31.7
青　海	776.1	342.7	334.0	43.0
宁　夏	2505.0	1240.0	776.7	31.0
新　疆	6605.9	3830.5	2775.4	42.0

3-21 各地区按主要用途分的地方建筑业企业房屋竣工面积

单位：万平方米

地区	总计	住宅房屋	商业及服务用房屋	商厦房屋（批发和零售用房）	宾馆用房屋（住宿用房）	餐饮用房屋（餐饮用房）
全国总计	**393560.9**	**264259.2**	**26194.1**	**10797.6**	**2575.9**	**797.3**
北京	3516.4	2052.9	284.6	86.5	15.0	5.8
天津	2192.9	1354.7	134.0	42.2	4.5	0.8
河北	9661.4	7160.0	441.7	198.2	18.2	21.5
山西	3106.5	2225.0	160.1	47.3	24.0	10.9
内蒙古	1961.0	1501.2	109.2	19.8	8.5	5.1
辽宁	5048.4	3568.1	226.5	116.1	10.6	2.6
吉林	3735.2	2340.7	278.2	89.0	26.7	7.4
黑龙江	2102.1	1442.8	107.6	16.9	8.2	9.9
上海	5646.8	3127.2	700.2	225.3	49.4	4.6
江苏	74829.5	54286.3	3372.4	1571.8	292.9	101.8
浙江	66552.6	38557.3	5640.6	2596.7	653.3	198.5
安徽	14382.2	9611.3	959.3	409.8	96.8	16.2
福建	16580.6	10539.2	1178.7	521.1	58.8	16.3
江西	14928.0	9755.3	1092.3	443.1	89.2	32.8
山东	22268.4	15461.9	1264.2	688.0	40.1	21.8
河南	19910.4	14210.0	1138.4	355.3	163.4	79.0
湖北	26094.6	18399.2	1700.8	705.8	270.2	31.3
湖南	17747.2	12437.8	1101.8	443.7	142.8	13.3
广东	15281.2	10092.7	1085.2	381.7	160.7	16.9
广西	8430.5	5219.9	459.8	163.0	65.2	14.9
海南	562.5	347.9	61.7	26.8	7.1	1.5
重庆	13181.8	9441.5	986.3	339.0	51.0	29.6
四川	20977.9	15555.4	1656.7	666.4	147.0	60.2
贵州	3747.0	2260.7	222.8	42.9	8.1	11.1
云南	7446.9	4412.9	694.5	254.0	54.5	45.1
西藏	153.5	59.4	27.6	14.1	1.7	0.2
陕西	6623.3	4746.2	553.2	155.6	64.2	9.9
甘肃	3006.0	2067.9	216.6	82.1	22.1	3.2
青海	334.0	186.5	29.8	0.2	7.1	0.3
宁夏	776.7	454.3	105.3	45.5	3.6	3.8
新疆	2775.4	1383.2	203.9	49.6	11.1	21.1

3-21 续表1

单位：万平方米

地　区	商务会展用房屋	其他商业及服务用房屋(居民服务业用房)	办公用房屋	科研、教育和医疗用房屋	科学研究用房屋	教育用房屋
全国总计	**2085.1**	**9938.2**	**21509.4**	**17815.5**	**1605.3**	**12479.8**
北　京	3.2	174.1	390.7	310.6	71.7	175.6
天　津	26.6	59.9	133.3	60.9	16.4	38.2
河　北	30.7	173.2	360.2	443.7	49.6	303.3
山　西	23.8	54.0	160.8	211.4	3.8	170.1
内蒙古	0.5	75.2	87.0	73.6	3.7	55.9
辽　宁	2.2	95.0	202.9	146.1	12.4	93.0
吉　林	6.5	148.6	231.2	137.3	13.2	84.4
黑龙江	5.0	67.6	98.8	70.0	11.5	46.3
上　海	168.0	252.9	519.4	181.0	32.9	93.6
江　苏	867.1	538.8	3058.3	2246.7	256.5	1409.8
浙　江	332.7	1859.5	4310.1	2012.3	276.7	1321.6
安　徽	19.2	417.3	803.1	578.4	47.0	445.6
福　建	37.3	545.1	984.4	579.0	60.5	431.7
江　西	43.3	484.0	861.9	856.1	78.4	643.1
山　东	31.3	483.0	1047.1	1257.7	99.9	955.2
河　南	53.5	487.3	1254.1	1088.3	90.8	824.1
湖　北	70.8	622.7	1265.0	1126.2	109.7	587.4
湖　南	38.9	463.0	1010.5	1053.6	62.7	749.6
广　东	89.0	436.8	752.7	664.6	70.7	477.0
广　西	21.7	195.0	778.4	989.6	73.9	724.4
海　南	4.7	21.6	28.2	74.9	8.5	62.9
重　庆	36.0	530.6	677.4	420.5	24.3	329.0
四　川	23.9	759.2	659.6	815.3	14.1	590.0
贵　州	9.4	151.3	325.8	468.7	10.7	328.3
云　南	81.3	259.6	632.2	826.1	24.4	699.4
西　藏	0.6	11.0	20.1	13.0	0.0	10.7
陕　西	25.7	297.8	383.1	361.3	49.0	254.9
甘　肃	19.8	89.4	129.4	243.6	18.7	167.2
青　海	0.1	22.1	33.3	42.9	0.8	33.9
宁　夏	5.0	47.4	50.5	84.7	0.4	43.9
新　疆	7.1	114.9	259.7	377.6	12.4	329.5

3-21 续表2

单位：万平方米

地　区	医疗用房屋（卫生医疗用房）	文化、体育和娱乐用房屋	厂房及建筑物	#厂房	仓　库	其他未列明的房屋建筑物
全国总计	**3730.4**	**3905.1**	**47749.8**	**30090.6**	**3035.4**	**9092.4**
北　京	63.3	79.4	261.1	232.1	15.2	121.9
天　津	6.3	43.4	210.3	118.9	9.5	246.8
河　北	90.8	85.2	732.9	500.1	55.6	382.1
山　西	37.4	24.4	229.4	122.2	9.6	85.9
内蒙古	13.9	16.4	61.1	24.8	4.4	108.2
辽　宁	40.6	21.7	644.0	332.0	37.1	201.9
吉　林	39.7	50.5	463.7	227.4	59.1	174.3
黑龙江	12.2	13.0	259.1	126.7	69.3	41.5
上　海	54.5	48.3	906.4	515.6	65.1	99.2
江　苏	580.4	751.9	9513.1	6721.8	763.6	837.3
浙　江	414.0	717.7	13395.9	9382.8	601.6	1317.0
安　徽	85.8	87.2	1981.7	1149.8	97.1	264.0
福　建	86.8	91.0	3006.2	1257.9	155.8	46.4
江　西	134.5	211.5	1713.9	1130.0	115.3	321.8
山　东	202.6	177.8	2489.0	1465.7	181.7	389.1
河　南	173.3	154.8	1466.5	742.3	213.2	385.1
湖　北	429.1	258.2	2804.8	1455.5	78.0	462.4
湖　南	241.2	133.7	1435.2	922.9	92.1	482.6
广　东	116.9	128.4	1910.9	1115.2	69.7	577.0
广　西	191.3	182.5	477.8	256.2	62.0	260.5
海　南	3.4	6.4	11.7	5.5	1.6	30.1
重　庆	67.2	66.8	985.2	556.4	70.7	533.4
四　川	211.2	165.0	1462.4	869.6	69.9	593.6
贵　州	129.7	48.4	181.8	136.6	13.5	225.2
云　南	102.3	137.9	390.2	268.7	32.8	320.4
西　藏	2.3	2.3	15.2	3.1	4.2	11.7
陕　西	57.5	104.5	300.1	222.1	29.3	145.5
甘　肃	57.7	49.5	155.7	58.5	28.6	114.7
青　海	8.2	3.9	6.8	2.4	1.5	29.3
宁　夏	40.4	9.5	31.8	19.9	14.2	26.5
新　疆	35.7	33.7	245.9	148.0	14.2	257.2

3-22 各地区按主要用途分的地方建筑业企业房屋竣工价值

单位：万元

地区	总计	住宅房屋	商业及服务用房屋	商厦房屋(批发和零售用房)	宾馆用房屋(住宿用房)	餐饮用房屋(餐饮用房)
全国总计	**662754642**	**446229549**	**47663231**	**18846522**	**4672851**	**1340832**
北京	8719142	4123253	871588	284879	68995	20566
天津	4463142	2373616	424837	148927	12500	1985
河北	14971292	10122362	925062	386837	17021	41539
山西	5240926	3719592	298310	66039	39066	29948
内蒙古	2937057	2219489	151652	33494	20106	10263
辽宁	7268786	5016576	342788	157045	14771	3369
吉林	6492226	4021241	573050	113989	28837	15426
黑龙江	3307352	2272646	165190	29636	12677	14078
上海	13111794	6809366	1983976	600728	225106	7625
江苏	142397876	103907335	6988022	2745489	559319	196795
浙江	114594349	69317250	10878049	4816771	1338315	381654
安徽	19240644	13105931	1431534	571345	145595	30053
福建	29288764	19687787	2241226	1063580	129160	29831
江西	21303180	13640371	1619333	627062	174418	40320
山东	35695987	25930290	1896499	923879	57990	25114
河南	31421532	23993923	1506683	468270	200279	109471
湖北	36919618	25546659	2631590	1243545	348532	50467
湖南	26546404	18386425	1746676	678112	157243	19608
广东	26818982	17891901	2006204	731617	246345	26239
广西	13474182	8102067	740592	263249	133615	16071
海南	1162064	638594	221583	65734	12590	2211
重庆	21086142	15105764	1727267	593031	82661	51101
四川	33601051	24797259	2864271	1124470	318568	108518
贵州	6147833	3302908	316601	63008	13631	18101
云南	12347807	7388234	1040954	419659	91515	37238
西藏	336249	128289	75300	39504	2947	222
陕西	11494586	7766420	967585	272419	131194	16887
甘肃	5607001	3616560	412914	144005	51456	8705
青海	605570	321451	39093	366	6534	540
宁夏	1495088	809366	206548	84067	9324	10258
新疆	4658018	2166624	368256	85767	22544	16632

3-22 续表1

单位：万元

地　区	商务会展用房屋	其他商业及服务用房屋（居民服务业用房）	办公用房屋	科研、教育和医疗用房屋	科学研究用房屋	教育用房屋
全国总计	**4899910**	**17903116**	**39521654**	**33319679**	**3447917**	**22562606**
北　京	7111	490037	1199335	1007098	308015	493003
天　津	92329	169097	443028	257344	82609	138370
河　北	50358	429307	634847	775854	107644	489363
山　西	60009	103248	285732	415536	6983	319445
内蒙古	1079	86711	163907	148559	6857	115797
辽　宁	3709	163894	307385	235289	23237	121524
吉　林	14252	400547	491369	278102	16591	166423
黑龙江	14292	94508	170925	121769	21985	81290
上　海	469947	680570	1576304	624374	105142	282044
江　苏	2401546	1084873	6736484	4971003	668750	3154918
浙　江	707895	3633414	7882927	4399298	602940	2929345
安　徽	16298	668243	1025865	761574	48448	580505
福　建	112535	906119	1777490	1118034	112959	837854
江　西	59911	717621	1695356	1174849	138123	825026
山　东	73014	816502	1716285	2216320	178645	1660918
河　南	62120	666543	1623559	1454182	117101	1066626
湖　北	114580	874466	1784252	1810527	237459	884903
湖　南	55913	835801	1588405	1656955	73377	1098963
广　东	265749	736254	1417484	1302723	156260	854700
广　西	43079	284578	1149873	1720639	117296	1247538
海　南	11597	129451	54713	155942	23678	125553
重　庆	47322	953153	1139398	688120	46398	538747
四　川	39619	1273096	1140159	1548199	31283	1138801
贵　州	9133	212729	763854	694811	12477	480228
云　南	71915	420628	952229	1476893	44108	1251133
西　藏	3232	29395	38821	37628	10	32253
陕　西	33833	513253	681448	741166	104894	515118
甘　肃	40282	168466	350651	488516	28763	339800
青　海	176	31478	75508	94993	2488	70482
宁　夏	6908	95991	108564	228748	1723	89261
新　疆	10170	233143	545500	714636	21676	632677

3-22 续表2

单位：万元

地　区	医疗用房屋（卫生医疗用房）	文化、体育和娱乐用房屋	厂房及建筑物	#厂房	仓　库	其他未列明的房屋建筑物
全国总计	**7309156**	**7981659**	**67220255**	**42573441**	**4647121**	**16171494**
北　京	206080	436208	670929	588595	50589	360142
天　津	36366	140327	302607	178713	14296	507086
河　北	178847	213919	1242346	959248	87599	969305
山　西	89107	55654	322195	200907	9748	134158
内蒙古	25905	35470	92743	43109	6018	119219
辽　宁	90528	40973	951900	452004	60048	313826
吉　林	95088	99589	610039	314566	101948	316888
黑龙江	18495	31694	404609	177183	73424	67096
上　海	237188	177835	1533616	1050299	133438	272887
江　苏	1147335	1585564	15423953	10855099	1314046	1471470
浙　江	867013	1537176	17298006	12127604	910708	2370935
安　徽	132621	145721	2314910	1318895	122341	332769
福　建	167220	164941	3961728	1648814	245901	91657
江　西	211701	298510	2348699	1451071	175216	350845
山　东	376758	322287	2815590	1666165	241162	557555
河　南	270455	252525	1765021	864846	224763	600876
湖　北	688165	423249	3761713	1838443	109544	852084
湖　南	484614	210528	2034607	1363358	128853	793956
广　东	291763	254342	2866837	1571904	95710	983780
广　西	355805	265737	703965	375129	95436	695873
海　南	6711	10644	22823	7333	3672	54094
重　庆	102976	104900	1370998	729759	109323	840373
四　川	378115	306088	1970988	1185040	94670	879417
贵　州	202106	151457	302978	235215	27000	588226
云　南	181652	207732	669075	443659	65717	546972
西　藏	5365	4208	15704	2265	4807	31492
陕　西	121154	305646	650522	487039	51352	330447
甘　肃	119953	121219	340752	175169	35055	241333
青　海	22024	6535	15745	5231	4296	47950
宁　夏	137765	23115	49436	30192	18672	50638
新　疆	60283	47863	385223	226587	31770	398146

3-23 各地区地方建筑业企业主要生产效益指标

地　区	建筑业企业个数（个）	从事建筑业活动的平均人数（人）	按总产值计算的劳动生产率（元/人）	人均竣工产值（元/人）	人均施工面积（平方米/人）	人均竣工面积（平方米/人）
全国总计	**86865**	**56004235**	**314006**	**186538**	**201.2**	**70.3**
北　京	2521	872752	454808	220496	242.0	40.3
天　津	1506	540843	339291	165389	106.9	40.5
河　北	2479	1405423	329352	178909	227.2	68.7
山　西	2486	756931	305689	150828	157.5	41.0
内蒙古	879	348949	290273	146284	139.0	56.2
辽　宁	5106	979800	284536	152800	146.2	51.5
吉　林	2292	593848	337740	211802	154.4	62.9
黑龙江	1597	539363	257725	134331	87.3	39.0
上　海	2507	981402	415041	259925	238.7	57.5
江　苏	8608	8795354	305321	240830	258.4	85.1
浙　江	6213	7853699	343354	204049	261.8	84.7
安　徽	3085	1679950	340157	176059	227.8	85.6
福　建	4007	3623377	258092	143154	168.9	45.8
江　西	2354	2251564	256786	148695	135.0	66.3
山　东	6654	3213743	304101	158801	218.6	69.3
河　南	5707	2565246	311983	186911	189.9	77.6
湖　北	3631	2128389	393052	240483	218.3	122.6
湖　南	2250	2376462	279946	175250	172.7	74.7
广　东	4834	2303344	398992	216874	203.9	66.3
广　西	1221	1332761	291588	159061	187.3	63.3
海　南	151	81045	398175	253406	254.2	69.4
重　庆	2682	2304202	296696	156519	135.1	57.2
四　川	4436	3732623	252915	141403	140.8	56.2
贵　州	1008	684351	308563	142686	195.2	54.8
云　南	2644	1469332	294252	159374	112.3	50.7
西　藏	230	47371	312198	168946	74.4	32.4
陕　西	2326	1119408	371842	157006	205.3	59.2
甘　肃	1342	578572	279255	142178	164.1	52.0
青　海	355	114563	216523	115190	67.7	29.2
宁　夏	675	210319	238266	156447	119.1	36.9
新　疆	1079	519249	306445	178597	127.2	53.5

3-24 各地区地方建筑业企业资产构成

单位：万元

地区	资产合计	#流动资产合计	#存货	#非流动资产合计	#固定资产合计
全国总计	**1493443657**	**1205922443**	**243292106**	**287521214**	**116513857**
北京	69507062	57768461	10145139	11738601	2369623
天津	29259030	25333677	3860090	3925353	1591137
河北	47308864	38802780	9542028	8506085	4249773
山西	34031155	27481765	3991309	6549390	2223309
内蒙古	19509795	15252333	1817944	4257463	1801740
辽宁	46953025	38811081	5454562	8141944	3505955
吉林	22788262	18747784	2331678	4040478	2038556
黑龙江	17259263	13972363	1879723	3286900	1554678
上海	66362709	58379273	11666690	7983437	2863115
江苏	177439118	147053863	34796361	30385254	15170838
浙江	125494041	103348293	29004184	22145749	9986759
安徽	49119045	38444712	6916902	10674333	4090293
福建	48940463	40260489	8118917	8679975	4325819
江西	37992016	29410416	7527479	8581601	3489458
山东	107682737	88138778	18825301	19543959	9822614
河南	56842903	43856234	8990778	12986669	7401516
湖北	54189728	43639676	11008944	10550052	5598618
湖南	35750594	26887159	4553210	8863435	4263418
广东	116258201	97345427	15983337	18912774	6648505
广西	19969371	16001398	3050397	3967973	1770486
海南	2706794	2287801	196387	418993	94681
重庆	50084040	39829337	10022138	10254703	4197597
四川	87744497	58211742	12158938	29532755	4660207
贵州	33240624	27353334	5495512	5887290	1299418
云南	50106106	38292535	4309365	11813571	3357544
西藏	2765957	1961742	226902	804216	303296
陕西	36050653	29645630	5414515	6405023	3252487
甘肃	19416775	14948910	3098836	4467865	2400900
青海	3801325	3017779	517667	783546	394545
宁夏	7667770	6677411	913679	990359	511304
新疆	17201735	14760263	1473193	2441472	1275669

3-25 各地区地方建筑业企业固定资产情况

单位：万元

地 区	固定资产合计	固定资产原价	固定资产折旧	#本年折旧	在建工程
全国总计	**116513857**	**153449787**	**63976023**	**8559559**	**14666483**
北 京	2369623	4211538	2150157	259512	572142
天 津	1591137	2687285	1309615	143930	122321
河 北	4249773	5538437	2259865	277282	436085
山 西	2223309	3359869	1519188	184885	257372
内蒙古	1801740	2391933	972243	122128	281307
辽 宁	3505955	5457574	2732515	294404	329194
吉 林	2038556	2625166	1057138	140356	241460
黑龙江	1554678	2316038	988442	103587	82151
上 海	2863115	4866771	2398063	279501	203207
江 苏	15170838	19928332	8362246	1092340	1677006
浙 江	9986759	15232695	6516233	881610	599133
安 徽	4090293	5223314	2081955	304066	462279
福 建	4325819	6140670	2381010	367652	221272
江 西	3489458	4041004	1425282	234882	465790
山 东	9822614	13124351	5347177	732157	874310
河 南	7401516	8556640	3125097	474999	844250
湖 北	5598618	6873612	2709468	371961	775925
湖 南	4263418	5110915	1913525	245454	663768
广 东	6648505	8757459	3896000	450465	1309782
广 西	1770486	2037682	810403	134616	353668
海 南	94681	136229	71817	17607	16372
重 庆	4197597	4216480	1589986	245967	916490
四 川	4660207	5154972	2176299	268700	1099477
贵 州	1299418	1153901	458822	92393	344513
云 南	3357544	4392255	1853444	259130	417900
西 藏	303296	320190	86233	12553	25605
陕 西	3252487	3855842	1514270	274851	461801
甘 肃	2400900	2701070	853348	100258	245731
青 海	394545	589074	267183	29832	42646
宁 夏	511304	784804	329075	43860	37880
新 疆	1275669	1663688	819927	118622	285648

3-26 各地区地方建筑业企业负债及所有者权益

单位：万元

地 区	负债合计	#流动负债	#应付账款	所有者权益	#实收资本
全国总计	**940739451**	**838726426**	**295439073**	**552337724**	**303690613**
北 京	53353804	48828126	19110685	16153258	10251138
天 津	21898219	19826827	8797397	7360344	4435066
河 北	31377559	29004362	11977690	15931305	8449342
山 西	24744398	22157948	9299631	9280210	6554306
内 蒙 古	12497101	11580720	3538865	7012694	3655493
辽 宁	30633432	26087058	8036283	16062971	8532145
吉 林	14035343	12356293	4515868	8752919	4791344
黑 龙 江	11290684	10193458	3746872	5968579	4379189
上 海	50595858	48476672	18062059	15765893	9006930
江 苏	98636035	91411619	33120909	78697594	31443113
浙 江	73603950	69098200	23933578	51889349	25831518
安 徽	31187386	26025207	8380550	17910483	9275567
福 建	24885695	22385835	5519848	24054837	14311977
江 西	20729842	17889263	5862322	17262275	9901080
山 东	72819036	66303878	22826569	34863701	17989085
河 南	30829203	27190495	8362585	26014965	17964357
湖 北	30566232	25796901	11036628	23588412	12027463
湖 南	18642506	15322038	4917861	17100925	9391033
广 东	77987345	66503850	19681597	38255164	20137978
广 西	12277006	10192594	2662959	7692365	4391405
海 南	1704457	1606816	635200	1002336	564434
重 庆	34223773	29051009	10140946	15860267	7771932
四 川	47442691	41570919	13213833	40346763	30712541
贵 州	23741975	18409120	6006772	9498648	3546330
云 南	33303451	29433281	11357430	16803429	9584759
西 藏	1576912	1232915	440336	1231457	587132
陕 西	22841456	20275886	8205829	13209197	8962474
甘 肃	13119824	11902428	4344611	6296951	3774639
青 海	2395164	2163207	823668	1406161	1096787
宁 夏	5152707	4866098	2044317	2515063	1567976
新 疆	12646409	11583404	4835376	4549211	2802079

3-27 各地区地方建筑业企业实收资本

单位：万元

地区	合计	国家资本	集体资本	法人资本	个人资本	港澳台资本	外商资本
全国总计	**303690613**	**52848417**	**12657385**	**87066081**	**149439007**	**1120051**	**559673**
北京	10251138	1346749	350840	4644971	3695865	116635	96078
天津	4435066	578899	225317	1434887	2179637	5818	10508
河北	8449342	1212225	478003	2464222	4281178	13315	400
山西	6554306	1748884	226636	1780111	2797665	605	405
内蒙古	3655493	417823	162552	934865	2139648		605
辽宁	8532145	851319	528544	2597574	4303930	229349	21429
吉林	4791344	315130	150254	1650951	2662924	12084	
黑龙江	4379189	698253	337570	1346124	1994639	1683	920
上海	9006930	998412	424727	3771050	3520283	176735	115724
江苏	31443113	1740770	881471	9056014	19521228	72959	170671
浙江	25831518	730139	591279	7252306	17161205	92950	3640
安徽	9275567	1207093	439786	2512037	5106519	9617	515
福建	14311977	934149	308444	3394584	9629260	38091	7450
江西	9901080	966139	352282	3336008	5200080	25711	20860
山东	17989085	2320973	1559051	5658837	8415969	24632	9623
河南	17964357	1174415	773754	4201683	11802417	8569	3518
湖北	12027463	1892966	570421	2497566	7004254	24500	37756
湖南	9391033	2307550	544464	2455916	4076806	5873	425
广东	20137978	2239772	1070737	8546273	8194213	54000	32983
广西	4391405	1102646	287708	1170592	1825458	3772	1230
海南	564434	163643	18928	196457	185322	84	
重庆	7771932	1188561	214186	2151415	4030539	185916	1315
四川	30712541	18296902	507541	4630349	7266020	8684	3046
贵州	3546330	1623156	172098	857547	893529		
云南	9584759	4251089	298338	2025493	3007520	800	1520
西藏	587132	106240	49551	159906	260347	6052	5036
陕西	8962474	1177003	621977	3069649	4090573	1556	1717
甘肃	3774639	618751	249313	1506206	1400239		130
青海	1096787	184073	72039	405934	434666		75
宁夏	1567976	116271	40795	505441	893469		12000
新疆	2802079	338424	148780	851113	1463609	60	94

3-28 各地区地方建筑业企业收入情况

单位：万元

地区	主营业务收入	#主营业务成本	#主营业务税金及附加	其他业务收入	#其他业务利润
全国总计	**1513803223**	**1350281651**	**22862430**	**21798344**	**1384276**
北京	45819023	41780065	238842	425867	97644
天津	16517220	14801447	104359	446531	23875
河北	40608985	37075674	542512	545396	43983
山西	22424069	20284304	168641	276622	33633
内蒙古	10786640	9166340	157509	190728	7808
辽宁	26172717	22035851	324565	689026	40589
吉林	17077946	14649367	269105	219127	17815
黑龙江	12412054	11070422	181127	222218	727
上海	53269887	49268293	190604	531383	63226
江苏	217301940	194410078	3795458	1162686	161185
浙江	197752327	184137036	1589340	1062022	132939
安徽	47346104	41047810	724408	538197	24206
福建	79883530	72030286	1579023	647426	39861
江西	48532771	43233829	1094960	990595	24151
山东	86838827	76290855	1163470	1257877	74028
河南	70111073	58640160	2030917	1418995	100877
湖北	73405181	64422591	1511393	700076	27104
湖南	59536309	53387979	1417237	603773	33645
广东	99150539	86760901	1117522	914547	124326
广西	28605019	26096636	391231	2001057	23793
海南	3188096	2941894	35376	12608	1078
重庆	55514736	47556035	1086096	656662	60089
四川	66678440	58120210	1266289	3348075	91983
贵州	20385387	18493414	229883	575613	9061
云南	35526688	31412255	572174	795977	37664
西藏	2024679	1704429	22961	46275	402
陕西	35814678	32165595	556199	744695	16231
甘肃	16515555	14942181	234279	320356	23358
青海	2954722	2589301	22292	116114	1181
宁夏	5649435	5150808	43306	105131	25350
新疆	15998649	14615607	201354	232690	22464

3-29 各地区地方建筑业企业费用情况

单位：万元

地　　区	管理费用	销售费用	财务费用	#利息收入	#利息支出
全国总计	**49296358**	**6663776**	**10237841**	**1438795**	**8216016**
北　　京	2378162	376692	261807	155641	382055
天　　津	899526	67506	149221	26209	152973
河　　北	1094018	116683	222584	21051	130531
山　　西	1122892	72806	211412	34213	190353
内 蒙 古	448113	17872	113300	3447	75868
辽　　宁	1422880	110589	259607	10646	186532
吉　　林	643660	46478	136554	7427	77277
黑 龙 江	487499	51816	65964	18973	55368
上　　海	2567901	176929	157614	102222	203231
江　　苏	6448819	978163	1475280	139589	1044141
浙　　江	4223526	504699	1101118	116653	901107
安　　徽	1570255	243481	505533	34616	368837
福　　建	2400126	267947	267471	79339	302735
江　　西	1270031	217165	257741	18719	162984
山　　东	2914050	339045	720679	67662	480110
河　　南	2470292	462546	541325	47810	440269
湖　　北	2246352	521889	463337	42218	278816
湖　　南	1900124	302421	218847	81028	176333
广　　东	3773844	409558	767241	46038	588806
广　　西	868677	72306	197322	9828	148927
海　　南	69050	6928	5822	572	4242
重　　庆	1615834	230484	470585	60142	447882
四　　川	2322147	533277	581576	189844	510589
贵　　州	467919	27760	186489	8053	146227
云　　南	1169700	221874	413651	45954	368590
西　　藏	80025	10934	8101	2890	7772
陕　　西	1158403	169822	183976	42898	142815
甘　　肃	495667	60944	146228	12851	123990
青　　海	121183	6682	16266	578	7686
宁　　夏	184770	16596	39605	2186	24365
新　　疆	460914	21885	91586	9503	84609

3-30 各地区地方建筑业企业利润及税金情况

单位：万元

地区	利润总额	#应交所得税	税金总额	主营业务税金及附加	应交增值税
全国总计	**60551408**	**14416587**	**57241616**	**22862430**	**34379186**
北京	1088215	239380	1221223	238842	982381
天津	348533	133782	412861	104359	308502
河北	1431876	380482	1258285	542512	715773
山西	456964	111875	759295	168641	590654
内蒙古	513289	132302	407820	157509	250311
辽宁	979646	315275	818933	324565	494368
吉林	873592	261809	667512	269105	398407
黑龙江	350787	120761	462271	181127	281144
上海	1254453	256369	1305153	190604	1114549
江苏	10294307	2315139	9131751	3795458	5336293
浙江	6205089	1510299	6522066	1589340	4932727
安徽	1845839	436244	1745197	724408	1020789
福建	3268254	993117	3390863	1579023	1811840
江西	1928477	443086	1811950	1094960	716990
山东	4219058	947128	3045455	1163470	1881985
河南	4397606	880780	3632676	2030917	1601759
湖北	3497665	973174	3059862	1511393	1548469
湖南	1984765	424732	2727939	1417237	1310702
广东	4037660	897577	3445676	1117522	2328154
广西	724615	242829	994828	391231	603597
海南	124426	70153	129810	35376	94434
重庆	3243603	613507	2405759	1086096	1319663
四川	2409180	593250	2811109	1266289	1544821
贵州	854221	176212	776654	229883	546771
云南	1522713	347832	1430707	572174	858533
西藏	201040	14570	56620	22961	33658
陕西	1138075	222858	1313823	556199	757624
甘肃	570176	112813	637521	234279	403242
青海	55121	15476	86584	22292	64293
宁夏	192603	69494	185725	43306	142419
新疆	539559	164282	585689	201354	384336

3-31 各地区地方建筑业企业应收工程款及企业亏损情况

地区	应收工程款（万元）	企业个数（个）	#亏损企业个数	亏损企业的比重(%)
全国总计	**376941505**	**86865**	**13342**	**15.4**
北京	15842486	2521	627	24.9
天津	8755423	1506	372	24.7
河北	12294113	2479	386	15.6
山西	11097642	2486	574	23.1
内蒙古	5572869	879	175	19.9
辽宁	12201497	5106	1274	25.0
吉林	7892213	2292	344	15.0
黑龙江	4418854	1597	378	23.7
上海	14145531	2507	509	20.3
江苏	52500416	8608	557	6.5
浙江	27153755	6213	839	13.5
安徽	11838879	3085	369	12.0
福建	9639383	4007	453	11.3
江西	8290013	2354	248	10.5
山东	30381019	6654	959	14.4
河南	13473434	5707	688	12.1
湖北	14916451	3631	465	12.8
湖南	8556825	2250	235	10.4
广东	26672183	4834	833	17.2
广西	3812425	1221	209	17.1
海南	748775	151	19	12.6
重庆	12764748	2682	338	12.6
四川	16098481	4436	570	12.8
贵州	6838045	1008	203	20.1
云南	14929397	2644	447	16.9
西藏	652389	230	26	11.3
陕西	10097667	2326	408	17.5
甘肃	5432835	1342	253	18.9
青海	879875	355	106	29.9
宁夏	2922844	675	202	29.9
新疆	6121042	1079	276	25.6

3-32 各地区地方建筑业企业主要经济效益指标

地　区	产值利润率(%)	产值利税率(%)	资本利润率(%)	资本利税率(%)	人均利润(元/人)	人均利税(元/人)	资产负债率(%)
全国总计	**3.4**	**6.7**	**19.9**	**38.8**	**10812**	**21033**	**63.0**
北　京	2.7	5.8	10.6	22.5	12469	26462	76.8
天　津	1.9	4.1	7.9	17.2	6444	14078	74.8
河　北	3.1	5.8	16.9	31.8	10188	19141	66.3
山　西	2.0	5.3	7.0	18.6	6037	16068	72.7
内蒙古	5.1	9.1	14.0	25.2	14710	26397	64.1
辽　宁	3.5	6.5	11.5	21.1	9998	18357	65.2
吉　林	4.4	7.7	18.2	32.2	14711	25951	61.6
黑龙江	2.5	5.8	8.0	18.6	6504	15074	65.4
上　海	3.1	6.3	13.9	28.4	12782	26081	76.2
江　苏	3.8	7.2	32.7	61.8	11704	22087	55.6
浙　江	2.3	4.7	24.0	49.3	7901	16205	58.7
安　徽	3.2	6.3	19.9	38.7	10987	21376	63.5
福　建	3.5	7.1	22.8	46.5	9020	18378	50.8
江　西	3.3	6.5	19.5	37.8	8565	16613	54.6
山　东	4.3	7.4	23.5	40.4	13128	22605	67.6
河　南	5.5	10.0	24.5	44.7	17143	31304	54.2
湖　北	4.2	7.8	29.1	54.5	16433	30810	56.4
湖　南	3.0	7.1	21.1	50.2	8352	19831	52.1
广　东	4.4	8.1	20.0	37.2	17530	32489	67.1
广　西	1.9	4.4	16.5	39.2	5437	12901	61.5
海　南	3.9	7.9	22.0	45.0	15353	31370	63.0
重　庆	4.7	8.3	41.7	72.7	14077	24518	68.3
四　川	2.6	5.5	7.8	17.0	6454	13986	54.1
贵　州	4.0	7.7	24.1	46.0	12482	23831	71.4
云　南	3.5	6.8	15.9	30.8	10363	20100	66.5
西　藏	13.6	17.4	34.2	43.9	42439	54392	57.0
陕　西	2.7	5.9	12.7	27.4	10167	21904	63.4
甘　肃	3.5	7.5	15.1	32.0	9855	20874	67.6
青　海	2.2	5.7	5.0	12.9	4811	12369	63.0
宁　夏	3.8	7.5	12.3	24.1	9158	17988	67.2
新　疆	3.4	7.1	19.3	40.2	10391	21671	73.5

四、按资质等级分组的建筑业企业

4-1 各地区总承包建筑业企业签订合同情况

单位：万元

地区	签订合同额	上年结转合同额	本年新签合同额
全国总计	**4104891120**	**1762919709**	**2341971410**
北京	299668314	156861791	142806524
天津	113095886	55511078	57584808
河北	111200300	50233039	60967261
山西	81073545	34628452	46445092
内蒙古	21509498	8880775	12628723
辽宁	68705558	31824822	36880736
吉林	33408963	12790375	20618589
黑龙江	24289692	8767157	15522535
上海	190060587	95547587	94513000
江苏	413187121	167175617	246011504
浙江	425978942	155605616	270373326
安徽	120646701	48012776	72633925
福建	173173670	67057194	106116476
江西	111751781	47374188	64377593
山东	190805211	76961324	113843887
河南	168110462	65379550	102730912
湖北	288481380	126788364	161693016
湖南	175625647	79905939	95719709
广东	265813601	132856716	132956885
广西	80024855	28318449	51706406
海南	7374213	3664970	3709243
重庆	114786759	46066075	68720684
四川	222376480	100410334	121966146
贵州	76982842	33931452	43051390
云南	96351002	39607569	56743433
西藏	2350596	861055	1489541
陕西	132990866	53113183	79877683
甘肃	33618826	14336213	19282613
青海	9104834	4779093	4325740
宁夏	8928233	2983106	5945127
新疆	43414756	12685852	30728903

4-2 各地区总承包建筑业企业承包工程完成情况

单位：万元

地 区	直接从建设单位承揽工程完成的产值	自行完成施工产值	分包出去工程的产值	从建设单位以外承揽工程完成的产值
全国总计	**1925139930**	**1873685838**	**51454093**	**69121543**
北 京	88929413	73365357	15564056	11018009
天 津	36703127	35735539	967587	1374624
河 北	52696323	51997838	698485	1296780
山 西	32444546	32191767	252779	294684
内 蒙 古	10516538	10490750	25788	67954
辽 宁	30865670	30552340	313329	369463
吉 林	19521852	19265820	256032	438546
黑 龙 江	14269373	14122065	147309	135007
上 海	57781103	49037592	8743511	5063233
江 苏	239583172	238695960	887212	14024478
浙 江	249341417	246797984	2543433	6155354
安 徽	61092352	60633831	458521	1402723
福 建	90325690	90114689	211001	2079546
江 西	56322782	55783110	539673	2187038
山 东	102358701	101278678	1080022	2287203
河 南	88194445	87678295	516150	2243410
湖 北	125123177	124141205	981972	1701641
湖 南	77827866	77439989	387876	1443892
广 东	96362178	86526999	9835180	3023362
广 西	40371781	40049171	322611	746754
海 南	2958685	2956707	1978	20382
重 庆	70003027	68704696	1298332	2366221
四 川	102215192	100886829	1328364	5190202
贵 州	28096367	27982870	113497	278517
云 南	43271777	42352910	918866	1060615
西 藏	1614201	1440211	173990	6420
陕 西	57700816	55431020	2269796	1770373
甘 肃	17380069	17124921	255148	166669
青 海	3216240	3113958	102282	620817
宁 夏	5175886	5094957	80929	53962
新 疆	22876166	22697783	178384	233667

4-3 各地区总承包企业建筑业总产值和竣工产值

单位：万元

地区	建筑业总产值	#装饰装修产值	#在外省完成的产值	按构成分组			竣工产值
				建筑工程产值	安装工程产值	其他产值	
全国总计	**1942807381**	**60339365**	**687792681**	**1759216735**	**126800787**	**56789858**	**1056919283**
北京	84383366	5113110	61518195	79864322	3182629	1336414	35056896
天津	37110163	217800	22465903	34238198	2499025	372940	15037116
河北	53294618	1329095	16134312	44456852	6372052	2465714	26555611
山西	32486451	895429	12916011	28950904	2829999	705549	12468849
内蒙古	10558703	234243	967248	9369072	391907	797725	4888060
辽宁	30921803	919257	8318118	27120032	2905653	896119	13959529
吉林	19704365	701205	2779481	16797011	1564344	1343010	11271054
黑龙江	14257071	169119	2473842	12272116	1641147	343809	7105145
上海	54100825	2604254	30759010	47479990	5499443	1121392	29631578
江苏	252720438	3509933	121224352	240789966	10076994	1853479	195145314
浙江	252953338	11393818	133814632	231609758	15081965	6261615	150430786
安徽	62036554	1289192	14698798	54683609	3424894	3928051	28151735
福建	92194235	2354346	38892284	86688175	4893479	612581	49590242
江西	57970148	2095783	20617990	50544056	3975192	3450899	32442429
山东	103565882	3815458	18484681	90447343	11071767	2046772	50110596
河南	89921705	2519201	19878551	79956638	6739669	3225398	43489113
湖北	125842846	3995025	48734433	113626712	8859991	3356144	64234691
湖南	78883882	2607628	25934429	69698120	4061019	5124743	45907879
广东	89550361	4124787	13117930	80494482	6342900	2712979	49004671
广西	40795924	1395989	6734331	35195059	3170331	2430534	21612895
海南	2977089	118133	71760	2671046	179445	126599	1948048
重庆	71070916	1593694	11355346	65647707	3144576	2278632	35498486
四川	106077030	2999001	21217188	93533176	8278486	4265368	52710942
贵州	28261387	560840	6808728	25460841	2052076	748470	11608128
云南	43413525	1012131	3361602	39666385	1692529	2054612	21156505
西藏	1446631	42647	9187	1308476	124420	13735	782379
陕西	57201393	1810845	18080139	51936609	3633908	1630876	21136953
甘肃	17291589	312285	3101269	15087375	1565957	638258	8209961
青海	3734775	121345	1473160	3303160	329315	102300	2321428
宁夏	5148918	87165	407947	4783256	285950	79713	3185125
新疆	22931449	396607	1441825	21536292	929727	465431	12267141

4-4 各地区总承包建筑业企业房屋建筑面积

地 区	房屋施工面积（万平方米）	#本年新开工	房屋竣工面积（万平方米）	房屋竣工率（%）
全国总计	**1299234.9**	**511661.6**	**410388.4**	**31.6**
北 京	65192.5	17276.7	9805.1	15.0
天 津	14422.7	3821.2	2927.5	20.3
河 北	34336.4	12889.6	9707.6	28.3
山 西	15715.3	5147.1	3474.6	22.1
内 蒙 古	5435.3	2523.4	2018.9	37.1
辽 宁	16295.0	6827.2	5198.7	31.9
吉 林	8815.0	4440.0	3625.8	41.1
黑 龙 江	4711.4	2696.5	2109.7	44.8
上 海	40867.1	12122.4	7845.8	19.2
江 苏	231258.6	90747.0	75098.3	32.5
浙 江	202043.5	82446.9	64452.6	31.9
安 徽	43768.2	16767.9	14660.3	33.5
福 建	64846.4	21615.0	16585.3	25.6
江 西	30045.2	14511.4	14781.5	49.2
山 东	75643.1	33412.4	22486.6	29.7
河 南	53781.4	23202.8	19595.8	36.4
湖 北	78291.1	35455.3	30231.5	38.6
湖 南	54183.5	22123.7	19619.3	36.2
广 东	59088.3	21098.6	16434.4	27.8
广 西	25222.8	8965.8	8391.1	33.3
海 南	2060.2	604.3	562.3	27.3
重 庆	31257.8	13391.2	13094.6	41.9
四 川	57124.7	24647.7	21079.8	36.9
贵 州	17932.9	5892.3	4692.3	26.2
云 南	16980.3	8218.8	7078.9	41.7
西 藏	350.8	183.1	152.2	43.4
陕 西	26572.3	9674.5	6793.8	25.6
甘 肃	9692.4	4024.1	2979.0	30.7
青 海	835.8	372.5	332.6	39.8
宁 夏	2547.6	1270.3	789.2	31.0
新 疆	9917.3	5291.9	3783.7	38.2

4-5 各地区按主要用途分的总承包建筑业企业房屋竣工面积

单位：万平方米

地区	总计	住宅房屋	商业及服务用房屋	商厦房屋(批发和零售用房)	宾馆用房屋(住宿用房)	餐饮用房屋(餐饮用房)
全国总计	**410388.4**	**277544.1**	**28951.1**	**12794.6**	**2883.5**	**767.9**
北京	9805.1	5974.5	1444.7	1059.5	87.9	5.9
天津	2927.5	2004.5	152.6	71.5	0.1	0.2
河北	9707.6	7154.2	442.6	198.2	18.2	21.5
山西	3474.6	2497.9	158.7	50.9	24.4	11.3
内蒙古	2018.9	1496.3	109.3	19.8	8.6	5.1
辽宁	5198.7	3683.1	289.1	178.5	10.2	2.6
吉林	3625.8	2326.9	251.2	72.8	18.0	7.4
黑龙江	2109.7	1436.1	107.5	16.9	8.2	9.9
上海	7845.8	3984.7	1210.3	412.4	243.9	6.0
江苏	75098.3	54604.2	3352.9	1571.2	284.7	101.1
浙江	64452.6	38470.4	5505.4	2502.9	638.9	198.4
安徽	14660.3	10055.1	980.2	411.2	135.7	15.5
福建	16585.3	10841.8	1172.6	519.0	58.8	16.3
江西	14781.5	9711.4	1076.7	440.5	85.9	30.3
山东	22486.6	15486.4	1639.2	912.0	37.6	18.5
河南	19595.8	14227.9	1126.2	327.4	158.9	75.8
湖北	30231.5	21011.8	2320.0	1200.7	316.6	30.8
湖南	19619.3	13797.9	1196.9	481.2	139.7	13.3
广东	16434.4	11226.7	1105.4	441.6	159.2	15.7
广西	8391.1	5195.6	453.5	163.0	65.0	14.9
海南	562.3	347.9	61.7	26.8	7.1	1.5
重庆	13094.6	9405.4	974.1	327.0	50.3	28.1
四川	21079.8	15627.4	1694.5	690.4	142.2	60.0
贵州	4692.3	3121.9	242.5	42.9	9.6	11.1
云南	7078.9	4200.1	644.4	245.1	51.6	27.4
西藏	152.2	59.1	27.5	14.1	1.7	0.2
陕西	6793.8	4901.5	550.7	154.2	63.6	9.9
甘肃	2979.0	2052.6	217.1	82.0	21.8	3.1
青海	332.6	186.2	29.6	0.2	7.0	0.3
宁夏	789.2	455.4	105.3	45.5	3.6	3.8
新疆	3783.7	1999.0	308.5	115.4	24.4	22.0

4-5 续表1 单位：万平方米

地 区	商务会展用房屋	其他商业及服务用房屋(居民服务业用房)	办公用房屋	科研、教育和医疗用房屋	科学研究用房屋	教育用房屋
全国总计	**2193.1**	**10312.0**	**22982.9**	**18521.6**	**1717.0**	**12952.4**
北 京	29.0	262.4	888.7	523.1	114.2	301.1
天 津	22.2	58.6	114.1	123.7	16.4	101.7
河 北	30.7	174.1	367.7	456.6	56.9	302.8
山 西	24.0	48.2	173.4	241.7	5.6	198.6
内蒙古	0.5	75.2	100.1	87.6	3.7	69.9
辽 宁	5.0	92.8	198.3	141.2	12.3	88.8
吉 林	6.5	146.5	215.7	112.1	4.2	68.6
黑龙江	5.0	67.5	98.3	69.8	11.5	46.2
上 海	261.5	286.5	806.3	228.6	41.9	125.3
江 苏	866.8	529.1	3069.8	2235.1	256.5	1391.9
浙 江	312.1	1853.2	4280.6	1989.9	276.6	1311.4
安 徽	6.9	410.9	763.3	580.4	44.2	448.2
福 建	36.7	541.8	979.1	575.4	60.0	430.4
江 西	41.9	478.2	856.1	845.7	74.6	637.8
山 东	31.5	639.7	1066.3	1347.0	103.7	1015.5
河 南	50.8	513.2	1261.9	1095.4	89.9	832.5
湖 北	94.1	677.8	1773.1	1283.9	167.4	665.4
湖 南	42.1	520.6	1158.9	1121.7	61.5	791.3
广 东	88.1	400.9	795.8	670.7	70.6	483.3
广 西	17.7	192.9	773.1	988.5	73.9	723.3
海 南	4.7	21.6	28.2	74.9	8.5	62.9
重 庆	34.3	534.4	677.1	401.0	24.0	312.7
四 川	38.7	763.2	674.4	835.4	13.3	606.5
贵 州	9.4	169.5	351.0	493.6	11.9	349.2
云 南	73.7	246.6	619.3	797.9	23.0	688.0
西 藏	0.6	10.9	20.2	12.6	0.0	10.4
陕 西	25.7	297.4	334.6	382.8	53.8	271.5
甘 肃	19.6	90.6	131.0	243.4	19.3	166.5
青 海	0.1	21.9	33.3	42.5	0.8	33.6
宁 夏	5.0	47.4	53.5	84.5	0.4	43.9
新 疆	8.1	138.6	319.8	435.0	16.3	373.2

4-5 续表2

单位：万平方米

地区	医疗用房屋(卫生医疗用房)	文化、体育和娱乐用房屋	厂房及建筑物	#厂房	仓库	其他未列明的房屋建筑物
全国总计	**3852.2**	**4204.5**	**45967.0**	**29410.2**	**2994.7**	**9222.6**
北京	107.8	131.4	571.7	515.5	27.4	243.5
天津	5.6	86.7	257.4	129.0	9.5	179.1
河北	96.8	85.2	754.7	528.5	55.0	391.5
山西	37.4	27.9	250.6	151.4	10.8	113.6
内蒙古	13.9	16.4	88.1	52.0	4.4	116.8
辽宁	40.1	19.9	627.1	306.0	33.9	206.1
吉林	39.3	50.5	446.6	220.6	56.4	166.4
黑龙江	12.2	13.0	272.5	141.7	69.3	43.1
上海	61.4	272.5	899.7	618.4	116.9	326.7
江苏	586.7	752.3	9488.0	6719.2	757.3	838.7
浙江	401.9	584.3	11940.2	8319.8	581.6	1100.2
安徽	88.0	80.8	1854.0	1081.5	91.0	255.5
福建	85.0	85.1	2736.0	1191.0	150.7	44.7
江西	133.4	207.2	1661.3	1099.4	115.1	308.0
山东	227.8	276.7	2127.7	1285.9	164.0	379.4
河南	172.9	151.8	1180.5	535.1	177.7	374.5
湖北	451.1	278.4	3090.1	1763.4	76.4	397.8
湖南	269.0	149.3	1604.8	1100.1	90.5	499.3
广东	116.7	126.7	1851.0	1106.4	68.2	589.8
广西	191.3	180.9	473.0	251.3	62.7	263.8
海南	3.4	6.1	11.7	5.5	1.6	30.1
重庆	64.3	63.5	982.0	558.7	69.8	521.8
四川	215.7	174.7	1403.5	803.7	66.6	603.2
贵州	132.6	48.9	185.6	139.6	13.5	235.2
云南	86.9	126.5	343.5	235.1	31.3	316.0
西藏	2.3	1.6	15.2	3.1	4.2	11.7
陕西	57.5	104.5	323.5	233.1	30.1	166.1
甘肃	57.5	49.2	149.3	58.5	28.6	107.8
青海	8.1	3.8	7.7	5.5	1.5	28.0
宁夏	40.2	9.5	40.4	27.4	14.1	26.5
新疆	45.5	39.2	329.7	223.8	14.7	337.8

4-6 各地区按主要用途分的总承包建筑业企业房屋竣工价值

单位：万元

地区	总计	住宅房屋	商业及服务用房屋	商厦房屋(批发和零售用房)	宾馆用房屋(住宿用房)	餐饮用房屋(餐饮用房)
全国总计	**709673506**	**473634911**	**55660741**	**24039248**	**5552466**	**1320766**
北京	23859446	12594153	3966862	2861620	309093	20816
天津	6497876	3749795	437537	190882	70	366
河北	15210308	10240647	926765	386837	17021	41539
山西	6238162	4282001	303498	72849	39702	30421
内蒙古	3016908	2211111	151849	33494	20303	10263
辽宁	7790101	5293677	501846	320584	14529	3347
吉林	6515753	4100298	564827	108106	27661	15426
黑龙江	3354556	2265009	165156	29636	12677	14078
上海	18416398	8680850	3310934	1044706	666017	10066
江苏	143211490	104515089	6967423	2747855	555894	196131
浙江	112945710	69254364	10774314	4743780	1328810	381598
安徽	20046004	13874710	1517637	574335	235931	29105
福建	29448551	20121213	2233689	1059963	129160	29831
江西	21284182	13672010	1590085	625639	166624	34067
山东	37855924	26332823	3227419	1578369	53243	21876
河南	31570573	24116411	1515999	444285	196423	107873
湖北	46398413	30428368	4127262	2260661	473688	48996
湖南	30194395	20681873	1956848	766160	152908	19608
广东	29049207	20016729	2077608	824602	244874	25270
广西	13416098	8056453	733849	263249	133465	16071
海南	1161873	638594	221583	65734	12590	2211
重庆	21438858	15276067	1750012	602686	82245	50605
四川	34111976	25019255	2937876	1186813	308139	108391
贵州	7736338	4575894	361969	63008	15715	18101
云南	12128122	7274686	1015283	418286	90784	31475
西藏	331914	127154	75045	39504	3012	269
陕西	12050436	8082673	965814	270354	130474	16887
甘肃	5582093	3598953	417164	143925	51058	8490
青海	603071	321304	38445	366	6336	540
宁夏	1525025	812239	206548	84067	9324	10258
新疆	6683745	3420506	619596	226893	64697	16795

4-6 续表1

单位：万元

地区	商务会展用房屋	其他商业及服务用房屋(居民服务业用房)	办公用房屋	科研、教育和医疗用房屋	科学研究用房屋	教育用房屋
全国总计	**5452845**	**19295416**	**43650847**	**36014854**	**3918328**	**24264536**
北京	65603	709730	2578809	1846434	534157	912041
天津	83234	162985	439705	396143	82609	277419
河北	50358	431010	651643	784760	114200	488713
山西	60166	100361	322972	593613	8613	495893
内蒙古	1079	86711	185383	166740	6857	133978
辽宁	4529	158856	331916	228232	23220	115073
吉林	14252	399383	476515	254473	9770	149703
黑龙江	14292	94474	170508	121608	21985	81128
上海	838945	751200	2280900	796111	138708	403832
江苏	2401223	1066320	6805508	4977589	668742	3145695
浙江	694484	3625642	7846236	4378422	602900	2918619
安徽	10778	667487	993339	807146	47613	601885
福建	111175	903559	1768868	1113626	111534	836505
江西	56550	707207	1690909	1163636	133418	819422
山东	74816	1499115	1834403	2588740	191307	1916535
河南	60257	707160	1764233	1487001	116005	1101626
湖北	250455	1093462	2949340	2242273	407997	1063669
湖南	64868	953305	1920359	1788406	69942	1160542
广东	263899	718964	1479824	1312223	156230	864363
广西	39599	281466	1144752	1718487	117296	1245385
海南	11597	129451	54713	155942	23678	125553
重庆	46359	968118	1146760	762245	45986	614905
四川	57857	1276676	1164039	1615009	30401	1188880
贵州	9123	256024	794693	752443	16118	527170
云南	71017	403721	948636	1449176	42296	1242490
西藏	3232	29028	38884	36700	10	31325
陕西	33833	514267	650315	804477	131398	551925
甘肃	40117	173575	363076	489920	32085	338212
青海	176	31028	75508	94060	2488	69788
宁夏	6908	95991	114968	228601	1723	89261
新疆	12070	299141	663135	860620	29046	753003

4-6 续表2

单位：万元

地　　区	医疗用房屋（卫生医疗用房）	文化、体育和娱乐用房屋	厂房及建筑物	#厂房	仓　库	其他未列明的房屋建筑物
全国总计	**7831990**	**9155910**	**69025245**	**44693966**	**4709128**	**17821870**
北　京	400236	715981	1408720	1255959	79761	668727
天　津	36115	492870	454445	260618	14296	513085
河　北	181847	213919	1290395	1009147	87440	1014739
山　西	89107	58355	447277	324053	19485	210962
内蒙古	25905	35470	125597	76261	6018	134740
辽　宁	89939	40393	1014238	453905	58839	320962
吉　林	95001	99589	606487	309706	100993	312571
黑龙江	18495	31694	453402	227481	73424	73755
上　海	253571	676133	1919608	1302315	210682	541180
江　苏	1163152	1585928	15537999	10990466	1308861	1513092
浙　江	856903	1369996	16336499	11433897	897887	2087994
安　徽	157648	136480	2277758	1328171	120281	318653
福　建	165587	158324	3721774	1598715	241961	89097
江　西	210797	289892	2349088	1473262	174772	353790
山　东	480898	415531	2686184	1626225	232107	538718
河　南	269370	249448	1646430	738725	199529	591522
湖　北	770607	481083	4485225	2569294	119381	1565482
湖　南	557923	237117	2666783	1992619	128413	814594
广　东	291630	250598	2816164	1562789	95325	1000737
广　西	355805	264360	703069	370047	95700	699429
海　南	6711	10453	22823	7333	3672	54094
重　庆	101354	103565	1478764	839724	108236	813210
四　川	395729	343950	1961750	1168749	93019	977077
贵　州	209155	174958	316564	247270	27000	732817
云　南	164391	203557	632936	417499	63357	540492
西　藏	5365	1999	15767	2265	4807	31557
陕　西	121154	305710	698205	512291	52869	490372
甘　肃	119623	120325	325789	175800	35042	231824
青　海	21784	6229	14100	9231	4296	49130
宁　夏	137618	23115	70293	48238	18623	50638
新　疆	78572	58892	541113	361913	33051	486832

4-7 各地区总承包建筑业企业主要生产效益指标

地 区	建筑业企业个数(个)	从事建筑业活动的平均人数(人)	按总产值计算的劳动生产率(元/人)	人均竣工产值(元/人)	人均施工面积(平方米/人)	人均竣工面积(平方米/人)
全国总计	**56912**	**54814848**	**354431**	**192816**	**237.0**	**74.9**
北 京	947	1431653	589412	244870	455.4	68.5
天 津	541	718430	516545	209305	200.8	40.7
河 北	1786	1407541	378636	188667	243.9	69.0
山 西	1345	920370	352972	135476	170.7	37.8
内蒙古	735	341368	309306	143190	159.2	59.1
辽 宁	2465	876683	352714	159231	185.9	59.3
吉 林	1418	543437	362588	207403	162.2	66.7
黑龙江	1132	544082	262039	130590	86.6	38.8
上 海	1254	981634	551130	301860	416.3	79.9
江 苏	5198	7956335	317634	245270	290.7	94.4
浙 江	4362	7343558	344456	204847	275.1	87.8
安 徽	2207	1571593	394737	179129	278.5	93.3
福 建	2894	3529518	261209	140501	183.7	47.0
江 西	1998	1974390	293610	164316	152.2	74.9
山 东	4519	3075630	336731	162928	245.9	73.1
河 南	3301	2477160	363003	175560	217.1	79.1
湖 北	2513	2313276	544003	277678	338.4	130.7
湖 南	1788	2472872	318997	185646	219.1	79.3
广 东	2807	2004560	446733	244466	294.8	82.0
广 西	976	1351933	301760	159867	186.6	62.1
海 南	111	73678	404068	264400	279.6	76.3
重 庆	1729	2162603	328636	164147	144.5	60.6
四 川	3429	3500971	302993	150561	163.2	60.2
贵 州	853	758854	372422	152969	236.3	61.8
云 南	1854	1363145	318481	155204	124.6	51.9
西 藏	215	45426	318459	172232	77.2	33.5
陕 西	1900	1415653	404064	149309	187.7	48.0
甘 肃	1008	587200	294475	139815	165.1	50.7
青 海	261	123699	301924	187667	67.6	26.9
宁 夏	522	211203	243790	150809	120.6	37.4
新 疆	844	736393	311402	166584	134.7	51.4

4-8 各地区总承包建筑业企业资产构成

单位：万元

地区	资产合计	#流动资产合计	#存货	#非流动资产合计	#固定资产合计
全国总计	**1820596903**	**1435227346**	**296739250**	**385369557**	**124596014**
北京	212307620	141374263	20154291	70933357	3479639
天津	53544104	43276902	7093995	10267202	2555343
河北	56274176	46835955	12491683	9438221	4704737
山西	49321128	40794783	5420866	8526345	2471389
内蒙古	19704264	15708857	2207150	3995407	1788623
辽宁	47308410	39740416	6481352	7567994	3343761
吉林	21200802	17501552	2363889	3699251	1851731
黑龙江	17816996	14771099	2196472	3045897	1570012
上海	86931711	72651118	15954944	14280593	3508672
江苏	161220710	134535927	33710679	26684783	13323188
浙江	111571474	92290066	26382712	19281408	8565834
安徽	55253413	43711040	7789994	11542373	4135317
福建	48120855	39594513	8565556	8526342	4460121
江西	38329047	29860939	7620657	8468108	3371910
山东	115995890	96363572	20915451	19632318	10018347
河南	69465858	55267363	11664281	14198494	7819119
湖北	106300001	83794373	24072062	22505628	9314874
湖南	49665150	37153748	7872543	12511402	4569162
广东	112680172	91164963	15896820	21515209	6944116
广西	21196167	17108309	3664101	4087857	1894101
海南	2419011	2057293	168987	361718	78129
重庆	51326676	40831673	10180794	10495003	4408204
四川	101342866	69415831	15564476	31927035	5768214
贵州	41206669	34148465	7446303	7058203	1448632
云南	50662767	38081363	4571648	12581405	3292365
西藏	2703650	1911815	221610	791835	292720
陕西	57415396	47240851	8642017	10174546	4004668
甘肃	20779951	15930908	3216663	4849043	2352459
青海	5795686	4537258	850483	1258428	924402
宁夏	7576096	6677500	927907	898596	461674
新疆	25160187	20894630	2428866	4265557	1874551

4-9 各地区总承包建筑业企业固定资产情况

单位：万元

地区	固定资产合计	固定资产原价	固定资产折旧	#本年折旧	在建工程
全国总计	**124596014**	**172441238**	**76087096**	**10266314**	**15290473**
北京	3479639	6906310	3673767	550616	545290
天津	2555343	4709988	2334681	278573	102428
河北	4704737	7291249	3438513	372675	387071
山西	2471389	4201945	2125485	282278	283435
内蒙古	1788623	2358820	967593	122303	303560
辽宁	3343761	5522233	2896153	326504	286205
吉林	1851731	2444917	1016351	132862	217342
黑龙江	1570012	2545891	1183956	111804	70476
上海	3508672	6497225	3420175	358017	280960
江苏	13323188	17671349	7492281	964898	1410856
浙江	8565834	13140766	5548059	715520	446053
安徽	4135317	5533252	2283942	327298	440070
福建	4460121	5664433	2184020	327581	177485
江西	3371910	3999989	1438990	227235	439868
山东	10018347	13379480	5856960	779229	809415
河南	7819119	9954548	4138910	630769	826644
湖北	9314874	12085323	5312300	858783	1916755
湖南	4569162	5810113	2384514	338542	726572
广东	6944116	9364417	4244607	507279	1429184
广西	1894101	2309427	951076	146677	351706
海南	78129	108455	57105	15832	14857
重庆	4408204	4788977	1898739	308057	892167
四川	5768214	7222413	3067793	374849	1078690
贵州	1448632	1418585	576019	100234	360828
云南	3292365	4484488	1894665	215013	371639
西藏	292720	308219	83648	12363	25500
陕西	4004668	6109579	2936542	536358	409074
甘肃	2352459	2699640	883716	104092	230810
青海	924402	908234	448099	58158	41077
宁夏	461674	731980	315690	40969	30413
新疆	1874551	2268994	1032748	140949	384044

4-10 各地区总承包建筑业企业负债及所有者权益

单位：万元

地区	负债合计	#流动负债	#应付账款	所有者权益	#实收资本
全国总计	**1233007525**	**1102651605**	**429798950**	**587371080**	**315706425**
北京	146554433	127586415	49086723	65753187	25533930
天津	42874110	39358599	17784648	10669994	6700560
河北	39853305	36876293	16161148	16420871	9107281
山西	39305636	36329688	15856833	10008944	7162259
内蒙古	13208769	12246105	3830429	6495495	3528116
辽宁	33815953	30514671	10616072	13412478	7532527
吉林	13931031	12328325	4529533	7269771	4065273
黑龙江	12611439	11737662	4622586	5205557	4164435
上海	68795076	65838534	28010048	18135314	10973007
江苏	93262345	86564312	31744809	67863326	26670773
浙江	65947773	61748644	21490069	45623701	22710090
安徽	37936742	32963227	11303908	17298072	9260187
福建	26516381	24021426	7419788	21604474	12846886
江西	21893728	19002599	6835454	16435420	9485158
山东	82680306	76143204	28511970	33315584	17437303
河南	44730469	40529032	15450443	24736653	16945173
湖北	74152677	63359553	31977915	32112241	13912843
湖南	30634819	25811312	11187156	19023141	10339637
广东	81022608	69348122	23657142	31642480	17763001
广西	13691332	11522781	3504428	7504835	4267903
海南	1559252	1465178	595241	859760	493162
重庆	36037076	30914096	11833845	15289600	7596315
四川	59967909	52461690	18872380	41376734	33317596
贵州	30652108	24807046	9372463	10554561	4351073
云南	34481515	30005903	11929874	16182361	8859998
西藏	1551136	1208041	436328	1194926	562181
陕西	41768539	38223183	17598185	15646858	10513808
甘肃	14623728	13514588	4833741	6156223	3696878
青海	4011963	3685710	1657144	1783723	1162051
宁夏	5228614	4940061	2008798	2347482	1440042
新疆	19706755	17595603	7079852	5447316	3306979

4-11 各地区总承包建筑业企业实收资本

单位：万元

地区	合计	国家资本	集体资本	法人资本	个人资本	港澳台资本	外商资本
全国总计	**315706425**	**81768895**	**10523911**	**96569797**	**125956125**	**579224**	**308474**
北京	25533930	9071848	323765	12877014	3174122	42016	45164
天津	6700560	2704899	173501	2614443	1207717		
河北	9107281	2349494	438494	2657394	3651900	10000	
山西	7162259	2913872	190048	1951233	2106997	105	5
内蒙古	3528116	505983	118813	861818	2040897		605
辽宁	7532527	1593580	372876	2464215	3094765	2050	5041
吉林	4065273	399490	116975	1483196	2054458	11154	
黑龙江	4164435	866434	227420	1363688	1706278	601	15
上海	10973007	2196532	368503	5711785	2506592	106259	83336
江苏	26670773	2202810	716587	7400618	16248301	29748	72710
浙江	22710090	892098	417568	6251317	15066431	82154	522
安徽	9260187	1782041	350063	2691387	4427045	9617	34
福建	12846886	1278777	227734	2991685	8315274	25967	7450
江西	9485158	1102265	307404	3178084	4866145	10400	20860
山东	17437303	3149615	1317599	5979682	6964141	23805	2463
河南	16945173	2654953	629692	3783760	9868576	5432	2761
湖北	13912843	4301528	491139	2836179	6239519	6723	37756
湖南	10339637	2897195	485389	3337065	3614290	5698	
广东	17763001	3720998	879072	7177177	5968415	8663	8676
广西	4267903	1237163	254699	1109156	1661883	3772	1230
海南	493162	163560	16168	166545	146806	84	
重庆	7596315	1638136	169135	2018808	3584504	185728	5
四川	33317596	21079969	434651	5220518	6580183	1710	566
贵州	4351073	2467259	142774	963027	778012		
云南	8859998	4279440	267452	1773134	2537653	800	1520
西藏	562181	105628	49548	142471	253447	6052	5036
陕西	10513808	2116168	608146	4149873	3638428	686	506
甘肃	3696878	680734	222508	1572632	1221004		
青海	1162051	210539	51353	511839	388321		
宁夏	1440042	151116	44954	467321	764650		12000
新疆	3306979	1054771	109885	862736	1279375		213

4-12 各地区总承包建筑业企业收入情况

单位：万元

地区	主营业务收入	#主营业务成本	#主营业务税金及附加	其他业务收入	#其他业务利润
全国总计	**1723638303**	**1560313332**	**21919227**	**20128607**	**1392549**
北京	105682133	98976376	320701	494796	111258
天津	31802409	29233341	123928	298899	24216
河北	47667080	43717925	547883	525766	50320
山西	33105010	30295566	189108	292318	38488
内蒙古	11088150	9525949	154257	167527	7757
辽宁	28625411	24972471	288836	525473	39008
吉林	16531002	14449508	248746	255160	18394
黑龙江	12877841	11699339	169893	211045	1062
上海	70083157	65510906	232174	480507	77528
江苏	202251717	182199846	3473071	962341	125396
浙江	184109758	172283892	1503395	817754	111220
安徽	52831728	47026511	672873	515590	25333
福建	78737332	71526486	1489364	314498	34193
江西	48766356	43730331	1007658	1115670	22444
山东	96489145	86268064	1108502	1081072	64088
河南	81226455	70440432	1783544	1327035	129091
湖北	115889168	103753892	1614788	812696	46345
湖南	70999869	64470479	1378171	532052	34454
广东	95540790	84973079	1012150	686722	100222
广西	30035785	27551583	390460	1918113	24640
海南	2898708	2683769	33659	9027	723
重庆	57263922	49502663	1049378	563172	55676
四川	76634879	67799846	1238547	3120528	93866
贵州	27646124	25578319	234278	787731	14011
云南	35712357	31856909	546341	725763	31893
西藏	1990958	1676052	22548	42859	346
陕西	57146142	52639724	563045	742237	31655
甘肃	17519038	16026553	228024	332224	25610
青海	4560790	4051472	27630	143650	4621
宁夏	5807053	5319485	43136	102525	22662
新疆	22118036	20572568	223144	223859	26030

4-13 各地区总承包建筑业企业费用情况

单位：万元

地　区	管理费用	销售费用	财务费用	#利息收入	#利息支出
全国总计	**51452844**	**5067403**	**11719014**	**3472833**	**11184095**
北　京	3585785	110055	608808	1221277	1704689
天　津	1298810	56465	395609	127583	420191
河　北	1431244	117608	320961	69539	166855
山　西	1496886	40475	235120	102282	277526
内蒙古	412882	14350	127823	3310	91027
辽　宁	1208988	52394	308183	35011	251487
吉　林	533066	30484	137766	10485	82231
黑龙江	443818	30868	61968	18144	46479
上　海	2798795	109000	267881	217350	338175
江　苏	5369654	678406	1387896	149730	1001980
浙　江	3502353	383908	970592	111028	789588
安　徽	1599196	146360	482089	73380	378838
福　建	2083200	192065	278734	73513	308549
江　西	1227646	189668	257343	19882	163631
山　东	2863772	270862	731977	138473	562794
河　南	2625572	358637	668860	103042	624182
湖　北	3863415	577645	776819	163428	602099
湖　南	2126830	281227	307371	154990	295326
广　东	3008954	191656	712566	88871	598062
广　西	844555	63346	217114	10775	171427
海　南	53865	5416	4826	669	4021
重　庆	1552041	216904	452033	63519	444445
四　川	2674624	504859	676013	242892	613558
贵　州	590704	24188	229642	12851	207873
云　南	1093272	166117	430572	53139	402286
西　藏	77326	10908	8069	2889	7741
陕　西	1670417	152749	279434	122303	277168
甘　肃	485887	54748	151261	14308	128542
青　海	215227	5143	34165	16392	13245
宁　夏	171999	14683	39944	2130	26954
新　疆	542062	16209	157578	49648	183126

4-14 各地区总承包建筑业企业利润及税金情况

单位：万元

地区	利润总额	#应交所得税	税金总额	主营业务税金及附加	应交增值税
全国总计	**66104454**	**14321970**	**57530466**	**21919227**	**35611239**
北京	7096743	580587	1615299	320701	1294598
天津	534242	144731	587289	123928	463361
河北	1455842	388667	1386089	547883	838206
山西	838312	120202	823304	189108	634196
内蒙古	480898	123621	401165	154257	246908
辽宁	799814	271564	817170	288836	528334
吉林	745802	231914	624075	248746	375329
黑龙江	338189	118743	442537	169893	272644
上海	1774884	313331	1350930	232174	1118756
江苏	9164010	2075107	8317926	3473071	4844856
浙江	5499887	1360970	6124802	1503395	4621407
安徽	1805359	407142	1789958	672873	1117084
福建	3053837	940406	3254608	1489364	1765244
江西	1843536	429167	1704685	1007658	697027
山东	4164313	916627	3052823	1108502	1944321
河南	3934764	785905	3496810	1783544	1713266
湖北	4781065	1195041	3712737	1614788	2097949
湖南	2244505	437812	2833040	1378171	1454869
广东	3383829	772219	3085907	1012150	2073757
广西	724021	236335	990993	390460	600533
海南	111878	65935	120205	33659	86546
重庆	3144654	594931	2371951	1049378	1322573
四川	2572373	613459	2966921	1238547	1728374
贵州	965958	186233	830693	234278	596415
云南	1492779	341679	1473084	546341	926743
西藏	198417	14424	54893	22548	32346
陕西	1549332	282421	1573590	563045	1010545
甘肃	549649	108893	633445	228024	405422
青海	103713	19244	134168	27630	106538
宁夏	194697	68731	182710	43136	139575
新疆	557154	175932	776661	223144	553518

4-15 各地区总承包建筑业企业应收工程款及企业亏损情况

地区	应收工程款（万元）	企业个数（个）	#亏损企业个数	亏损企业的比重（%）
全国总计	**411785561**	**56912**	**7702**	**13.5**
北京	26873029	947	214	22.6
天津	12774072	541	107	19.8
河北	14171711	1786	263	14.7
山西	15590369	1345	284	21.1
内蒙古	5695498	735	144	19.6
辽宁	12314867	2465	606	24.6
吉林	7163214	1418	208	14.7
黑龙江	5179012	1132	238	21.0
上海	16581383	1254	197	15.7
江苏	45541002	5198	272	5.2
浙江	22891110	4362	536	12.3
安徽	13547211	2207	255	11.6
福建	8633966	2894	287	9.9
江西	8228916	1998	188	9.4
山东	31212374	4519	640	14.2
河南	15320028	3301	314	9.5
湖北	23202986	2513	249	9.9
湖南	11072781	1788	175	9.8
广东	22666668	2807	466	16.6
广西	4085678	976	154	15.8
海南	664138	111	14	12.6
重庆	13008153	1729	169	9.8
四川	18564290	3429	406	11.8
贵州	8720498	853	167	19.6
云南	14954289	1854	247	13.3
西藏	644893	215	24	11.2
陕西	14667119	1900	300	15.8
甘肃	5664488	1008	162	16.1
青海	1203297	261	72	27.6
宁夏	2974713	522	140	26.8
新疆	7973808	844	204	24.2

4-16 各地区总承包建筑业企业主要经济效益指标

地　区	产值利润率(%)	产值利税率(%)	资本利润率(%)	资本利税率(%)	人均利润(元/人)	人均利税(元/人)	资产负债率(%)
全国总计	**3.4**	**6.4**	**20.9**	**39.2**	**12060**	**22555**	**67.7**
北　京	8.4	10.3	27.8	34.1	49570	60853	69.0
天　津	1.4	3.0	8.0	16.7	7436	15611	80.1
河　北	2.7	5.3	16.0	31.2	10343	20191	70.8
山　西	2.6	5.1	11.7	23.2	9108	18054	79.7
内蒙古	4.6	8.4	13.6	25.0	14087	25839	67.0
辽　宁	2.6	5.2	10.6	21.5	9123	18444	71.5
吉　林	3.8	7.0	18.3	33.7	13724	25208	65.7
黑龙江	2.4	5.5	8.1	18.7	6216	14349	70.8
上　海	3.3	5.8	16.2	28.5	18081	31843	79.1
江　苏	3.6	6.9	34.4	65.5	11518	21972	57.8
浙　江	2.2	4.6	24.2	51.2	7489	15830	59.1
安　徽	2.9	5.8	19.5	38.8	11487	22877	68.7
福　建	3.3	6.8	23.8	49.1	8652	17873	55.1
江　西	3.2	6.1	19.4	37.4	9337	17971	57.1
山　东	4.0	7.0	23.9	41.4	13540	23466	71.3
河　南	4.4	8.3	23.2	43.9	15884	30000	64.4
湖　北	3.8	6.7	34.4	61.1	20668	36718	69.8
湖　南	2.8	6.4	21.7	49.1	9077	20533	61.7
广　东	3.8	7.2	19.0	36.4	16881	32275	71.9
广　西	1.8	4.2	17.0	40.2	5355	12686	64.6
海　南	3.8	7.8	22.7	47.1	15185	31500	64.5
重　庆	4.4	7.8	41.4	72.6	14541	25509	70.2
四　川	2.4	5.2	7.7	16.6	7348	15822	59.2
贵　州	3.4	6.4	22.2	41.3	12729	23676	74.4
云　南	3.4	6.8	16.8	33.5	10951	21757	68.1
西　藏	13.7	17.5	35.3	45.1	43679	55763	57.4
陕　西	2.7	5.5	14.7	29.7	10944	22060	72.7
甘　肃	3.2	6.8	14.9	32.0	9361	20148	70.4
青　海	2.8	6.4	8.9	20.5	8384	19231	69.2
宁　夏	3.8	7.3	13.5	26.2	9218	17869	69.0
新　疆	2.4	5.8	16.8	40.3	7566	18113	78.3

4-17 各地区按资质等级划分的总承包建筑业企业单位数

单位：个

地 区	合计	特级	一级	二级	三级及以下
全国总计	**56912**	**478**	**6235**	**19308**	**30891**
北 京	947	39	265	258	385
天 津	541	10	128	167	236
河 北	1786	11	212	739	824
山 西	1345	8	105	364	868
内蒙古	735	1	82	244	408
辽 宁	2465	24	212	653	1576
吉 林	1418	8	78	366	966
黑龙江	1132	3	115	486	528
上 海	1254	17	164	462	611
江 苏	5198	64	627	1806	2701
浙 江	4362	52	746	1194	2370
安 徽	2207	21	197	754	1235
福 建	2894	5	254	609	2026
江 西	1998	19	202	680	1097
山 东	4519	27	398	1731	2363
河 南	3301	19	360	1173	1749
湖 北	2513	21	309	930	1253
湖 南	1788	13	217	564	994
广 东	2807	21	354	693	1739
广 西	976	6	84	267	619
海 南	111	1	18	49	43
重 庆	1729	4	212	618	895
四 川	3429	36	346	1465	1582
贵 州	853	10	41	305	497
云 南	1854	4	92	564	1194
西 藏	215	14	3	94	104
陕 西	1900	10	251	1078	561
甘 肃	1008	5	62	330	611
青 海	261	1	15	122	123
宁 夏	522	1	18	228	275
新 疆	844	3	68	315	458

4-18 各地区按资质等级划分的总承包建筑业企业从业人员

单位：人

地区	合计	特级	一级	二级	三级及以下
全国总计	**49554348**	**8129094**	**18870273**	**13263184**	**9291797**
北京	437260	94644	260684	34203	47729
天津	382038	94291	190154	69314	28279
河北	1297429	202378	443653	468965	182433
山西	683134	94789	319469	144450	124426
内蒙古	260043	3804	99843	84521	71875
辽宁	729741	22863	240103	235939	230836
吉林	405104	9827	88946	135970	170361
黑龙江	318560	38507	105224	96758	78071
上海	749211	182162	300553	184763	81733
江苏	7014040	2045624	2263477	1642786	1062153
浙江	7437048	1771163	3726403	1263034	676448
安徽	1532185	228742	512416	462251	328776
福建	3521247	192529	1725453	822708	780557
江西	1522865	133723	596360	465595	327187
山东	2885555	512359	1026457	821267	525472
河南	2419333	363187	703179	737366	615601
湖北	2621526	880565	756421	633701	350839
湖南	2282915	372517	826735	615888	467775
广东	2039390	208678	976699	419518	434495
广西	1222882	161398	594095	251024	216365
海南	67311	5435	30608	19440	11828
重庆	2023721	25918	732359	661987	603457
四川	3095779	120974	905665	1302179	766961
贵州	736474	146726	213611	151296	224841
云南	1410697	31847	307135	654044	417671
西藏	35102	2703	539	21301	10559
陕西	1284160	120066	552267	438140	173687
甘肃	534164	35319	192419	170922	135504
青海	99240	22752	9732	48033	18723
宁夏	114589	545	30959	48591	34494
新疆	391605	3059	138655	157230	92661

4-19 各地区按资质等级划分的总承包企业建筑业总产值

单位：万元

地区	合计	特级	一级	二级	三级及以下
全国总计	**1942807381**	**451041685**	**845609495**	**390446835**	**255709367**
北京	84383366	38190140	41330441	2524408	2338377
天津	37110163	14876265	15949118	3999854	2284926
河北	53294618	10792495	25690496	11817948	4993679
山西	32486451	5868700	18766699	4421572	3429480
内蒙古	10558703	523029	4796582	2736977	2502115
辽宁	30921803	2532462	13450370	8071493	6867478
吉林	19704365	1174933	6339525	6416146	5773761
黑龙江	14257071	1406538	6420550	3742147	2687837
上海	54100825	22545303	21029312	7463592	3062617
江苏	252720438	95221602	80776770	47508291	29213776
浙江	252953338	67272502	130886742	35435627	19358467
安徽	62036554	15445619	24461219	13232447	8897269
福建	92194235	5225573	46838797	21328796	18801068
江西	57970148	5205153	29040302	14383392	9341300
山东	103565882	23430772	45638000	22106555	12390555
河南	89921705	21536690	32469190	19902717	16013109
湖北	125842846	43179469	49980357	22479927	10203093
湖南	78883882	17274388	33182551	16125882	12301061
广东	89550361	10710037	50483961	14727637	13628726
广西	40795924	6372669	21662520	7202441	5558295
海南	2977089	139204	1454072	1010105	373709
重庆	71070916	3467495	29291808	20876869	17434744
四川	106077030	14368590	35857147	36579631	19271663
贵州	28261387	9285991	10215672	5051081	3708643
云南	43413525	3528332	16513175	11724794	11647225
西藏	1446631	85017	226727	883772	251115
陕西	57201393	7850906	32098282	12813101	4439104
甘肃	17291589	1801246	8690476	3825990	2973877
青海	3734775	1356207	691357	1227093	460118
宁夏	5148918	72199	1759555	2252376	1064788
新疆	22931449	302160	9617722	8574173	4437395

4-20 各地区按资质等级划分的总承包建筑业企业签订合同额

单位：万元

地　区	合计	特级	一级	二级	三级及以下
全国总计	**4104891120**	**1275728148**	**1860914455**	**602312060**	**365936456**
北　京	299668314	173670182	118336178	4588057	3073897
天　津	113095886	56658514	46278513	7704169	2454691
河　北	111200300	25110470	62588233	17179996	6321601
山　西	81073545	22049035	48028523	6330501	4665485
内蒙古	21509498	3738166	8564720	5027180	4179433
辽　宁	68705558	6904450	32170572	15392296	14238241
吉　林	33408963	2066123	12508151	9767569	9067121
黑龙江	24289692	3703629	12121369	5377319	3087375
上　海	190060587	114374959	53525579	14754600	7405449
江　苏	413187121	169300231	141655429	64906879	37324582
浙　江	425978942	126586055	215931895	54755328	28705665
安　徽	120646701	39240600	50317828	19028210	12060064
福　建	173173670	24419760	85418761	33160989	30174160
江　西	111751781	13317013	63945730	20649567	13839470
山　东	190805211	50539741	91791533	31397029	17076908
河　南	168110462	55696666	67772392	26904456	17736948
湖　北	288481380	128978429	116018537	30273677	13210738
湖　南	175625647	60003289	74092856	25726242	15803260
广　东	265813601	51994934	160308295	28753389	24756983
广　西	80024855	11225225	44388261	12557917	11853451
海　南	7374213	651047	3739578	2384263	599325
重　庆	114786759	9768244	55893647	28850883	20273985
四　川	222376480	49623912	89369891	57012320	26370358
贵　州	76982842	26460738	31302266	12645589	6574249
云　南	96351002	11802940	49706343	18998550	15843169
西　藏	2350596	128749	272946	1571993	376909
陕　西	132990866	28552938	76631633	22190238	5616057
甘　肃	33618826	3365528	19440895	6310132	4502271
青　海	9104834	4181417	1838574	2395117	689726
宁　夏	8928233	187904	3419480	3677538	1643312
新　疆	43414756	1427261	23535851	12040071	6411572

4-21 各地区按资质等级划分的总承包建筑业企业竣工产值

单位：万元

地 区	合计	特级	一级	二级	三级及以下
全国总计	**1056919283**	**223020485**	**428794543**	**241619058**	**163485197**
北 京	35056896	15037208	17300235	1264835	1454618
天 津	15037116	3995257	7799298	1858622	1383938
河 北	26555611	3475027	13028445	7020978	3031161
山 西	12468849	1090422	6779578	2481394	2117454
内蒙古	4888060	84764	1866901	1633158	1303237
辽 宁	13959529	659395	4932279	4184628	4183227
吉 林	11271054	455810	2985881	3595903	4233460
黑龙江	7105145	744267	2025565	2588260	1747053
上 海	29631578	13156115	10078962	4328387	2068114
江 苏	195145314	68731234	64547527	38738653	23127900
浙 江	150430786	38516514	76570393	22929421	12414458
安 徽	28151735	4253510	10726348	7789007	5382871
福 建	49590242	2616823	26002494	11002542	9968384
江 西	32442429	3135617	13645861	9257151	6403800
山 东	50110596	10545901	19530879	12839308	7194508
河 南	43489113	4648311	14675929	13811489	10353385
湖 北	64234691	22089192	20764966	14290473	7090060
湖 南	45907879	10378729	16159735	10682144	8687271
广 东	49004671	3920476	29853520	7669413	7561261
广 西	21612895	3202372	10970811	4231307	3208405
海 南	1948048	99548	934562	645229	268710
重 庆	35498486	1081549	12470627	10441631	11504679
四 川	52710942	3058222	16744719	21406312	11501690
贵 州	11608128	3645478	3238400	2696264	2027986
云 南	21156505	381845	5922809	7400724	7451126
西 藏	782379	56679	490	513146	212065
陕 西	21136953	2168512	10793425	6282436	1892580
甘 肃	8209961	407759	3640478	2450860	1710864
青 海	2321428	1090796	177509	708779	344343
宁 夏	3185125	79306	906997	1551384	647438
新 疆	12267141	213847	3718921	5325219	3009155

4-22 各地区按资质等级划分的总承包建筑业企业房屋施工面积

单位：万平方米

地　区	合计	特级	一级	二级	三级及以下
全国总计	**1299234.9**	**404952.2**	**532637.0**	**226292.1**	**135353.6**
北　京	65192.5	33963.6	30282.7	604.8	341.4
天　津	14422.7	5930.0	6920.8	1336.3	235.6
河　北	34336.4	8257.8	14452.6	8711.8	2914.2
山　西	15715.3	3123.2	9226.5	2159.6	1206.0
内蒙古	5435.3	591.8	2051.2	1513.0	1279.3
辽　宁	16295.0	1263.9	4979.6	4772.7	5278.8
吉　林	8815.0	858.2	2799.7	2210.4	2946.7
黑龙江	4711.4	595.5	1889.5	1203.9	1022.5
上　海	40867.1	23830.8	13294.9	3194.6	546.8
江　苏	231258.6	101739.9	71004.4	37141.8	21372.5
浙　江	202043.5	74527.7	95617.7	21512.5	10385.6
安　徽	43768.2	14682.4	14916.9	8708.2	5460.8
福　建	64846.4	6486.0	37853.3	12341.6	8165.5
江　西	30045.2	3975.2	12834.5	7700.5	5535.1
山　东	75643.1	20718.3	28535.5	16721.4	9668.0
河　南	53781.4	16414.0	18659.1	11356.5	7351.8
湖　北	78291.1	32465.7	26441.9	12652.9	6730.6
湖　南	54183.5	18003.7	16954.2	10931.9	8293.7
广　东	59088.3	9943.5	34023.1	9307.5	5814.2
广　西	25222.8	5051.4	13383.9	4368.0	2419.5
海　南	2060.2	152.0	1149.2	568.2	190.8
重　庆	31257.8	2602.7	14621.0	7890.8	6143.3
四　川	57124.7	7295.0	21411.0	18536.5	9882.2
贵　州	17932.9	6764.7	6197.2	2602.5	2368.5
云　南	16980.3	885.7	7503.5	4296.3	4294.8
西　藏	350.8	23.2	13.8	253.0	60.8
陕　西	26572.3	3559.7	14847.6	6607.7	1557.3
甘　肃	9692.4	712.7	5456.0	2148.7	1375.0
青　海	835.8	19.0	220.4	446.4	150.0
宁　夏	2547.6	106.7	626.1	1224.8	590.0
新　疆	9917.3	408.2	4469.2	3267.5	1772.4

4-23 各地区按资质等级划分的总承包建筑业企业房屋竣工面积

单位：万平方米

地区	合计	特级	一级	二级	三级及以下
全国总计	**410388.4**	**87667.8**	**155397.9**	**100152.1**	**67170.7**
北京	9805.1	4819.6	4733.8	139.6	112.1
天津	2927.5	491.0	1583.7	684.6	168.2
河北	9707.6	1235.7	3291.4	3681.3	1499.2
山西	3474.6	307.0	1826.1	757.3	584.2
内蒙古	2018.9	68.2	569.4	730.5	650.8
辽宁	5198.7	387.1	1396.1	1978.1	1437.4
吉林	3625.8	207.3	843.4	1075.4	1499.8
黑龙江	2109.7	31.4	595.5	689.4	793.4
上海	7845.8	3915.3	2911.8	834.8	183.9
江苏	75098.3	27197.3	23360.2	15437.5	9103.3
浙江	64452.6	18224.9	32978.5	8635.8	4613.4
安徽	14660.3	1966.5	5156.9	4602.9	2934.0
福建	16585.3	1331.7	8791.1	3790.0	2672.5
江西	14781.5	1457.9	5427.5	4482.3	3413.8
山东	22486.6	4655.9	7521.6	6461.6	3847.5
河南	19595.8	2569.1	6386.0	5968.4	4672.3
湖北	30231.5	8800.7	9948.7	7236.1	4246.0
湖南	19619.3	3474.1	5626.8	5335.0	5183.4
广东	16434.4	1300.8	8478.3	3802.5	2852.8
广西	8391.1	1018.7	3833.5	2099.9	1439.0
海南	562.3	13.6	169.0	278.2	101.4
重庆	13094.6	363.5	5075.3	3787.7	3868.1
四川	21079.8	1085.3	6166.8	8699.8	5127.9
贵州	4692.3	1612.2	1159.2	895.6	1025.3
云南	7078.9	153.4	1803.8	2598.8	2522.9
西藏	152.2	2.7	0.2	106.7	42.6
陕西	6793.8	712.0	2972.6	2332.8	776.4
甘肃	2979.0	148.7	1306.8	883.0	640.5
青海	332.6		61.4	185.9	85.3
宁夏	789.2	32.0	184.4	410.7	162.1
新疆	3783.7	84.1	1238.1	1550.0	911.5

4-24 各地区按资质等级划分的总承包建筑业企业实收资本

单位：万元

地 区	合计	特级	一级	二级	三级及以下
全国总计	**315706425**	**52077028**	**106542031**	**81610006**	**75477359**
北 京	25533930	14567491	8810797	1251988	903653
天 津	6700560	2738100	2583413	896983	482064
河 北	9107281	1064428	4074619	2605205	1363029
山 西	7162259	2141687	2021237	1526526	1472809
内蒙古	3528116	68329	1309297	1138661	1011830
辽 宁	7532527	736767	2670402	1994764	2130594
吉 林	4065273	108947	1115543	1434925	1405858
黑龙江	4164435	384481	1544825	1465892	769237
上 海	10973007	3302190	4081874	2432934	1156009
江 苏	26670773	3283720	8403504	8830989	6152561
浙 江	22710090	2880346	9201023	5390600	5238122
安 徽	9260187	1689889	2454258	2852020	2264019
福 建	12846886	392268	4386643	3460860	4607116
江 西	9485158	350146	2978135	2944436	3212441
山 东	17437303	2069574	6545975	5276520	3545234
河 南	16945173	2066935	4483881	7440887	2953471
湖 北	13912843	2207404	5249208	3979907	2476324
湖 南	10339637	2531355	3321530	2508643	1978109
广 东	17763001	2688798	7752032	3885073	3437097
广 西	4267903	471835	1561940	1245229	988899
海 南	493162	30000	210457	182622	70084
重 庆	7596315	541650	2879773	2401071	1773821
四 川	33317596	2239225	6953985	4959906	19164480
贵 州	4351073	1139006	1254585	1074331	883151
云 南	8859998	315038	4341109	2057899	2145952
西 藏	562181	321	11398	388885	161577
陕 西	10513808	1481012	3753685	4148385	1130725
甘 肃	3696878	324322	978087	1254126	1140344
青 海	1162051	150000	207171	579109	225772
宁 夏	1440042	28218	267351	805157	339316
新 疆	3306979	83548	1134296	1195473	893662

4-25　各地区按资质等级划分的总承包建筑业企业资产

单位：万元

地　区	合计	特级	一级	二级	三级及以下
全国总计	**1820596903**	**537294502**	**728743650**	**325599489**	**228959261**
北　京	212307620	140128772	61534944	6183269	4460635
天　津	53544104	21623003	23008576	6216475	2696051
河　北	56274176	11529653	27794378	10705218	6244927
山　西	49321128	18658090	20633695	5449387	4579956
内蒙古	19704264	901869	8435186	5735659	4631550
辽　宁	47308410	5523040	20844424	10966923	9974024
吉　林	21200802	1226411	7322430	7041375	5610586
黑龙江	17816996	3488645	7665426	4628535	2034391
上　海	86931711	32011572	34001546	14957253	5961340
江　苏	161220710	45009973	54260235	37678644	24271859
浙　江	111571474	31745529	48669924	18659421	12496600
安　徽	55253413	18744846	19807304	10374967	6326297
福　建	48120855	4254485	22168839	11613697	10083834
江　西	38329047	3032498	18504812	9398682	7393055
山　东	115995890	26885191	47935340	27212609	13962750
河　南	69465858	19698100	26141540	14386402	9239815
湖　北	106300001	48538981	34597834	15674013	7489174
湖　南	49665150	15696720	19221277	8446252	6300901
广　东	112680172	20627856	61443891	15932313	14676113
广　西	21196167	3707686	9119314	4071096	4298071
海　南	2419011	138228	1217131	792292	271360
重　庆	51326676	4916954	25437828	11871549	9100345
四　川	101342866	22245024	32718911	18930656	27448274
贵　州	41206669	11799731	14935696	6860711	7610531
云　南	50662767	4472402	28454991	9369289	8366086
西　藏	2703650	52233	174527	2075929	400961
陕　西	57415396	15189826	26745365	12375223	3104983
甘　肃	20779951	2054585	10799193	4231861	3694312
青　海	5795686	2112815	877931	2066776	738165
宁　夏	7576096	152336	2001099	3898758	1523902
新　疆	25160187	1127451	12270066	7794256	3968414

4-26 各地区按资质等级划分的总承包建筑业企业所有者权益

单位：万元

地　区	合计	特级	一级	二级	三级及以下
全国总计	**587371080**	**140370638**	**194225157**	**137185788**	**115589497**
北　京	65753187	49049008	13590013	1792696	1321471
天　津	10669994	4094930	3564086	1910539	1100440
河　北	16420871	2739925	6778440	4704646	2197861
山　西	10008944	2855337	2840866	2207893	2104849
内蒙古	6495495	97399	2345620	2019421	2033055
辽　宁	13412478	1488402	4390679	3657194	3876203
吉　林	7269771	205545	2165085	2519358	2379782
黑龙江	5205557	384945	1790842	2010264	1019508
上　海	18135314	5399960	6763560	4041825	1929968
江　苏	67863326	16618892	20221872	18770495	12252067
浙　江	45623701	9770665	20749861	9050152	6053023
安　徽	17298072	3298119	5920185	4797464	3282305
福　建	21604474	873831	8186365	5948803	6595475
江　西	16435420	977984	5839053	5129791	4488592
山　东	33315584	5861530	11990525	9905411	5558119
河　南	24736653	4345681	7882273	7344132	5164568
湖　北	32112241	10348398	10247368	7639641	3876834
湖　南	19023141	4294079	6625627	4550071	3553364
广　东	31642480	4866702	14092518	6189009	6494251
广　西	7504835	1005787	2426112	1786918	2286018
海　南	859760	42131	357927	337527	122175
重　庆	15289600	955991	5632551	4843741	3857318
四　川	41376734	4090454	8235389	8031191	21019700
贵　州	10554561	1925367	3794326	1722101	3112767
云　南	16182361	1079747	6954781	3950040	4197793
西　藏	1194926	14465	33954	872512	273996
陕　西	15646858	2678429	5793423	5639053	1535952
甘　肃	6156223	341645	2104488	1979308	1730782
青　海	1783723	482358	275273	734006	292087
宁　夏	2347482	35674	500570	1284284	526954
新　疆	5447316	147261	2131527	1816306	1352222

4-27 各地区按资质等级划分的总承包建筑业企业负债

单位：万元

地区	合计	特级	一级	二级	三级及以下
全国总计	**1233007525**	**396926861**	**534400879**	**188348582**	**113331203**
北京	146554433	91079764	47944931	4390573	3139164
天津	42874110	17528072	19444490	4305936	1595612
河北	39853305	8789729	21015938	6000573	4047066
山西	39305636	15802753	17792830	3234947	2475106
内蒙古	13208769	804471	6089565	3716239	2598494
辽宁	33815953	4037794	16405814	7291699	6080647
吉林	13931031	1020865	5157345	4522017	3230804
黑龙江	12611439	3103700	5874584	2618271	1014883
上海	68795076	26611612	27237986	10915428	4030050
江苏	93262345	28391080	33981117	18888005	12002143
浙江	65947773	21974864	27920064	9609269	6443577
安徽	37936742	15446727	13874681	5581899	3033435
福建	26516381	3380654	13982474	5664894	3488359
江西	21893728	2054515	12665759	4268891	2904563
山东	82680306	21023662	35944815	17307198	8404631
河南	44730469	15352419	18259267	7042271	4076512
湖北	74152677	38190582	24350466	8000002	3611626
湖南	30634819	11402641	12595649	3893761	2742768
广东	81022608	15761154	47351373	9726039	8184042
广西	13691332	2701899	6693202	2284178	2012053
海南	1559252	96097	859204	454765	149185
重庆	36037076	3960964	19805277	7027809	5243027
四川	59967909	18154571	24483522	10899466	6430351
贵州	30652108	9874364	11141370	5138610	4497764
云南	34481515	3392654	21500210	5419249	4169402
西藏	1551136	37608	140574	1232678	140276
陕西	41768539	12511397	20951941	6736169	1569031
甘肃	14623728	1712941	8694704	2252554	1963530
青海	4011963	1630457	602658	1332770	446078
宁夏	5228614	116663	1500529	2614474	996948
新疆	19706755	980190	10138539	5977950	2610077

4-28 各地区按资质等级划分的总承包建筑业企业营业收入

单位：万元

地　区	合计	特级	一级	二级	三级及以下
全国总计	**1743766910**	**446250114**	**738695495**	**338632200**	**220189100**
北　京	106176929	58000000	41673380	3442520	3061029
天　津	32101308	12795944	14555757	3233131	1516476
河　北	48192846	9946090	22517183	10558311	5171263
山　西	33397328	7570904	18352762	4211039	3262622
内蒙古	11255677	562390	4971821	3101304	2620162
辽　宁	29150884	2476363	12877385	7463392	6333744
吉　林	16786162	783925	5606223	5727094	4668920
黑龙江	13088886	1794670	5512135	3412136	2369946
上　海	70563664	30784336	25810578	9461258	4507492
江　苏	203214058	74217942	65234107	38974632	24787377
浙　江	184927512	47883328	93531529	27590847	15921808
安　徽	53347319	14026900	20834517	11005845	7480056
福　建	79051830	4739241	39678781	18629119	16004689
江　西	49882026	4385775	24794000	12605115	8097136
山　东	97570217	23839470	42052112	20598209	11080426
河　南	82553490	20514256	29997672	18425997	13615565
湖　北	116701864	45850210	43733709	18892451	8225494
湖　南	71531921	17685758	29468638	13882685	10494839
广　东	96227512	14581258	53245490	15375424	13025341
广　西	31953899	5551081	16588641	5416897	4397280
海　南	2907735	119663	1429083	941838	417151
重　庆	57827094	3570324	22934615	16978560	14343596
四　川	79755407	12940459	29171980	24670440	12972527
贵　州	28433855	10250386	9578577	5032208	3572685
云　南	36438120	3554043	15079939	9132469	8671669
西　藏	2033816	81316	253054	1341616	357830
陕　西	57888379	13807906	28720833	11681687	3677953
甘　肃	17851263	1719782	9006213	4033166	3092102
青　海	4704440	1716619	739561	1666543	581718
宁　夏	5909577	74213	1791290	2867328	1176746
新　疆	22341895	425565	8953929	8278941	4683461

4-29 各地区按资质等级划分的总承包建筑业企业利税总额

单位：万元

地 区	合计	特级	一级	二级	三级及以下
全国总计	**123634920**	**28547954**	**42617038**	**30076838**	**22393090**
北 京	8712041	6544139	1758247	274119	135537
天 津	1121531	374909	524825	116994	104804
河 北	2841930	503860	1060238	859166	418667
山 西	1661616	483146	685573	280003	212894
内蒙古	882063	11024	331320	241406	298313
辽 宁	1616984	151350	482356	546802	436477
吉 林	1369877	32966	340079	513993	482840
黑龙江	780726	28976	224709	265676	261366
上 海	3125814	1179802	1066130	564327	315555
江 苏	17481937	5588279	5286688	3914027	2692943
浙 江	11624688	2840654	5607270	1959789	1216975
安 徽	3595316	696368	1255156	943206	700587
福 建	6308445	261787	2647441	1716782	1682435
江 西	3548221	266332	1294813	1164709	822368
山 东	7217135	1742613	2502213	1867363	1104945
河 南	7431575	1054473	1819875	2371641	2185586
湖 北	8493802	2624864	3051571	1900729	916638
湖 南	5077544	882608	1830131	1251245	1113560
广 东	6469736	834241	2968996	1359554	1306945
广 西	1715014	225327	776503	364012	349172
海 南	232083	10616	99755	80769	40943
重 庆	5516606	223731	1564567	1789791	1938517
四 川	5539294	604624	1566751	2044229	1323691
贵 州	1796651	539092	431829	480021	345709
云 南	2965862	244195	1059267	841449	820951
西 藏	253310	5687	16254	190409	40961
陕 西	3122923	387804	1391361	979137	364621
甘 肃	1183095	77379	399141	376593	329981
青 海	237881	102275	25046	81288	29271
宁 夏	377407	3738	83185	205989	84496
新 疆	1333815	21098	465750	531623	315344

4-30 各地区按资质等级划分的总承包建筑业企业利润总额

单位：万元

地 区	合计	特级	一级	二级	三级及以下
全国总计	**66104454**	**18515980**	**20792995**	**15037711**	**11757768**
北 京	7096743	5992547	900655	150669	52872
天 津	534242	209981	223792	41062	59408
河 北	1455842	351334	452560	415431	236516
山 西	838312	390171	245132	112557	90453
内蒙古	480898	3040	172740	108579	196540
辽 宁	799814	81992	211734	272497	233591
吉 林	745802	12510	171984	279344	281964
黑龙江	338189	8717	66275	129484	133713
上 海	1774884	749632	624098	254769	146384
江 苏	9164010	3173259	2697006	1944739	1349006
浙 江	5499887	1262803	2665005	974703	597376
安 徽	1805359	367035	644376	438954	354993
福 建	3053837	125971	1317232	784142	826492
江 西	1843536	160159	631665	639379	412333
山 东	4164313	1146328	1296025	1033795	688164
河 南	3934764	535831	811297	1283477	1304160
湖 北	4781065	1617626	1641975	1016598	504866
湖 南	2244505	506662	775497	493516	468830
广 东	3383829	527760	1492824	687207	676038
广 西	724021	98150	297183	169650	159038
海 南	111878	5550	49751	39520	17057
重 庆	3144654	138396	781204	1032666	1192388
四 川	2572373	351840	710704	898167	611662
贵 州	965958	281700	226651	281521	176087
云 南	1492779	90870	611940	411095	378873
西 藏	198417	2676	8501	156310	30931
陕 西	1549332	216088	687625	438837	206783
甘 肃	549649	34978	139514	198647	176511
青 海	103713	56533	7539	29629	10012
宁 夏	194697	513	43048	113213	37923
新 疆	557154	15328	187464	207554	146808

4-31 各地区按资质等级划分的总承包建筑业企业税金总额

单位：万元

地　区	合计	特级	一级	二级	三级及以下
全国总计	**57530466**	**10031974**	**21824043**	**15039127**	**10635322**
北　京	1615299	551591	857592	123450	82665
天　津	587289	164927	301033	75932	45396
河　北	1386089	152525	607678	443735	182151
山　西	823304	92976	440441	167446	122441
内蒙古	401165	7984	158580	132827	101774
辽　宁	817170	69358	270621	274306	202885
吉　林	624075	20455	168095	234648	200876
黑龙江	442537	20260	158433	136192	127653
上　海	1350930	430170	442032	309557	169171
江　苏	8317926	2415020	2589682	1969287	1343937
浙　江	6124802	1577851	2942265	985086	619599
安　徽	1789958	329333	610780	504252	345594
福　建	3254608	135816	1330209	932640	855943
江　西	1704685	106172	663148	525330	410035
山　东	3052823	596285	1206188	833568	416782
河　南	3496810	518641	1008578	1088164	881427
湖　北	3712737	1007238	1409596	884131	411772
湖　南	2833040	375946	1054634	757729	644731
广　东	3085907	306481	1476172	672347	630907
广　西	990993	127178	479320	194361	190134
海　南	120205	5066	50004	41249	23886
重　庆	2371951	85335	783363	757125	746129
四　川	2966921	252784	856046	1146062	712029
贵　州	830693	257392	205179	198501	169622
云　南	1473084	153325	447327	430354	442078
西　藏	54893	3011	7754	34099	10030
陕　西	1573590	171716	703736	540300	157838
甘　肃	633445	42402	259627	177947	153470
青　海	134168	45743	17508	51659	19259
宁　夏	182710	3225	40137	92775	46573
新　疆	776661	5770	278286	324069	168536

4-32 各地区按资质等级划分的总承包建筑业企业主营业务收入

单位：万元

地区	合计	特级	一级	二级	三级及以下
全国总计	**1723638303**	**442882580**	**730845643**	**334120948**	**215789132**
北京	105682133	57818184	41436804	3415489	3011656
天津	31802409	12760527	14437073	3116883	1487927
河北	47667080	9927603	22139418	10474180	5125879
山西	33105010	7521328	18258237	4119939	3205506
内蒙古	11088150	560517	4903641	3054318	2569675
辽宁	28625411	2464443	12769425	7299337	6092205
吉林	16531002	775095	5544146	5667341	4544421
黑龙江	12877841	1792248	5424102	3350427	2311063
上海	70083157	30639248	25539321	9413983	4490605
江苏	202251717	73888864	64913358	38789650	24659846
浙江	184109758	47595872	93254868	27410574	15848444
安徽	52831728	13886616	20732376	10891541	7321196
福建	78737332	4736466	39515704	18554728	15930434
江西	48766356	4381311	24081428	12393391	7910225
山东	96489145	23731427	41553578	20322972	10881168
河南	81226455	20354493	29515683	18061044	13295236
湖北	115889168	45706773	43579482	18610733	7992180
湖南	70999869	17675981	29162510	13757741	10403637
广东	95540790	14505140	52941768	15195559	12898323
广西	30035785	4289327	16183938	5255283	4307238
海南	2898708	119273	1426003	939318	414114
重庆	57263922	3552804	22764441	16742732	14203944
四川	76634879	12883606	28024850	23975403	11751021
贵州	27646124	10021385	9345837	4829123	3449779
云南	35712357	3548734	14721397	9033300	8408926
西藏	1990958	81316	251904	1332040	325699
陕西	57146142	13775400	28254525	11486359	3629857
甘肃	17519038	1707057	8782791	3989092	3040099
青海	4560790	1681765	700891	1639819	538315
宁夏	5807053	74213	1783426	2830967	1118447
新疆	22118036	425565	8902722	8167681	4622068

4-33 各地区按资质等级划分的总承包建筑业企业管理费用

单位：万元

地区	合计	特级	一级	二级	三级及以下
全国总计	**51452844**	**10962279**	**20237061**	**11288860**	**8964645**
北京	3585785	1474855	1640517	234859	235555
天津	1298810	429507	647300	134233	87770
河北	1431244	254241	753279	282358	141366
山西	1496886	323611	814291	200038	158946
内蒙古	412882	20744	178783	114843	98512
辽宁	1208988	121755	515433	275148	296653
吉林	533066	20414	141210	204116	167327
黑龙江	443818	44255	185515	140008	74041
上海	2798795	1207023	922053	397639	272081
江苏	5369654	1147882	1770262	1390467	1061043
浙江	3502353	565849	1550594	757412	628499
安徽	1599196	447438	558254	329728	263776
福建	2083200	61507	777189	547908	696595
江西	1227646	49681	543403	319225	315337
山东	2863772	489743	1184252	703805	485972
河南	2625572	550218	920668	682817	471868
湖北	3863415	1544734	1262539	691773	364370
湖南	2126830	491784	773821	462884	398342
广东	3008954	362133	1592295	462125	592402
广西	844555	161788	359775	157517	165475
海南	53865	2346	21772	21870	7876
重庆	1552041	79453	467399	507111	498078
四川	2674624	418567	856721	820063	579274
贵州	590704	163263	185058	125505	116878
云南	1093272	128166	340097	303324	321685
西藏	77326	1851	4748	54531	16196
陕西	1670417	244153	769577	510217	146470
甘肃	485887	39329	222018	119156	105384
青海	215227	98154	35986	53765	27322
宁夏	171999	2368	43800	84596	41235
新疆	542062	15469	198453	199821	128319

4-34 各地区按资质等级划分的总承包建筑业企业财务费用

单位：万元

地 区	合计	特级	一级	二级	三级及以下
全国总计	**11719014**	**3240022**	**5216401**	**2072880**	**1189711**
北 京	608808	378017	233377	467	-3053
天 津	395609	226095	134574	30636	4303
河 北	320961	20988	209462	62062	28450
山 西	235120	88666	104305	30217	11933
内蒙古	127823	16990	49552	37313	23969
辽 宁	308183	15739	182487	74269	35689
吉 林	137766	5764	56682	48862	26458
黑龙江	61968	11654	37264	6678	6373
上 海	267881	126301	95311	25335	20934
江 苏	1387896	476182	500325	256225	155164
浙 江	970592	255814	510227	155612	48939
安 徽	482089	157581	216882	66365	41261
福 建	278734	41266	163813	42859	30797
江 西	257343	34868	134934	48079	39463
山 东	731977	170350	335094	156832	69700
河 南	668860	231140	211625	125643	100452
湖 北	776819	337770	258498	120696	59854
湖 南	307371	89121	112872	57129	48249
广 东	712566	195600	366354	89282	61331
广 西	217114	68589	103213	24250	21063
海 南	4826	447	2426	1441	513
重 庆	452033	21414	234762	118224	77634
四 川	676013	72542	294473	217737	91261
贵 州	229642	76163	87960	23288	42231
云 南	430572	47108	243719	77888	61857
西 藏	8069	4	585	5224	2256
陕 西	279434	45814	146601	65611	21408
甘 肃	151261	5705	74398	40627	30530
青 海	34165	17368	6866	7766	2166
宁 夏	39944	4	11293	23494	5153
新 疆	157578	4959	96471	32773	23375

4-35 各地区按资质等级划分的总承包建筑业企业应收工程款

单位：万元

地区	合计	特级	一级	二级	三级及以下
全国总计	**411785561**	**96314276**	**185351630**	**80519849**	**49599806**
北京	26873029	13068288	12190313	905470	708960
天津	12774072	3697991	6814500	1641746	619835
河北	14171711	2396216	7734878	2803216	1237401
山西	15590369	4317225	8109136	1803109	1360899
内蒙古	5695498	309900	2785444	1188448	1411707
辽宁	12314867	1939699	5356306	2786944	2231918
吉林	7163214	476052	2568350	2351556	1767255
黑龙江	5179012	1238332	2255879	1181895	502907
上海	16581383	6320578	6738647	2065997	1456162
江苏	45541002	11455226	15777373	11261835	7046569
浙江	22891110	6332797	10049151	3900631	2608530
安徽	13547211	5239907	4243958	2602209	1461138
福建	8633966	473192	4022817	2138963	1998995
江西	8228916	526889	4658011	1828981	1215035
山东	31212374	8026441	12696370	7305952	3183611
河南	15320028	3278136	7396962	2835280	1809650
湖北	23202986	8090151	9267046	4166166	1679622
湖南	11072781	2378847	5194699	2090564	1408672
广东	22666668	2867196	14091984	2880906	2826582
广西	4085678	516822	2039293	813332	716232
海南	664138	5932	376340	205736	76130
重庆	13008153	1258855	6545355	3307767	1896177
四川	18564290	3980900	7054708	4511353	3017330
贵州	8720498	2571821	3348134	1398853	1401691
云南	14954289	1262356	9178615	2441477	2071841
西藏	644893	12797	18631	546664	66801
陕西	14667119	2958375	7448960	3443528	816257
甘肃	5664488	648364	2895217	1192201	928706
青海	1203297	357599	195220	472396	178083
宁夏	2974713	42952	746182	1616768	568811
新疆	7973808	264440	3553155	2829910	1326302

4-36 各地区专业承包建筑业企业签订合同情况

单位：万元

地　区	签订合同额	上年结转合同额	本年新签合同额
全国总计	**289721270**	**85496834**	**204224436**
北　京	18017716	5764263	12253453
天　津	6783152	1785289	4997863
河　北	4549041	1109135	3439906
山　西	4819283	1866790	2952493
内蒙古	837167	159465	677702
辽　宁	9207132	3297209	5909923
吉　林	3283612	683105	2600507
黑龙江	1868302	436349	1431953
上　海	14871678	4740643	10131035
江　苏	35697998	8630877	27067121
浙　江	26366495	6282336	20084159
安　徽	8099016	2190218	5908797
福　建	11194817	3610941	7583876
江　西	5348326	1610804	3737522
山　东	13923715	2686683	11237033
河　南	12843860	2069149	10774711
湖　北	14032721	4983924	9048798
湖　南	9106244	2718695	6387549
广　东	44041349	15585841	28455507
广　西	2046453	787033	1259419
海　南	372604	84813	287791
重　庆	8584572	3295926	5288646
四　川	13953276	6181656	7771620
贵　州	1823575	501730	1321845
云　南	6519700	1191410	5328291
西　藏	44251	10343	33908
陕　西	7155297	1986262	5169035
甘　肃	1456685	419299	1037386
青　海	399821	90873	308948
宁　夏	542480	208040	334440
新　疆	1930935	527734	1403201

4-37 各地区专业承包建筑业企业承包工程完成情况

单位：万元

地区	直接从建设单位承揽工程完成的产值	自行完成施工产值	分包出去工程的产值	从建设单位以外承揽工程完成的产值
全国总计	**182340289**	**177681110**	**4659179**	**18947099**
北京	10037045	9454105	582940	3529666
天津	5145540	4764694	380846	748618
河北	3255156	3194182	60973	70807
山西	3091976	3075333	16644	103949
内蒙古	656027	652136	3892	11093
辽宁	5998062	5814125	183937	147328
吉林	2466674	2444906	21768	34431
黑龙江	1326222	1318115	8107	25484
上海	8623711	8200742	422969	1962610
江苏	22995304	22894284	101020	3952382
浙江	17726762	17443311	283450	1961610
安徽	6166262	6071993	94269	188155
福建	7230933	7103227	127705	639017
江西	3493853	3306224	187629	391755
山东	10977960	10829146	148814	382512
河南	10293775	10137945	155829	806175
湖北	7957175	7797658	159516	266807
湖南	5260357	5206133	54224	140006
广东	23468242	22383781	1084462	1786313
广西	1220254	1191453	28802	113346
海南	242177	241970	207	8570
重庆	4782381	4644243	138138	341487
四川	7735923	7471713	264210	454636
贵州	1060349	1029962	30388	38233
云南	3626998	3583123	43876	266936
西藏	32548	32548		
陕西	4565030	4522872	42158	550426
甘肃	958440	951485	6955	11153
青海	335208	331008	4199	3530
宁夏	344923	341138	3785	2053
新疆	1265025	1247555	17470	8013

4-38 各地区专业承包企业建筑业总产值和竣工产值

单位：万元

地区	建筑业总产值	#装饰装修产值	#在外省完成的产值	按构成分组			竣工产值
				建筑工程产值	安装工程产值	其他产值	
全国总计	**196628209**	**59832168**	**56052625**	**132429561**	**52019491**	**12179157**	**110520916**
北京	12983770	5595437	6300898	11718150	1119639	145981	5840312
天津	5513312	864121	564746	3026439	1649578	837295	1999463
河北	3264989	651350	768958	1701242	1225130	338618	1831970
山西	3179281	296101	810429	2270665	708027	200589	1585008
内蒙古	663229	29698	49716	286483	302651	74095	347461
辽宁	5961453	1384647	805975	3065039	2343657	552758	3284773
吉林	2479337	343034	128251	1245272	1121510	112555	1967362
黑龙江	1343598	218808	276985	606572	622310	114716	916250
上海	10163352	4425535	3510343	6884749	3015020	263583	5079256
江苏	26846667	11793228	9719139	21484679	5152694	209294	20280098
浙江	19404921	7302261	6314181	13632657	5031880	740385	10753715
安徽	6260148	1121946	1505331	3224637	1867633	1167879	3734906
福建	7742244	1748484	3009715	5467083	2155499	119662	4773426
江西	3697979	962782	1588014	2950168	616046	131764	1848325
山东	11211658	3224297	1578690	6968592	3260402	982663	6102425
河南	10944120	1780064	1547771	6661212	2886358	1396551	6447405
湖北	8064465	1947411	1847030	5300932	2106698	656835	4578647
湖南	5346139	897509	2145537	2659229	2042246	644664	3927404
广东	24170094	11600734	8850784	16675966	6538385	955743	11805065
广西	1304799	217261	27686	748261	475429	81109	722035
海南	250541	46125	26570	64103	164847	21591	105677
重庆	4985730	1000473	1104292	2935796	1377458	672476	2037364
四川	7926349	931575	1809963	5080502	2267172	578675	4100842
贵州	1068194	57981	53238	542667	303093	222434	363066
云南	3850059	573005	306280	2192119	1318437	339503	2505045
西藏	32548	541		20753	11795		18588
陕西	5073298	456221	1161947	3538490	1190243	344565	1856488
甘肃	962638	157345	81043	645024	235778	81836	515990
青海	334538	32372	90608	157584	79476	97478	183378
宁夏	343191	48484	31336	226446	113114	3632	201562
新疆	1255569	123339	37173	448053	717286	90230	807614

4-39 各地区专业承包建筑业企业房屋建筑面积

地区	房屋施工面积(万平方米)	#本年新开工	房屋竣工面积(万平方米)	房屋竣工率(%)
全国总计	**19139.2**	**9635.1**	**8683.8**	**45.4**
北京	97.6	32.8	39.4	40.3
天津	658.4	454.4	290.9	44.2
河北	229.5	88.0	128.3	55.9
山西	146.6	98.8	78.1	53.3
内蒙古	8.5	4.9	12.6	147.5
辽宁	211.0	139.5	118.9	56.3
吉林	521.2	391.0	208.5	40.0
黑龙江	57.2	17.9	17.3	30.3
上海	330.4	136.1	220.7	66.8
江苏	775.6	476.3	356.0	45.9
浙江	3751.4	2198.4	2112.7	56.3
安徽	453.0	233.8	320.9	70.8
福建	865.4	449.1	309.7	35.8
江西	681.6	312.9	260.7	38.3
山东	1689.6	1039.4	857.8	50.8
河南	1913.3	692.8	630.2	32.9
湖北	966.6	472.7	605.4	62.6
湖南	410.1	159.5	221.1	53.9
广东	1158.9	545.7	253.0	21.8
广西	84.1	35.3	47.5	56.5
海南	0.3		0.3	80.0
重庆	1939.0	530.3	353.6	18.2
四川	1154.1	560.9	568.5	49.3
贵州	121.6	58.3	21.7	17.9
云南	337.8	168.5	373.0	110.4
西藏	2.0	1.2	1.7	85.1
陕西	405.0	232.8	187.7	46.4
甘肃	85.2	47.6	52.5	61.6
青海	25.4	19.3	6.0	23.8
宁夏	21.8	10.3	2.5	11.6
新疆	37.0	26.5	26.5	71.6

4-40 各地区按主要用途分的专业承包建筑业企业房屋竣工面积

单位：万平方米

地　　区	总计	住宅房屋	商业及服务用房屋	商厦房屋（批发和零售用房）	宾馆用房屋（住宿用房）	餐饮用房屋（餐饮用房）
全国总计	**8683.8**	**2826.1**	**649.5**	**259.2**	**66.8**	**32.2**
北　　京	39.4	30.1	0.6	0.2		
天　　津	290.9	137.8	25.7	12.4	4.5	0.6
河　　北	128.3	81.3	1.5			
山　　西	78.1	12.7	6.0	0.1		
内 蒙 古	12.6	4.9				
辽　　宁	118.9	14.0	3.4	0.2	0.4	0.1
吉　　林	208.5	99.6	27.0	16.2	8.7	
黑 龙 江	17.3	7.1	0.1			
上　　海	220.7	10.5	11.0	0.6		
江　　苏	356.0	147.8	20.5	1.6	8.3	0.7
浙　　江	2112.7	99.1	135.1	93.8	14.4	0.0
安　　徽	320.9	82.0	22.4	0.4	1.2	0.7
福　　建	309.7	9.3	6.1	2.1		
江　　西	260.7	109.9	20.8	7.8	3.3	2.5
山　　东	857.8	333.9	40.2	12.2	2.5	3.2
河　　南	630.2	147.7	63.7	36.8	4.5	3.2
湖　　北	605.4	277.2	71.1	7.9	4.4	0.5
湖　　南	221.1	120.5	39.1	29.8	3.1	
广　　东	253.0	109.7	44.0	2.1	1.6	1.2
广　　西	47.5	24.5	6.3		0.2	
海　　南	0.3					
重　　庆	353.6	188.5	28.9	20.8	0.7	1.5
四　　川	568.5	377.5	13.2	3.7	5.4	0.2
贵　　州	21.7	15.9	0.3			
云　　南	373.0	213.2	50.2	8.9	2.8	17.7
西　　藏	1.7	0.5	0.1			
陕　　西	187.7	130.5	3.6	1.4	0.6	
甘　　肃	52.5	28.9	5.7	0.1	0.3	0.1
青　　海	6.0	0.2	0.3		0.1	
宁　　夏	2.5					
新　　疆	26.5	11.2	2.8			

4-40 续表1

单位：万平方米

地区	商务会展用房屋	其他商业及服务用房屋(居民服务业用房)	办公用房屋	科研、教育和医疗用房屋	科学研究用房屋	教育用房屋
全国总计	**73.3**	**218.0**	**341.7**	**235.4**	**21.4**	**157.5**
北京	0.0	0.3	0.3	2.8		2.8
天津	4.4	3.9	25.0	2.5		1.7
河北		1.5	0.4	0.5		0.5
山西		5.9	0.6	1.1		1.1
内蒙古						
辽宁	0.0	2.7	14.0	6.6	0.1	6.0
吉林		2.1	15.6	25.2	9.0	15.8
黑龙江		0.1	0.5	0.1		0.1
上海	10.0	0.4	0.0			
江苏	0.3	9.7	34.1	25.5	0.0	19.5
浙江	20.6	6.3	29.5	22.4	0.0	10.2
安徽	12.2	7.9	41.5	7.2	2.8	2.2
福建	0.6	3.3	5.8	3.6	0.6	1.2
江西	1.4	5.8	9.6	11.2	3.8	6.0
山东	0.2	22.1	16.9	7.7	0.4	5.3
河南	2.6	16.6	11.5	8.1	0.9	6.7
湖北	6.3	52.0	20.5	11.1	0.0	5.6
湖南		6.1	8.2	6.7	1.2	3.9
广东	0.9	38.1	20.9	1.7	0.0	1.5
广西	4.0	2.1	5.3	1.1		1.1
海南						
重庆	1.7	4.2	3.6	47.5	0.3	44.3
四川	0.1	3.8	11.9	8.3	0.8	5.4
贵州	0.0	0.3	0.7	0.1		
云南	7.7	13.0	12.9	28.3	1.4	11.4
西藏		0.1		0.3		0.3
陕西		1.5	48.5	1.5		1.5
甘肃	0.1	5.0	3.1	0.9	0.1	0.7
青海		0.2		0.4		0.3
宁夏				0.2		
新疆		2.8	0.6	2.8		2.3

4-40 续表2

单位：万平方米

地　区	医疗用房屋（卫生医疗用房）	文化、体育和娱乐用房屋	厂房及建筑物	#厂房	仓　库	其他未列明的房屋建筑物
全国总计	**56.5**	**202.6**	**3744.7**	**2309.6**	**110.1**	**573.8**
北　京		3.3	1.0	0.7		1.3
天　津	0.7	0.9	28.7	23.6		70.3
河　北			37.5	26.8	0.6	6.5
山　西		0.4	52.0	29.6	0.2	4.9
内蒙古			0.2			7.5
辽　宁	0.5	1.9	70.0	52.5	3.3	5.8
吉　林	0.5	0.0	23.1	6.9	2.7	15.1
黑龙江			7.8	6.0		1.7
上　海			199.1	14.3		0.2
江　苏	5.9	0.0	115.6	92.9	6.3	6.2
浙　江	12.1	133.5	1456.3	1063.6	20.0	216.8
安　徽	2.1	6.4	145.3	85.7	6.1	10.1
福　建	1.8	5.9	272.3	66.9	5.1	1.7
江　西	1.5	4.4	87.7	65.8	0.2	16.8
山　东	2.0	3.2	427.8	246.2	17.7	10.3
河　南	0.4	3.0	349.0	224.6	35.5	11.7
湖　北	5.6	19.4	83.4	40.4	2.3	120.3
湖　南	1.6		40.6	28.5	1.6	4.6
广　东	0.2	1.8	68.2	17.1	1.9	4.8
广　西		1.6	7.9	4.9		0.7
海　南		0.3				
重　庆	2.9	3.3	69.2	50.7	0.9	11.6
四　川	2.1	0.8	127.9	122.4	3.4	25.5
贵　州	0.1	0.0	3.0	2.8		1.8
云　南	15.5	11.4	51.1	33.5	1.4	4.4
西　藏		0.7				
陕　西			2.5	2.4	0.0	1.1
甘　肃	0.2	0.3	6.6	0.2	0.0	7.0
青　海	0.1	0.1	2.1			2.9
宁　夏	0.2		2.2	0.4	0.1	
新　疆	0.5	0.0	6.4	0.3	0.6	1.9

4-41 各地区按主要用途分的专业承包建筑业企业房屋竣工价值

单位：万元

地区	总计	住宅房屋	商业及服务用房屋	商厦房屋（批发和零售用房）	宾馆用房屋（住宿用房）	餐饮用房屋（餐饮用房）
全国总计	**8607885**	**3307476**	**738382**	**272145**	**72800**	**23441**
北京	50579	30143	1148	818		
天津	209164	83246	56260	24273	12430	1619
河北	94295	45033	1797			
山西	58244	14549	3078	190		
内蒙古	9216	8378				
辽宁	134235	14288	6037	55	242	22
吉林	162275	76954	8223	5883	1176	
黑龙江	16174	8539	34			
上海	176972	24270	29679	802		
江苏	476190	216921	24251	1263	3447	664
浙江	1675770	89082	103735	72991	9505	56
安徽	258502	95473	9994	5	1035	948
福建	293278	13602	7537	3617		
江西	325498	149146	46136	18312	7794	6254
山东	698087	338619	50244	13111	4747	3238
河南	464531	101092	59785	37830	3855	1598
湖北	952259	363388	132481	15010	7792	1472
湖南	379645	230755	74024	57655	4335	
广东	283635	138161	34809	3228	1471	969
广西	70937	46318	6743		150	
海南	191					
重庆	246399	133003	13327	9431	416	496
四川	843703	619045	22516	4154	12359	127
贵州	39657	32696	220			
云南	230937	114800	25671	1373	731	5763
西藏	4934	1400	397			
陕西	294696	252676	7162	2065	720	
甘肃	93269	47131	7295	80	398	215
青海	10371	147	648		198	
宁夏	1502					
新疆	52740	18623	5154			

4-41 续表1

单位：万元

地区	商务会展用房屋	其他商业及服务用房屋(居民服务业用房)	办公用房屋	科研、教育和医疗用房屋	科学研究用房屋	教育用房屋
全国总计	**85623**	**284373**	**383152**	**251357**	**21791**	**165455**
北京	57	273	629	6726		6726
天津	9095	8845	20469	3468		3217
河北		1797	691	650		650
山西		2888	644	1503		1503
内蒙古						
辽宁	80	5638	9161	9656	17	9050
吉林		1164	14951	23628	6821	16721
黑龙江		34	417	162		162
上海	28300	577	9			
江苏	323	18553	67984	26261	8	16491
浙江	13411	7772	36692	20876	40	10726
安徽	5520	2486	34576	4126	836	720
福建	1360	2560	9348	4408	1426	1349
江西	3362	10414	10169	13959	4704	7793
山东	158	28989	9503	6598	174	3878
河南	1863	14639	14234	8503	1096	6322
湖北	14485	93724	32031	15096	4	9661
湖南		12035	18128	15970	3436	8224
广东	1850	27290	28515	3780	29	3617
广西	3480	3112	5121	2153		2153
海南						
重庆	963	2021	3329	29711	412	27678
四川	243	5633	20816	14307	892	10401
贵州	10	210	1681	301		
云南	898	16906	3594	27717	1813	8643
西藏		397		928		928
陕西		4376	31133	1026		1026
甘肃	165	6437	6794	2003	84	1589
青海		450		934		694
宁夏				147		
新疆		5154	2534	6763		5536

4-41 续表2

单位：万元

地区	医疗用房屋（卫生医疗用房）	文化、体育和娱乐用房屋	厂房及建筑物	#厂房	仓库	其他未列明的房屋建筑物
全国总计	**64111**	**268587**	**2786775**	**1708066**	**71716**	**800440**
北京		5718	1449	789		4766
天津	251	350	38279	32538		7092
河北			29151	23059	159	16815
山西		632	27612	16296	105	10121
内蒙古			298			540
辽宁	589	580	78378	50068	1530	14606
吉林	87	0	19409	4860	955	18155
黑龙江			5015	3511		2007
上海			122644	26331		370
江苏	9763	19	124087	95278	5185	11482
浙江	10110	167181	962442	694642	12821	282941
安徽	2570	9241	86912	40484	2060	16121
福建	1633	6617	245267	50099	3940	2560
江西	1462	8619	88494	66692	445	8531
山东	2546	9109	254310	164844	9055	20650
河南	1085	3078	242561	157819	25235	10045
湖北	5431	42699	85487	43909	2648	278430
湖南	4310		35044	21606	440	5285
广东	133	3744	60817	19259	1167	12642
广西		1377	8473	5082		752
海南		191				
重庆	1622	1336	37444	25001	1087	27163
四川	3014	494	146375	133840	1650	18500
贵州	301	10	3787	3340		963
云南	17262	4176	46139	26161	2360	6481
西藏		2209				
陕西			2172	1949	46	481
甘肃	329	895	15855	261	13	13284
青海	240	306	5645			2692
宁夏	147		1305	242	49	
新疆	1228	7	11925	104	769	6966

4-42 各地区专业承包建筑业企业主要生产效益指标

地 区	建筑业企业个数（个）	从事建筑业活动的平均人数（人）	按总产值计算的劳动生产率（元/人）	人均竣工产值（元/人）	人均施工面积（平方米/人）	人均竣工面积（平方米/人）
全国总计	**31162**	**6669799**	**294804**	**165704**	**28.7**	**13.0**
北 京	1736	293973	441665	198668	3.3	1.3
天 津	1022	224273	245830	89153	29.4	13.0
河 北	736	100861	323712	181633	22.7	12.7
山 西	1193	123251	257952	128600	11.9	6.3
内蒙古	151	17458	379899	199027	4.9	7.2
辽 宁	2721	236881	251664	138668	8.9	5.0
吉 林	905	79667	311213	246948	65.4	26.2
黑龙江	482	54670	245765	167597	10.5	3.2
上 海	1300	225239	451225	225505	14.7	9.8
江 苏	3442	993160	270316	204198	7.8	3.6
浙 江	1869	530266	365947	202798	70.7	39.8
安 徽	904	185446	337573	201401	24.4	17.3
福 建	1135	298684	259212	159815	29.0	10.4
江 西	374	313100	118109	59033	21.8	8.3
山 东	2198	415909	269570	146725	40.6	20.6
河 南	2466	364104	300577	177076	52.5	17.3
湖 北	1179	232934	346212	196564	41.5	26.0
湖 南	492	202874	263520	193588	20.2	10.9
广 东	2095	631306	382859	186994	18.4	4.0
广 西	259	41877	311579	172418	20.1	11.3
海 南	41	7376	339670	143272	0.4	0.3
重 庆	978	233459	213559	87269	83.1	15.1
四 川	1072	450387	175990	91052	25.6	12.6
贵 州	176	41897	254957	86657	29.0	5.2
云 南	802	144191	267011	173731	23.4	25.9
西 藏	16	1955	166486	95080	10.0	8.5
陕 西	488	109867	461767	168976	36.9	17.1
甘 肃	355	35794	268938	144155	23.8	14.7
青 海	103	19306	173282	94985	13.1	3.1
宁 夏	159	14801	231870	136181	14.7	1.7
新 疆	313	44833	280055	180138	8.3	5.9

4-43 各地区专业承包建筑业企业资产构成

单位：万元

地区	资产合计	#流动资产合计	#存货	#非流动资产合计	#固定资产合计
全国总计	**226044378**	**184554813**	**30292959**	**41489565**	**18184088**
北京	19281993	16367244	2280684	2914748	832929
天津	8761221	6185721	985513	2575500	1108761
河北	4674941	3676771	660706	998170	493561
山西	5237906	4539666	557576	698239	434121
内蒙古	1361759	877025	94572	484734	138936
辽宁	12339490	9891581	1359584	2447910	997140
吉林	3648618	2900678	338193	747940	330657
黑龙江	2360157	1877867	249088	482290	197395
上海	12509405	11034317	2498684	1475088	723191
江苏	28384030	22893445	3666818	5490585	2393692
浙江	17396923	13976261	3275588	3420662	1660149
安徽	5993576	4744218	725686	1249359	545243
福建	6698711	5495588	828168	1203123	641368
江西	2439387	1843607	321600	595780	220142
山东	12467181	9710910	1712165	2756271	1471690
河南	10476761	8303882	1132564	2172878	1186515
湖北	8216510	6769684	1355952	1446826	752299
湖南	3854821	3166199	422139	688621	391234
广东	31158589	26683167	4270322	4475422	1148499
广西	1338490	1128092	149954	210398	85504
海南	291230	231332	27400	59897	16953
重庆	5740405	4882497	795983	857908	464241
四川	6725699	5524512	1035716	1201187	561556
贵州	1316774	1121933	141625	194841	100123
云南	4433042	3396462	386983	1036581	426489
西藏	62997	50088	5357	12908	10699
陕西	4335919	3600447	593221	735472	341170
甘肃	1624009	1362788	175416	261221	162646
青海	401106	307320	41113	93786	35127
宁夏	592702	448312	64903	144389	93185
新疆	1920027	1563198	139687	356829	218873

4-44 各地区专业承包建筑业企业固定资产情况

单位：万元

地　区	固定资产合计	固定资产原价	固定资产折旧	#本年折旧	在建工程
全国总计	**18184088**	**27302724**	**12763427**	**1754783**	**1921349**
北　京	832929	1479940	751117	103578	124027
天　津	1108761	2068606	1030430	111530	38373
河　北	493561	675333	332601	45498	77674
山　西	434121	711220	360356	39287	54465
内蒙古	138936	221277	101968	9355	11940
辽　宁	997140	1655203	881851	90166	80259
吉　林	330657	490495	227828	28423	36159
黑龙江	197395	317612	147512	17153	11675
上　海	723191	1245530	614491	70286	45374
江　苏	2393692	3402232	1497307	231421	274154
浙　江	1660149	2568106	1215973	194044	159957
安　徽	545243	746383	330392	47845	52274
福　建	641368	943405	418533	60305	66985
江　西	220142	282987	129473	22807	29159
山　东	1471690	2029824	828415	123715	107487
河　南	1186515	1374733	519917	79724	125758
湖　北	752299	1105323	513245	91843	90496
湖　南	391234	535474	242068	37123	57713
广　东	1148499	1776005	826654	103626	112954
广　西	85504	159048	91581	13815	8288
海　南	16953	28869	15407	1807	1515
重　庆	464241	652575	288631	41377	70246
四　川	561556	851946	436846	53968	98614
贵　州	100123	115469	41896	6000	3710
云　南	426489	612461	312603	50566	53846
西　藏	10699	12094	2621	226	130
陕　西	341170	432826	211900	27111	75556
甘　肃	162646	247574	115355	10691	18305
青　海	35127	62402	32908	4995	4735
宁　夏	93185	137430	61529	7291	13091
新　疆	218873	360342	182025	29208	16429

4-45 各地区专业承包建筑业企业负债及所有者权益

单位：万元

地 区	负债合计	#流动负债	#应付账款	所有者权益	#实收资本
全国总计	**135999382**	**125760889**	**50291364**	**89893424**	**48712460**
北 京	13870996	13538969	5812512	5410997	3850316
天 津	4712414	4428339	2030230	4048340	2019664
河 北	2577398	2437630	958092	2097543	1117339
山 西	3201606	3144273	1532973	2036300	1371883
内 蒙 古	669833	647667	293844	691926	250517
辽 宁	7440377	5552622	1816447	4719084	2683026
吉 林	1851331	1688338	607631	1797287	992882
黑 龙 江	1296933	1031274	443166	1063224	651533
上 海	8337274	8064174	3819646	4172494	2179415
江 苏	15447660	14532943	6547146	12925920	5775239
浙 江	10305708	9800842	3741574	7090473	3559728
安 徽	3302355	2981488	1036706	2688643	1343163
福 建	3234782	3079934	1076342	3463997	2127276
江 西	1302126	1197701	432801	1137261	657986
山 东	7645158	6445536	2424989	4822023	2729138
河 南	5202687	4715651	1894367	5274074	3230039
湖 北	5182200	4802542	2070207	3034310	1710913
湖 南	2377141	2273738	949414	1477706	864818
广 东	19542890	18116200	5933436	11615092	5307787
广 西	832045	794128	251969	506446	361047
海 南	145635	142068	40062	145594	71272
重 庆	3761210	3558760	1465870	1979195	961223
四 川	4358011	4029494	1492649	2410867	1312637
贵 州	924250	882281	351442	392524	257806
云 南	2803387	2570413	921793	1629320	1079381
西 藏	26363	24974	4008	36634	24951
陕 西	2856378	2725225	1187277	1479541	945489
甘 肃	982962	860580	377945	641047	480976
青 海	250554	209507	106654	150552	119996
宁 夏	326599	313227	145264	266103	195917
新 疆	1231120	1170374	524910	688907	479104

4-46 各地区专业承包建筑业企业实收资本

单位：万元

地　区	合计	国家资本	集体资本	法人资本	个人资本	港澳台资本	外商资本
全国总计	**48712460**	**3998282**	**2227286**	**16049655**	**25641370**	**544332**	**251536**
北　京	3850316	294632	32149	1293945	2103933	74619	51038
天　津	2019664	351440	51817	442924	1157157	5818	10508
河　北	1117339	82799	48098	349453	633274	3315	400
山　西	1371883	105422	37915	535677	691968	500	400
内蒙古	250517	34241	44196	73072	99009		
辽　宁	2683026	253839	176941	756292	1252243	227323	16388
吉　林	992882	59682	45934	269630	616706	930	
黑龙江	651533	49905	116073	195206	288361	1083	905
上　海	2179415	203409	57686	780712	1034744	70476	32388
江　苏	5775239	301486	168844	1865486	3294771	46691	97961
浙　江	3559728	98279	175722	1177040	2094774	10795	3118
安　徽	1343163	151543	92475	416579	682085		481
福　建	2127276	80181	80710	640275	1313986	12124	
江　西	657986	43538	50508	213715	334914	15311	
山　东	2729138	125241	241552	884432	1469926	826	7160
河　南	3230039	101467	144417	1041101	1939161	3137	757
湖　北	1710913	335465	79283	332104	946285	17777	
湖　南	864818	115689	59075	221257	468196	175	425
广　东	5307787	292764	191665	2526986	2226728	45337	24307
广　西	361047	49670	33009	114793	163575		
海　南	71272	83	2760	29912	38517		
重　庆	961223	106873	45153	349798	457899	189	1310
四　川	1312637	168575	76962	352887	704760	6974	2480
贵　州	257806	65987	29324	44374	118120		
云　南	1079381	248350	30887	330278	469867		
西　藏	24951	612	3	17435	6901		
陕　西	945489	98977	19943	367528	456961	870	1210
甘　肃	480976	79058	26805	195747	179236		130
青　海	119996	8468	20686	44422	46345		75
宁　夏	195917	28978		38120	128819		
新　疆	479104	61628	46695	148475	222152	60	94

4-47 各地区专业承包建筑业企业收入情况

单位：万元

地区	主营业务收入	#主营业务成本	#主营业务税金及附加	其他业务收入	#其他业务利润
全国总计	**193854914**	**166402403**	**2078960**	**4024006**	**285958**
北京	15514385	13733075	65691	169533	46011
天津	5587122	4979137	25533	214999	13671
河北	3514576	3048744	36200	72545	5238
山西	3172680	2735180	21971	53054	6902
内蒙古	766223	641777	6018	28397	5
辽宁	6355876	5101589	62472	283677	9343
吉林	2491541	2018883	33894	34149	3223
黑龙江	1495253	1234692	14176	22634	989
上海	11606095	10280067	41433	155792	15570
江苏	26549419	22906356	358170	267709	40793
浙江	16915327	14847349	99824	255338	26753
安徽	5626078	4542449	79567	78618	8745
福建	7073375	6134738	108122	365526	7835
江西	3424536	2981463	99702	63231	1613
山东	10244977	8777252	115128	287335	10433
河南	9925647	7984422	295882	257235	13622
湖北	8035992	6876763	104138	111176	6707
湖南	5239378	4600626	93773	98759	4813
广东	24938919	21330830	154639	326512	27455
广西	1258437	1103106	11360	100727	2774
海南	289648	258375	1720	3636	355
重庆	5313190	4644082	51414	113843	7913
四川	6199009	4978691	72978	358856	8988
贵州	1109480	969300	7263	20663	1149
云南	3560943	2985727	34744	93325	6568
西藏	33721	28377	414	3662	56
陕西	4336412	3875387	52033	81645	992
甘肃	1136161	946342	13356	19963	519
青海	355927	304773	2000	12509	2
宁夏	354460	308373	2215	10239	4049
新疆	1430129	1244480	13131	58721	2874

4-48 各地区专业承包建筑业企业费用情况

单位：万元

地 区	管理费用	销售费用	财务费用	#利息收入	#利息支出
全国总计	**11795740**	**2123848**	**1216315**	**143215**	**902526**
北 京	1038601	327400	58629	21813	67749
天 津	441798	51305	31272	3476	15778
河 北	189634	22427	17332	1051	13567
山 西	254490	35428	8989	3181	8476
内 蒙 古	71351	3855	4648	530	3752
辽 宁	664651	62791	60922	441	35839
吉 林	195817	17570	11975	1036	5061
黑 龙 江	116544	21039	14051	1314	13691
上 海	828814	123348	34662	7750	34618
江 苏	1439231	307181	160995	9125	103466
浙 江	902185	124867	136236	13134	120849
安 徽	329400	99408	31794	3516	21656
福 建	446152	78225	28976	8760	31026
江 西	150885	28730	12488	1043	8306
山 东	600729	106891	95484	5049	61228
河 南	529888	118509	56517	2744	22519
湖 北	440365	91300	59004	18388	36543
湖 南	256674	32380	11363	2657	8567
广 东	1445337	236830	227103	16869	184145
广 西	92829	12859	5715	857	4984
海 南	15207	1513	996	12	221
重 庆	280856	37398	38757	7893	24876
四 川	335683	63250	40334	5028	27285
贵 州	62862	4960	2511	-1602	3492
云 南	232869	58841	36036	4085	22822
西 藏	2773	56	46	1	31
陕 西	207412	25269	12393	3004	7721
甘 肃	72822	16806	7715	432	7446
青 海	26667	1822	970	15	487
宁 夏	31788	2878	3315	191	1135
新 疆	91426	8709	5086	1425	5192

4-49　各地区专业承包建筑业企业利润及税金情况

单位：万元

地　区	利润总额	#应交所得税	税金总额	主营业务税金及附加	应交增值税
全国总计	**8813323**	**1840212**	**6142706**	**2078960**	**4063745**
北　京	316831	73869	403383	65691	337692
天　津	181775	15849	122093	25533	96560
河　北	169526	41404	105552	36200	69352
山　西	173004	23634	78262	21971	56291
内蒙古	41428	9754	23932	6018	17914
辽　宁	276517	66794	173466	62472	110994
吉　林	151797	35699	84315	33894	50422
黑龙江	36946	23713	46553	14176	32378
上　海	356088	82277	285022	41433	243589
江　苏	1438572	299702	959385	358170	601214
浙　江	777117	170207	460965	99824	361142
安　徽	315515	61453	186554	79567	106987
福　建	327823	80511	244575	108122	136453
江　西	135760	32746	165543	99702	65841
山　东	489708	103102	311872	115128	196743
河　南	805126	160295	532755	295882	236873
湖　北	369943	89076	261626	104138	157488
湖　南	223126	47285	178592	93773	84818
广　东	1227047	230696	667871	154639	513232
广　西	33466	8804	47097	11360	35737
海　南	12666	4228	9618	1720	7897
重　庆	256536	49182	165043	51414	113629
四　川	218252	41516	216221	72978	143243
贵　州	44551	9968	31983	7263	24720
云　南	138593	24798	118803	34744	84060
西　藏	2721	166	1727	414	1313
陕　西	160635	25281	137868	52033	85835
甘　肃	59490	9609	48352	13356	34996
青　海	4490	1269	6799	2000	4799
宁　夏	8836	3807	13399	2215	11184
新　疆	59439	13520	53481	13131	40350

4-50 各地区专业承包建筑业企业应收工程款及企业亏损情况

地　区	应收工程款(万元)	企业个数(个)	#亏损企业个数	亏损企业的比重(%)
全国总计	**66148880**	**31162**	**5782**	**18.6**
北　京	5563418	1736	431	24.8
天　津	2443403	1022	272	26.6
河　北	1232281	736	128	17.4
山　西	1538992	1193	298	25.0
内蒙古	322603	151	32	21.2
辽　宁	2980629	2721	684	25.1
吉　林	1199709	905	142	15.7
黑龙江	664829	482	145	30.1
上　海	3662874	1300	316	24.3
江　苏	9792199	3442	286	8.3
浙　江	4917915	1869	303	16.2
安　徽	1575132	904	115	12.7
福　建	1789014	1135	168	14.8
江　西	634076	374	61	16.3
山　东	3484053	2198	325	14.8
河　南	3116806	2466	381	15.5
湖　北	2368679	1179	222	18.8
湖　南	1131305	492	60	12.2
广　东	9224025	2095	372	17.8
广　西	343815	259	56	21.6
海　南	84662	41	5	12.2
重　庆	1889808	978	171	17.5
四　川	1917431	1072	169	15.8
贵　州	282312	176	38	21.6
云　南	1063078	802	201	25.1
西　藏	7552	16	2	12.5
陕　西	1381744	488	112	23.0
甘　肃	522238	355	97	27.3
青　海	145858	103	39	37.9
宁　夏	189384	159	62	39.0
新　疆	679055	313	89	28.4

4-51 各地区专业承包建筑业企业主要经济效益指标

地区	产值利润率(%)	产值利税率(%)	资本利润率(%)	资本利税率(%)	人均利润(元/人)	人均利税(元/人)	资产负债率(%)
全国总计	**4.5**	**7.6**	**18.1**	**30.7**	**13214**	**22424**	**60.2**
北京	2.4	5.5	8.2	18.7	10778	24499	71.9
天津	3.3	5.5	9.0	15.0	8105	13549	53.8
河北	5.2	8.4	15.2	24.6	16808	27273	55.1
山西	5.4	7.9	12.6	18.3	14037	20387	61.1
内蒙古	6.2	9.9	16.5	26.1	23730	37438	49.2
辽宁	4.6	7.5	10.3	16.8	11673	18996	60.3
吉林	6.1	9.5	15.3	23.8	19054	29637	50.7
黑龙江	2.7	6.2	5.7	12.8	6758	15273	55.0
上海	3.5	6.3	16.3	29.4	15809	28464	66.6
江苏	5.4	8.9	24.9	41.5	14485	24145	54.4
浙江	4.0	6.4	21.8	34.8	14655	23348	59.2
安徽	5.0	8.0	23.5	37.4	17014	27074	55.1
福建	4.2	7.4	15.4	26.9	10976	19164	48.3
江西	3.7	8.1	20.6	45.8	4336	9623	53.4
山东	4.4	7.1	17.9	29.4	11774	19273	61.3
河南	7.4	12.2	24.9	41.4	22113	36744	49.7
湖北	4.6	7.8	21.6	36.9	15882	27114	63.1
湖南	4.2	7.5	25.8	46.5	10998	19801	61.7
广东	5.1	7.8	23.1	35.7	19437	30016	62.7
广西	2.6	6.2	9.3	22.3	7991	19238	62.2
海南	5.1	8.9	17.8	31.3	17172	30211	50.0
重庆	5.1	8.5	26.7	43.9	10988	18058	65.5
四川	2.8	5.5	16.6	33.1	4846	9647	64.8
贵州	4.2	7.2	17.3	29.7	10633	18267	70.2
云南	3.6	6.7	12.8	23.8	9612	17851	63.2
西藏	8.4	13.7	10.9	17.8	13918	22750	41.8
陕西	3.2	5.9	17.0	31.6	14621	27169	65.9
甘肃	6.2	11.2	12.4	22.4	16620	30128	60.5
青海	1.3	3.4	3.7	9.4	2326	5848	62.5
宁夏	2.6	6.5	4.5	11.3	5970	15023	55.1
新疆	4.7	9.0	12.4	23.6	13258	25187	64.1

4-52 各地区按资质等级划分的专业承包建筑业企业单位数

单位：个

地区	合计	一级	二级	三级及以下
全国总计	**31162**	**4320**	**10443**	**16399**
北京	1736	382	593	761
天津	1022	164	304	554
河北	736	107	237	392
山西	1193	59	397	737
内蒙古	151	16	54	81
辽宁	2721	233	617	1871
吉林	905	69	241	595
黑龙江	482	81	221	180
上海	1300	232	370	698
江苏	3442	486	1006	1950
浙江	1869	379	581	909
安徽	904	103	310	491
福建	1135	156	519	460
江西	374	54	152	168
山东	2198	225	785	1188
河南	2466	302	1065	1099
湖北	1179	179	460	540
湖南	492	66	124	302
广东	2095	383	641	1071
广西	259	39	75	145
海南	41	16	15	10
重庆	978	139	286	553
四川	1072	119	440	513
贵州	176	13	66	97
云南	802	81	305	416
西藏	16		12	4
陕西	488	153	200	135
甘肃	355	34	165	156
青海	103	3	38	62
宁夏	159	15	87	57
新疆	313	32	77	204

4-53 各地区按资质等级划分的专业承包建筑业企业从业人员

单位：人

地　区	合计	一级	二级	三级及以下
全国总计	**5741991**	**2187416**	**1553564**	**2001011**
北　京	164779	82166	39809	42804
天　津	205017	30108	30015	144894
河　北	97262	34521	28278	34463
山　西	104026	20545	36886	46595
内蒙古	16931	2807	6780	7344
辽　宁	313384	163206	48785	101393
吉　林	68650	8795	21769	38086
黑龙江	39223	9712	19114	10397
上　海	171149	84108	38845	48196
江　苏	715002	330965	177411	206626
浙　江	491807	281133	111861	98813
安　徽	182621	61676	74629	46316
福　建	272352	102394	84021	85937
江　西	86039	22222	37072	26745
山　东	401549	173963	101061	126525
河　南	339568	118754	109080	111734
湖　北	269472	59488	153284	56700
湖　南	189859	38915	64979	85965
广　东	567607	354802	102973	109832
广　西	38598	12814	12644	13140
海　南	6847	2770	3619	458
重　庆	224217	34785	38065	151367
四　川	432538	52621	91261	288656
贵　州	39900	10197	13503	16200
云　南	116492	33725	34135	48632
西　藏	1828		1442	386
陕　西	95630	40847	40623	14160
甘　肃	34655	7245	14459	12951
青　海	10729	892	3551	6286
宁　夏	9609	3186	3443	2980
新　疆	34651	8054	10167	16430

4-54 各地区按资质等级划分的专业承包企业建筑业总产值

单位：万元

地　区	合计	一级	二级	三级及以下
全国总计	**196628209**	**100292846**	**46540157**	**49795206**
北　京	12983770	8922173	2312922	1748675
天　津	5513312	2389113	1161180	1963020
河　北	3264989	1380540	900147	984302
山　西	3179281	880793	1133049	1165439
内蒙古	663229	159982	220802	282444
辽　宁	5961453	2096807	1293579	2571067
吉　林	2479337	522302	875855	1081180
黑龙江	1343598	340252	638942	364405
上　海	10163352	6615590	1604921	1942841
江　苏	26846667	15399548	5992493	5454625
浙　江	19404921	12756987	2976943	3670991
安　徽	6260148	2540932	2019060	1700156
福　建	7742244	3168088	2139913	2434244
江　西	3697979	1550083	1508392	639504
山　东	11211658	4578309	3146149	3487200
河　南	10944120	4461991	3232690	3249439
湖　北	8064465	4108574	1944155	2011736
湖　南	5346139	1574182	1828836	1943122
广　东	24170094	16198536	3438068	4533490
广　西	1304799	484250	403074	417475
海　南	250541	106156	132155	12231
重　庆	4985730	1423345	1397143	2165242
四　川	7926349	3250808	2378435	2297106
贵　州	1068194	245553	481441	341200
云　南	3850059	1336192	894105	1619763
西　藏	32548		29432	3116
陕　西	5073298	2865809	1521619	685870
甘　肃	962638	269348	402738	290552
青　海	334538	104323	103868	126347
宁　夏	343191	128598	98165	116429
新　疆	1255569	433685	329888	491996

4-55 各地区按资质等级划分的专业承包建筑业企业签订合同额

单位：万元

地区	合计	一级	二级	三级及以下
全国总计	**289721270**	**158511201**	**63742320**	**67467749**
北京	18017716	12162193	3108891	2746633
天津	6783152	2996454	1559119	2227579
河北	4549041	2282574	1127776	1138692
山西	4819283	1950027	1483717	1385539
内蒙古	837167	224259	284857	328050
辽宁	9207132	4187649	1786104	3233379
吉林	3283612	707510	1205740	1370362
黑龙江	1868302	701990	758175	408137
上海	14871678	10043653	1946241	2881785
江苏	35697998	22282812	7502946	5912241
浙江	26366495	17288711	3988447	5089337
安徽	8099016	3396756	2602412	2099847
福建	11194817	4778303	3023987	3392528
江西	5348326	2221188	2347697	779442
山东	13923715	5772018	3864459	4287238
河南	12843860	5595100	3830601	3418160
湖北	14032721	7571273	2454826	4006622
湖南	9106244	3569795	2461913	3074536
广东	44041349	31253790	5976275	6811284
广西	2046453	816591	618321	611540
海南	372604	174385	176123	22096
重庆	8584572	3477473	2127687	2979412
四川	13953276	6995109	3923187	3034980
贵州	1823575	326992	926451	570132
云南	6519700	1980398	1177263	3362039
西藏	44251		40115	4136
陕西	7155297	4276280	2174071	704946
甘肃	1456685	374216	537619	544849
青海	399821	122798	121690	155333
宁夏	542480	220301	132912	189267
新疆	1930935	760606	472697	697632

4-56 各地区按资质等级划分的专业承包建筑业企业竣工产值

单位：万元

地　区	合计	一级	二级	三级及以下
全国总计	**110520916**	**53518869**	**27958637**	**29043411**
北　京	5840312	4005254	959242	875817
天　津	1999463	870480	308895	820088
河　北	1831970	650285	613370	568316
山　西	1585008	302583	544715	737710
内蒙古	347461	76444	145369	125648
辽　宁	3284773	1018956	856729	1409088
吉　林	1967362	328009	732281	907072
黑龙江	916250	165236	470444	280571
上　海	5079256	2783861	1002560	1292836
江　苏	20280098	11469510	4616126	4194462
浙　江	10753715	6586422	1846024	2321268
安　徽	3734906	1513520	1233569	987816
福　建	4773426	2078606	1303638	1391183
江　西	1848325	733208	656823	458294
山　东	6102425	2060613	1925459	2116353
河　南	6447405	2644667	2102041	1700697
湖　北	4578647	2364972	1272312	941363
湖　南	3927404	1009522	1579765	1338117
广　东	11805065	7852648	1829904	2122513
广　西	722035	324801	194907	202326
海　南	105677	81491	21086	3100
重　庆	2037364	555942	586372	895050
四　川	4100842	1206863	1536016	1357964
贵　州	363066	76029	159043	127994
云　南	2505045	916649	563543	1024853
西　藏	18588		15550	3038
陕　西	1856488	1290392	360671	205425
甘　肃	515990	168757	193570	153662
青　海	183378	83964	34233	65181
宁　夏	201562	63164	76789	61608
新　疆	807614	236023	217592	353999

4-57 各地区按资质等级划分的专业承包建筑业企业房屋施工面积

单位：万平方米

地区	合计	一级	二级	三级及以下
全国总计	**19139.2**	**6402.4**	**6402.7**	**6334.1**
北京	97.6	32.8	53.9	10.9
天津	658.4	17.4	67.6	573.4
河北	229.5	81.6	63.8	84.1
山西	146.6	9.5	97.3	39.8
内蒙古	8.5		8.5	
辽宁	211.0	36.8	115.6	58.6
吉林	521.2	3.0	135.2	383.0
黑龙江	57.2	9.5	15.1	32.6
上海	330.4	244.7	53.0	32.7
江苏	775.6	364.8	172.1	238.7
浙江	3751.4	2521.0	759.1	471.3
安徽	453.0	156.9	174.8	121.3
福建	865.4	564.2	188.7	112.5
江西	681.6	3.1	398.9	279.6
山东	1689.6	278.9	663.7	747.0
河南	1913.3	906.2	614.8	392.3
湖北	966.6	370.5	282.1	314.0
湖南	410.1	36.2	132.2	241.7
广东	1158.9	103.7	229.6	825.6
广西	84.1	54.1	17.6	12.4
海南	0.3		0.3	
重庆	1939.0	47.2	1172.4	719.4
四川	1154.1	251.4	504.5	398.2
贵州	121.6	23.3	54.4	43.9
云南	337.8	64.0	167.6	106.2
西藏	2.0		2.0	
陕西	405.0	182.3	186.8	35.9
甘肃	85.2	15.3	42.9	27.0
青海	25.4		23.4	2.0
宁夏	21.8	0.9	2.0	18.9
新疆	37.0	23.1	2.8	11.1

4-58 各地区按资质等级划分的专业承包建筑业企业房屋竣工面积

单位：万平方米

地区	合计	一级	二级	三级及以下
全国总计	**8683.8**	**2991.5**	**2882.6**	**2809.7**
北京	39.4	30.9	2.3	6.2
天津	290.9	16.7	49.1	225.1
河北	128.3	47.5	47.2	33.6
山西	78.1	5.1	37.6	35.4
内蒙古	12.6		12.6	0.0
辽宁	118.9	22.4	65.6	30.9
吉林	208.5	1.8	42.3	164.4
黑龙江	17.3	5.9	7.0	4.4
上海	220.7	178.4	22.3	20.0
江苏	356.0	162.2	69.6	124.2
浙江	2112.7	1441.9	472.5	198.3
安徽	320.9	113.1	115.1	92.7
福建	309.7	185.5	107.8	16.4
江西	260.7	1.0	149.6	110.1
山东	857.8	182.7	339.4	335.7
河南	630.2	93.9	307.8	228.5
湖北	605.4	225.7	143.9	235.8
湖南	221.1	0.8	72.1	148.2
广东	253.0	27.3	141.1	84.5
广西	47.5	32.4	10.2	4.9
海南	0.3		0.3	0.0
重庆	353.6	28.7	67.8	257.1
四川	568.5	53.1	270.7	244.7
贵州	21.7		14.9	6.8
云南	373.0	27.5	184.5	160.9
西藏	1.7		1.7	0.0
陕西	187.7	75.6	98.6	13.5
甘肃	52.5	14.4	21.0	17.1
青海	6.0		4.7	1.3
宁夏	2.5		0.2	2.3
新疆	26.5	17.0	3.0	6.5

4-59 各地区按资质等级划分的专业承包建筑业企业实收资本

单位：万元

地区	合计	一级	二级	三级及以下
全国总计	**48712460**	**17275545**	**14332833**	**17104082**
北京	3850316	2017190	864712	968414
天津	2019664	968680	439340	611643
河北	1117339	327970	349616	439754
山西	1371883	156993	481522	733369
内蒙古	250517	37144	95097	118276
辽宁	2683026	787633	638492	1256901
吉林	992882	255198	286591	451093
黑龙江	651533	135857	321116	194560
上海	2179415	983701	468324	727391
江苏	5775239	2113749	1617130	2044360
浙江	3559728	1824559	780705	954464
安徽	1343163	423805	465165	454194
福建	2127276	532417	765024	829835
江西	657986	144981	324722	188282
山东	2729138	562515	1026177	1140446
河南	3230039	1197886	1159582	872572
湖北	1710913	642350	555913	512651
湖南	864818	188189	264551	412078
广东	5307787	2268187	1124603	1914997
广西	361047	81648	135961	143438
海南	71272	36011	26661	8600
重庆	961223	304182	319312	337729
四川	1312637	338347	573671	400619
贵州	257806	30123	126153	101529
云南	1079381	222359	307002	550020
西藏	24951		23148	1803
陕西	945489	446778	315000	183711
甘肃	480976	95917	218044	167016
青海	119996	7303	48747	63946
宁夏	195917	55473	80509	59935
新疆	479104	88403	130246	260455

4-60 各地区按资质等级划分的专业承包建筑业企业资产

单位：万元

地　区	合计	一级	二级	三级及以下
全国总计	**226044378**	**106517945**	**57657589**	**61868844**
北　京	19281993	12413603	3814720	3053670
天　津	8761221	4431626	1638266	2691328
河　北	4674941	2077494	1409536	1187911
山　西	5237906	1310192	1868987	2058727
内蒙古	1361759	483213	390140	488406
辽　宁	12339490	4270368	3636907	4432215
吉　林	3648618	865585	1180552	1602481
黑龙江	2360157	498924	1098767	762466
上　海	12509405	7208739	2175971	3124695
江　苏	28384030	14940911	5956978	7486140
浙　江	17396923	11010904	2915063	3470957
安　徽	5993576	2251017	1994374	1748185
福　建	6698711	2227358	2163223	2308130
江　西	2439387	688944	1189159	561283
山　东	12467181	3873469	4360938	4232774
河　南	10476761	4479803	3391397	2605561
湖　北	8216510	4279162	1974748	1962600
湖　南	3854821	1163859	1316620	1374341
广　东	31158589	17877626	6019190	7261773
广　西	1338490	355220	450564	532706
海　南	291230	110446	140115	40669
重　庆	5740405	1781574	2099818	1859013
四　川	6725699	2845961	2104094	1775644
贵　州	1316774	150292	546054	620428
云　南	4433042	1227469	1019246	2186328
西　藏	62997		51195	11802
陕　西	4335919	2508921	1257482	569517
甘　肃	1624009	493692	617628	512689
青　海	401106	40918	143246	216942
宁　夏	592702	156528	265049	171124
新　疆	1920027	494125	467562	958340

4-61 各地区按资质等级划分的专业承包建筑业企业所有者权益

单位：万元

地区	合计	一级	二级	三级及以下
全国总计	**89893424**	**38171094**	**24037551**	**27684779**
北京	5410997	3099557	1186254	1125186
天津	4048340	2511410	616395	920536
河北	2097543	650367	786860	660316
山西	2036300	391050	675230	970020
内蒙古	691926	281133	174665	236128
辽宁	4719084	1635044	1057484	2026556
吉林	1797287	435088	560453	801746
黑龙江	1063224	187894	524296	351034
上海	4172494	1878521	879370	1414603
江苏	12925920	6096712	2970078	3859130
浙江	7090473	4358306	1271088	1461079
安徽	2688643	818114	1073249	797280
福建	3463997	1118281	1146730	1198986
江西	1137261	299716	548450	289094
山东	4822023	1282238	1666615	1873170
河南	5274074	2126347	1836623	1311104
湖北	3034310	1350470	906421	777419
湖南	1477706	293343	503554	680810
广东	11615092	6409883	2020545	3184663
广西	506446	130075	181978	194393
海南	145594	57327	74160	14108
重庆	1979195	638863	714352	625980
四川	2410867	642152	884935	883781
贵州	392524	38847	173915	179762
云南	1629320	404095	424490	800736
西藏	36634		31513	5121
陕西	1479541	678884	537824	262833
甘肃	641047	132189	275126	233732
青海	150552	12022	56369	82161
宁夏	266103	73633	110896	81574
新疆	688907	139532	167635	381740

4-62 各地区按资质等级划分的专业承包建筑业企业负债

单位：万元

地区	合计	一级	二级	三级及以下
全国总计	**135999382**	**68385508**	**33464768**	**34149107**
北京	13870996	9314046	2628466	1928484
天津	4712414	1920217	1021975	1770222
河北	2577398	1427126	622676	527596
山西	3201606	919142	1193757	1088707
内蒙古	669833	202080	215475	252278
辽宁	7440377	2631692	2425094	2383592
吉林	1851331	430497	620099	800735
黑龙江	1296933	311029	574471	411432
上海	8337274	5330218	1297608	1709447
江苏	15447660	8844199	2986025	3617435
浙江	10305708	6652598	1643232	2009877
安徽	3302355	1432944	920623	948788
福建	3234782	1109077	1016493	1109213
江西	1302126	389228	640709	272190
山东	7645158	2591231	2694323	2359604
河南	5202687	2353456	1554774	1294457
湖北	5182200	2928692	1068327	1185181
湖南	2377141	870516	813066	693559
广东	19542890	11466812	3998713	4077365
广西	832045	225146	268586	338313
海南	145635	53119	65956	26561
重庆	3761210	1142711	1385466	1233034
四川	4358011	2246989	1219159	891863
贵州	924250	111445	372140	440666
云南	2803387	823374	594756	1385257
西藏	26363		19682	6681
陕西	2856378	1830036	719658	306685
甘肃	982962	361503	342502	278957
青海	250554	28896	86877	134781
宁夏	326599	82895	154153	89551
新疆	1231120	354593	299927	576600

4-63 各地区按资质等级划分的专业承包建筑业企业营业收入

单位：万元

地　区	合计	一级	二级	三级及以下
全国总计	**197878920**	**99650430**	**47174006**	**51054484**
北　京	15683918	10305731	2961196	2416992
天　津	5802121	2176909	1255691	2369521
河　北	3587121	1717295	949241	920585
山　西	3225734	837974	1152699	1235062
内蒙古	794619	184453	278743	331423
辽　宁	6639553	2493658	1462996	2682898
吉　林	2525690	535030	901121	1089539
黑龙江	1517887	458357	661056	398475
上　海	11761887	7322949	1941034	2497905
江　苏	26817128	15271835	5486417	6058876
浙　江	17170665	10805416	2941909	3423341
安　徽	5704696	2209832	1908864	1586000
福　建	7438900	2962426	2209198	2267277
江　西	3487766	1554432	1355946	577388
山　东	10532312	4293759	3020166	3218387
河　南	10182882	4135038	3117872	2929972
湖　北	8147168	4197119	1871673	2078375
湖　南	5338137	1515779	1802032	2020326
广　东	25265431	16484554	3936557	4844319
广　西	1359163	421848	455462	481854
海　南	293284	134489	142231	16564
重　庆	5427033	1658574	1603432	2165028
四　川	6557865	2644686	2256861	1656318
贵　州	1130143	221347	426903	481892
云　南	3654268	1273424	813675	1567169
西　藏	37383		33208	4175
陕　西	4418057	2798386	1190402	429270
甘　肃	1156124	338562	451893	365669
青　海	368436	106260	104513	157663
宁　夏	364698	138674	117245	108779
新　疆	1488850	451636	363773	673440

4-64 各地区按资质等级划分的专业承包建筑业企业利税总额

单位：万元

地　区	合计	一级	二级	三级及以下
全国总计	**14956029**	**6881533**	**3741191**	**4333305**
北　京	720214	454583	153369	112262
天　津	303869	136306	61430	106132
河　北	275078	138122	64014	72942
山　西	251266	97451	69235	84580
内 蒙 古	65360	12479	22334	30547
辽　宁	449983	152969	95697	201317
吉　林	236112	46380	82423	107309
黑 龙 江	83499	26674	63204	-6379
上　海	641110	336473	116940	187697
江　苏	2397957	1298554	487479	611924
浙　江	1238082	772901	217364	247817
安　徽	502069	181950	175409	144709
福　建	572398	223810	162206	186383
江　西	301303	131133	122448	47722
山　东	801580	249656	232081	319843
河　南	1337880	465406	425101	447374
湖　北	631569	323676	178413	129480
湖　南	401718	84739	154316	162663
广　东	1894918	1121497	330045	443376
广　西	80563	24438	21430	34694
海　南	22284	9465	11164	1655
重　庆	421579	116569	114379	190632
四　川	434473	127419	126510	180545
贵　州	76534	12823	22307	41404
云　南	257397	89754	53095	114547
西　藏	4448		4092	355
陕　西	298503	160012	104023	34467
甘　肃	107842	35099	41008	31735
青　海	11290	574	6545	4170
宁　夏	22235	10606	1008	10622
新　疆	112920	40014	22122	50783

4-65 各地区按资质等级划分的专业承包建筑业企业利润总额

单位：万元

地　　区	合计	一级	二级	三级及以下
全国总计	**8813323**	**4159406**	**2123910**	**2530007**
北　京	316831	192174	81581	43076
天　津	181775	104455	36809	40512
河　北	169526	93737	30508	45282
山　西	173004	84693	41409	46902
内蒙古	41428	7779	16201	17448
辽　宁	276517	103895	55518	117104
吉　林	151797	30472	49889	71436
黑龙江	36946	14077	39469	-16601
上　海	356088	188864	64478	102746
江　苏	1438572	822289	266683	349601
浙　江	777117	511725	122664	142729
安　徽	315515	107645	111502	96368
福　建	327823	124346	89335	114142
江　西	135760	50128	59036	26596
山　东	489708	143490	141090	205129
河　南	805126	300012	238093	267020
湖　北	369943	191542	102304	76096
湖　南	223126	40282	99402	83442
广　东	1227047	719866	205239	301943
广　西	33466	8992	8528	15947
海　南	12666	5764	5771	1131
重　庆	256536	70118	76069	110349
四　川	218252	63394	56704	98154
贵　州	44551	3949	11871	28730
云　南	138593	43704	26317	68572
西　藏	2721		2387	334
陕　西	160635	87358	53406	19872
甘　肃	59490	17028	23604	18858
青　海	4490	171	3239	1080
宁　夏	8836	4644	-3121	7313
新　疆	59439	22815	7928	28695

4-66 各地区按资质等级划分的专业承包建筑业企业税金总额

单位：万元

地 区	合计	一级	二级	三级及以下
全国总计	**6142706**	**2722127**	**1617281**	**1803299**
北 京	403383	262409	71788	69186
天 津	122093	31851	24622	65620
河 北	105552	44385	33507	27660
山 西	78262	12758	27826	37678
内 蒙 古	23932	4700	6133	13099
辽 宁	173466	49074	40179	84213
吉 林	84315	15907	32535	35874
黑 龙 江	46553	12597	23735	10221
上 海	285022	147609	52462	84951
江 苏	959385	476265	220796	262323
浙 江	460965	261176	94701	105089
安 徽	186554	74306	63907	48341
福 建	244575	99464	72871	72240
江 西	165543	81005	63412	21125
山 东	311872	106166	90991	114714
河 南	532755	165394	187008	180354
湖 北	261626	132134	76109	53383
湖 南	178592	44457	54914	79221
广 东	667871	401632	124806	141434
广 西	47097	15446	12903	18748
海 南	9618	3701	5393	524
重 庆	165043	46451	38310	80282
四 川	216221	64025	69806	82391
贵 州	31983	8874	10436	12673
云 南	118803	46050	26778	45975
西 藏	1727		1705	22
陕 西	137868	72655	50617	14596
甘 肃	48352	18071	17404	12877
青 海	6799	403	3306	3090
宁 夏	13399	5961	4129	3309
新 疆	53481	17199	14194	22088

4-67 各地区按资质等级划分的专业承包建筑业企业主营业务收入

单位：万元

地　　区	合计	一级	二级	三级及以下
全国总计	**193854914**	**98025869**	**46076423**	**49752622**
北　　京	15514385	10210129	2919342	2384914
天　　津	5587122	2134733	1190421	2261968
河　　北	3514576	1662115	936487	915974
山　　西	3172680	836196	1126925	1209559
内 蒙 古	766223	182422	260421	323380
辽　　宁	6355876	2393478	1421669	2540729
吉　　林	2491541	533102	875182	1083257
黑 龙 江	1495253	450487	651878	392888
上　　海	11606095	7258253	1919680	2428162
江　　苏	26549419	15143744	5451388	5954287
浙　　江	16915327	10663762	2919403	3332162
安　　徽	5626078	2197709	1866573	1561797
福　　建	7073375	2673461	2190065	2209849
江　　西	3424536	1534515	1321764	568257
山　　东	10244977	4214145	2945716	3085116
河　　南	9925647	4055152	3038282	2832214
湖　　北	8035992	4166585	1818737	2050670
湖　　南	5239378	1502958	1728993	2007427
广　　东	24938919	16394531	3827623	4716765
广　　西	1258437	363554	421106	473777
海　　南	289648	134417	141326	13905
重　　庆	5313190	1635542	1566845	2110804
四　　川	6199009	2404466	2158667	1635876
贵　　州	1109480	213833	422015	473632
云　　南	3560943	1270897	784769	1505277
西　　藏	33721		29546	4175
陕　　西	4336412	2793414	1122017	420982
甘　　肃	1136161	325235	447716	363210
青　　海	355927	104805	103709	147412
宁　　夏	354460	137214	110312	106934
新　　疆	1430129	435018	357847	637263

4-68 各地区按资质等级划分的专业承包建筑业企业管理费用

单位：万元

地　区	合计	一级	二级	三级及以下
全国总计	**11795740**	**4699133**	**3240409**	**3856198**
北　京	1038601	518099	255318	265184
天　津	441798	174246	103853	163700
河　北	189634	77414	59134	53087
山　西	254490	64388	83043	107060
内蒙古	71351	11950	28986	30416
辽　宁	664651	234859	145622	284169
吉　林	195817	40845	62995	91977
黑龙江	116544	23277	52064	41203
上　海	828814	373400	179363	276051
江　苏	1439231	660660	326685	451885
浙　江	902185	464438	184225	253522
安　徽	329400	95542	126229	107629
福　建	446152	156522	151654	137976
江　西	150885	63306	56361	31217
山　东	600729	170969	195753	234007
河　南	529888	163627	187831	178430
湖　北	440365	203588	119845	116932
湖　南	256674	69868	84182	102625
广　东	1445337	687800	336593	420943
广　西	92829	18817	32917	41095
海　南	15207	5850	6979	2378
重　庆	280856	101830	77610	101416
四　川	335683	100512	139175	95997
贵　州	62862	8247	28656	25958
云　南	232869	54696	60842	117331
西　藏	2773		2495	278
陕　西	207412	99248	79770	28394
甘　肃	72822	24567	24477	23778
青　海	26667	3625	6726	16316
宁　夏	31788	8486	14839	8463
新　疆	91426	18457	26187	46782

4-69 各地区按资质等级划分的专业承包建筑业企业财务费用

单位：万元

地区	合计	一级	二级	三级及以下
全国总计	**1216315**	**671172**	**280981**	**264163**
北京	58629	46863	6544	5221
天津	31272	20970	4562	5741
河北	17332	8941	2154	6238
山西	8989	2191	1981	4816
内蒙古	4648	2981	552	1115
辽宁	60922	36027	10162	14734
吉林	11975	1238	4765	5973
黑龙江	14051	9459	3891	701
上海	34662	19590	8956	6117
江苏	160995	90397	39065	31534
浙江	136236	95330	23870	17036
安徽	31794	13951	9633	8211
福建	28976	13965	7424	7588
江西	12488	4177	5739	2572
山东	95484	28535	42031	24918
河南	56517	13237	21901	21379
湖北	59004	38328	10377	10299
湖南	11363	4923	1195	5246
广东	227103	167299	29793	30012
广西	5715	2201	1436	2078
海南	996	755	230	11
重庆	38757	14566	20330	3861
四川	40334	17518	12033	10782
贵州	2511	534	401	1576
云南	36036	5762	3723	26551
西藏	46		48	-2
陕西	12393	6307	2850	3236
甘肃	7715	3021	2159	2535
青海	970	697	244	29
宁夏	3315	46	1963	1306
新疆	5086	1366	971	2749

4-70 各地区按资质等级划分的专业承包建筑业企业应收工程款

单位：万元

地区	合计	一级	二级	三级及以下
全国总计	**66148880**	**35333434**	**14994184**	**15821262**
北京	5563418	3990876	904034	668509
天津	2443403	1002584	517342	923477
河北	1232281	589161	306465	336656
山西	1538992	316296	552971	669725
内蒙古	322603	62991	101485	158128
辽宁	2980629	1270123	615744	1094762
吉林	1199709	316646	408217	474845
黑龙江	664829	213689	313278	137863
上海	3662874	2360163	636725	665986
江苏	9792199	6030436	1693950	2067813
浙江	4917915	3446346	654687	816882
安徽	1575132	682330	517668	375134
福建	1789014	711155	514658	563201
江西	634076	201551	287438	145087
山东	3484053	1151314	1047946	1284793
河南	3116806	1563122	918414	635270
湖北	2368679	1184851	513976	669853
湖南	1131305	360753	401065	369487
广东	9224025	6449184	1268101	1506740
广西	343815	98800	117442	127573
海南	84662	27253	50403	7006
重庆	1889808	543391	784338	562079
四川	1917431	975402	580202	361828
贵州	282312	24975	144499	112839
云南	1063078	447555	265034	350489
西藏	7552		6953	599
陕西	1381744	984386	261090	136268
甘肃	522238	117548	259760	144930
青海	145858	9379	44237	92242
宁夏	189384	49576	87657	52151
新疆	679055	151602	218406	309047

4-71 各地区劳务分包建筑业企业生产经营情况

单位：万元

地　区	建筑业总产值	营业收入	主营业务税金及附加	利润总额
全国总计	**32490915**	**32953181**	**378489**	**441753**
北　京	2291321	2317962	46523	8890
天　津	788586	784310	16585	9594
河　北	370848	371363	6243	6130
山　西	998041	1000241	4023	5091
内蒙古	50778	50738	966	1852
辽　宁	179716	256868	1669	4118
吉　林	54635	55819	300	1497
黑龙江	39644	44894	696	3072
上　海	2584564	2623499	12671	8832
江　苏	2956870	2946357	40767	78569
浙　江	7633726	7805317	46141	30557
安　徽	1238280	1160226	18641	38751
福　建	4846607	4844507	44179	39293
江　西	58919	91443	2054	2043
山　东	632630	649009	8484	11494
河　南	1677396	1846632	28164	75143
湖　北	713397	641906	15587	28446
湖　南	907260	886946	25163	23839
广　东	2001408	2075985	15428	18983
广　西	194431	194392	1019	465
海　南				
重　庆	390430	384329	10093	4723
四　川	794782	786762	16812	16741
贵　州	151694	155588	908	2661
云　南	390330	397553	9582	6686
西　藏	65	888	133	133
陕　西	156969	170908	3088	11665
甘　肃	28042	38013	445	706
青　海	12359	12363	73	119
宁　夏	485	478	8	3
新　疆	346701	357884	2047	1655

4-72 各地区劳务分包建筑业企业个数和人员情况

地区	企业个数(个)	从事建筑业活动的从业人员平均人数(人)	从业人员期末人数(人)	#工程技术人员	#现场施工工人
全国总计	**5972**	**3282904**	**3356112**	**201806**	**2720969**
北京	131	199676	229168	22051	204757
天津	283	53921	68420	3557	53082
河北	134	31881	29121	3291	23055
山西	139	33055	32861	2403	29257
内蒙古	45	5752	7126	637	6059
辽宁	133	25609	5609	650	3749
吉林	42	2368	2482	141	1752
黑龙江	43	5158	4917	192	874
上海	283	236260	228766	8128	199600
江苏	864	281538	276275	20788	223663
浙江	411	669706	651710	35585	510348
安徽	262	132013	142720	7067	112984
福建	447	825818	849464	35688	776724
江西	18	2295	2126	201	1730
山东	203	30893	32177	4607	23650
河南	1106	140835	135829	14895	95793
湖北	279	76011	78382	7414	60467
湖南	334	81483	78488	10451	56407
广东	266	221650	266816	9681	187536
广西	10	31535	31506	224	31457
海南					
重庆	77	25175	25112	2112	12818
四川	213	66034	68645	6577	51454
贵州	34	32823	36646	754	1520
云南	78	30706	29162	1604	20371
西藏	1				
陕西	39	14238	14818	1587	7553
甘肃	23	2633	2253	129	1521
青海	16	1379	1051	140	824
宁夏	2	23	9	4	
新疆	56	22436	24453	1248	21964

五、各行业建筑业企业

5-1 各行业建筑业企业签订合同情况

单位：万元

行　业	签订合同额	上年结转合同额	本年新签合同额
总　计	**4394612390**	**1848416543**	**2546195847**
房屋建筑业	2627814574	1096785903	1531028671
土木工程建筑业	1421706961	643460269	778246693
铁路、道路、隧道和桥梁工程建筑	966169561	444815547	521354014
水利和内河港口工程建筑	218509431	105944338	112565093
海洋工程建筑	363816	237780	126035
工矿工程建筑	109744009	48396453	61347556
架线和管道工程建筑	76360391	25903584	50456807
其他土木工程建筑	50559754	18162567	32397187
建筑安装业	202796738	69340742	133455996
建筑装饰和其他建筑业	142294117	38829629	103464487

5-2 各行业建筑业企业承包工程完成情况

单位：万元

行　业	直接从建设单位承揽工程完成的产值	自行完成施工产值	分包出去工程的产值	从建设单位以外承揽工程完成的产值
总　计	**2107480220**	**2051366948**	**56113272**	**88068642**
房屋建筑业	1342534495	1317690693	24843802	39344560
土木工程建筑业	561986532	538568545	23417987	29507282
铁路、道路、隧道和桥梁工程建筑	373587257	359276474	14310783	18737793
水利和内河港口工程建筑	74871967	70699465	4172501	4175236
海洋工程建筑	160981	156351	4630	15034
工矿工程建筑	42971994	40874108	2097886	2514052
架线和管道工程建筑	42352488	39973670	2378818	2366560
其他土木工程建筑	28041846	27588476	453370	1698607
建筑安装业	110143177	104350599	5792578	11726662
建筑装饰和其他建筑业	92816016	90757111	2058905	7490138

5-3 各行业建筑业总产值和竣工产值

单位：万元

行 业	建筑业总产值	#装饰装修产值	#在外省完成的产值
总 计	**2139435590**	**120171533**	**743845306**
房屋建筑业	1357035252	55662647	442174090
土木工程建筑业	568075827	4808647	235913879
铁路、道路、隧道和桥梁工程建筑	378014267	2818022	168694185
水利和内河港口工程建筑	74874702	335142	27235191
海洋工程建筑	171384		75237
工矿工程建筑	43388160	554634	23592913
架线和管道工程建筑	42340230	208914	10222154
其他土木工程建筑	29287083	891935	6094200
建筑安装业	116077261	3009790	35582366
建筑装饰和其他建筑业	98247250	56690450	30174971

5-3 续表

单位：万元

行 业	按构成分组			竣工产值
	建筑工程产值	安装工程产值	其他产值	
总 计	**1891646297**	**178820278**	**68969015**	**1167440199**
房屋建筑业	1257438637	62647928	36948688	824391658
土木工程建筑业	505951224	43627720	18496883	223735755
铁路、道路、隧道和桥梁工程建筑	361114089	6920186	9979993	131573449
水利和内河港口工程建筑	70712478	1880258	2281966	30131047
海洋工程建筑	128887	19726	22771	163876
工矿工程建筑	28769838	12100066	2518257	18621040
架线和管道工程建筑	19797309	20934279	1608642	24082613
其他土木工程建筑	25428623	1773206	2085255	19163730
建筑安装业	48075433	61278701	6723127	65124104
建筑装饰和其他建筑业	80181002	11265929	6800318	54188682

5-4 各行业建筑业企业房屋建筑面积

行业	房屋施工面积(万平方米)	#本年新开工	房屋竣工面积(万平方米)	房屋竣工率(%)
总计	**1318374**	**521297**	**419072**	**31.8**
房屋建筑业	1235073	488947	394111	31.9
土木工程建筑业	60636	22718	16475	27.2
铁路、道路、隧道和桥梁工程建筑	31928	12689	9778	30.6
水利和内河港口工程建筑	6379	1863	1478	23.2
海洋工程建筑				
工矿工程建筑	9531	2785	1569	16.5
架线和管道工程建筑	1258	589	536	42.6
其他土木工程建筑	11541	4794	3115	27
建筑安装业	18298	7966	6761	36.9
建筑装饰和其他建筑业	4368	1665	1726	39.5

5-5 按主要用途分的各行业建筑业企业房屋竣工面积

单位：万平方米

行业	合计	住宅房屋	商业及服务用房屋	商厦房屋(批发和零售用房)	宾馆用房屋(住宿用房)	餐饮用房屋(餐饮用房)
总计	**419072**	**280370**	**29601**	**13054**	**2950**	**800**
房屋建筑业	394111	266081	27956	12565	2771	704
土木工程建筑业	16475	9666	1060	310	91	69
铁路、道路、隧道和桥梁工程建筑	9778	5722	768	234	64	39
水利和内河港口工程建筑	1478	865	91	20	10	22
海洋工程建筑						
工矿工程建筑	1569	681	51	17	4	1
架线和管道工程建筑	536	307	11	2	1	
其他土木工程建筑	3115	2091	140	38	11	7
建筑安装业	6761	3789	472	142	76	17
建筑装饰和其他建筑业	1726	834	112	37	12	10

5-5 续表 1

单位：万平方米

行　业	商务会展用房屋	其他商业及服务用房屋(居民服务业用房)	办公用房屋	科研、教育和医疗用房屋	科学研究用房屋	教育用房屋
总　计	**2266**	**10530**	**23325**	**18757**	**1738**	**13110**
房屋建筑业	2165	9751	21919	17595	1673	12283
土木工程建筑业	76	514	993	915	36	660
铁路、道路、隧道和桥梁工程建筑	38	393	617	602	26	408
水利和内河港口工程建筑	9	30	77	118	3	93
海洋工程建筑						
工矿工程建筑	6	23	65	92	2	82
架线和管道工程建筑	0	8	20	29	0	23
其他土木工程建筑	23	60	215	73	5	55
建筑安装业	15	221	329	197	28	139
建筑装饰和其他建筑业	10	44	84	50	2	27

5-5 续表 2

单位：万平方米

行　业	医疗用房屋(卫生医疗用房)	文化、体育和娱乐用房屋	厂房及建筑物	#厂房	仓　库	其他未列明的房屋建筑物
总　计	**3909**	**4407**	**49712**	**31720**	**3105**	**9796**
房屋建筑业	3639	4109	44851	28969	2839	8761
土木工程建筑业	219	198	2811	1522	148	685
铁路、道路、隧道和桥梁工程建筑	169	98	1544	793	93	333
水利和内河港口工程建筑	23	6	237	121	17	66
海洋工程建筑						
工矿工程建筑	8	15	612	403	18	35
架线和管道工程建筑	6	1	126	56	4	38
其他土木工程建筑	12	78	292	149	15	213
建筑安装业	30	88	1553	974	92	241
建筑装饰和其他建筑业	21	12	497	255	26	110

5-6 按主要用途分的各行业建筑业企业房屋竣工价值

单位：万元

行　　业	合计	住宅房屋	商业及服务用房屋			
				商厦房屋(批发和零售用房)	宾馆用房屋(住宿用房)	餐饮用房屋(餐饮用房)
总　　计	**718281391**	**476942387**	**56399123**	**24311393**	**5625266**	**1344207**
房屋建筑业	678478325	454119689	53753202	23492132	5335751	1199087
土木工程建筑业	28311289	16097261	1868729	608643	176598	126063
铁路、道路、隧道和桥梁工程建筑	16701770	9487676	1279549	461387	124424	53065
水利和内河港口工程建筑	2692992	1616594	175982	35138	17594	47801
海洋工程建筑						
工矿工程建筑	2911736	1183580	100796	37424	6105	1872
架线和管道工程建筑	820294	435684	22332	4103	3071	
其他土木工程建筑	5184496	3373728	290071	70591	25405	23324
建筑安装业	9449455	5798608	634461	157103	100197	16907
建筑装饰和其他建筑业	2042322	926829	142730	53516	12720	2150

5-6 续表 1

单位：万元

行　　业	商务会展用房屋	其他商业及服务用房屋(居民服务业用房)	办公用房屋	科研、教育和医疗用房屋		
					科学研究用房屋	教育用房屋
总　　计	**5538469**	**19579789**	**44033999**	**36266211**	**3940119**	**24429991**
房屋建筑业	5377711	18348522	41045536	34055255	3824279	22741185
土木工程建筑业	134060	823365	2506728	1774452	51410	1424808
铁路、道路、隧道和桥梁工程建筑	61016	579656	1880448	1004986	29542	781831
水利和内河港口工程建筑	21021	54427	110897	220161	2926	171513
海洋工程建筑						
工矿工程建筑	7611	47784	107864	325001	2477	302811
架线和管道工程建筑	0	15159	34251	81007	0	63742
其他土木工程建筑	44412	126339	373269	143298	16467	104911
建筑安装业	23775	336480	390911	369994	62253	224620
建筑装饰和其他建筑业	2923	71423	90824	66510	2177	39379

5-6 续表 2

单位：万元

行业	医疗用房屋（卫生医疗用房）	文化、体育和娱乐用房屋	厂房及建筑物	#厂房	仓库	其他未列明的房屋建筑物
总计	**7896101**	**9424497**	**71812020**	**46402032**	**4780844**	**18622310**
房屋建筑业	7489792	8949208	65119728	42742430	4393579	17042130
土木工程建筑业	298234	342842	4244246	2337379	241999	1235032
铁路、道路、隧道和桥梁工程建筑	193613	165139	2143924	975533	146935	593115
水利和内河港口工程建筑	45723	7493	444501	250097	45234	72131
海洋工程建筑						
工矿工程建筑	19713	19282	1084325	800024	25346	65544
架线和管道工程建筑	17265	3976	169011	104207	8265	65769
其他土木工程建筑	21921	146953	402485	207518	16220	438473
建筑安装业	83121	121811	1752440	1124438	117182	264048
建筑装饰和其他建筑业	24954	10637	695607	197785	28084	81100

5-7 各行业建筑业企业主要生产效益指标

行业	建筑业企业个数（个）	从事建筑业活动的平均人数（人）	按总产值计算的劳动生产率（元/人）	人均竣工产值（元/人）	人均施工面积（平方米/人）	人均竣工面积（平方米/人）
总计	**88074**	**61484647**	**347963**	**189875**	**214.4**	**68.2**
房屋建筑业	39734	41828904	324425	197087	295.3	94.2
土木工程建筑业	20477	12648825	449114	176883	47.9	13
铁路、道路、隧道和桥梁工程建筑	11193	8144396	464140	161551	39.2	12
水利和内河港口工程建筑	2636	1541990	485572	195404	41.4	9.6
海洋工程建筑	16	2555	670780	641393	0.2	0.0
工矿工程建筑	1180	1023902	423753	181863	93.1	15.3
架线和管道工程建筑	2915	1074864	393912	224053	11.7	5
其他土木工程建筑	2537	861118	340105	222545	134	36.2
建筑安装业	12677	3643217	318612	178754	50.2	18.6
建筑装饰和其他建筑业	15186	3363701	292081	161098	13	5.1

5-8 各行业建筑业企业资产构成

单位：万元

行业	资产合计	#流动资产合计	#存货	#非流动资产合计	#固定资产合计
总计	**2046641281**	**1619782159**	**327032209**	**426859122**	**142780101**
房屋建筑业	1021036201	814523211	178840871	206512990	67936769
土木工程建筑业	782557113	602931047	112619403	179626066	56689067
铁路、道路、隧道和桥梁工程建筑	511023551	394487155	66868406	116536395	30884962
水利和内河港口工程建筑	115034904	83427164	18759522	31607740	13178093
海洋工程建筑	747392	523820	83370	223572	166483
工矿工程建筑	68191761	52220800	9802170	15970961	5471662
架线和管道工程建筑	55037761	45758163	11073211	9279598	4704346
其他土木工程建筑	32521744	26513944	6032724	6007800	2283521
建筑安装业	134978117	112589189	22316189	22388929	10730933
建筑装饰和其他建筑业	108069849	89738712	13255746	18331137	7423333

5-9 各行业建筑业企业固定资产情况

行业	固定资产合计	固定资产原价	固定资产折旧	#本年折旧	在建工程
总计	**142780101**	**199743962**	**88850524**	**12021096**	**17211822**
房屋建筑业	67936769	84809575	33421888	4594849	8576000
土木工程建筑业	56689067	89159190	43854334	5805034	6456932
铁路、道路、隧道和桥梁工程建筑	30884962	50086373	25449693	3555554	3311327
水利和内河港口工程建筑	13178093	18086957	7788646	976255	2176265
海洋工程建筑	166483	230273	74480	7169	10690
工矿工程建筑	5471662	9161628	4689111	545765	407240
架线和管道工程建筑	4704346	8419762	4449494	503140	298134
其他土木工程建筑	2283521	3174197	1402909	217152	253276
建筑安装业	10730933	15391545	6952224	965278	1259142
建筑装饰和其他建筑业	7423333	10383652	4622077	655935	919748

5-10 各行业建筑业企业负债及所有者权益

单位：万元

行业	负债合计	#流动负债	#应付账款	所有者权益	#实收资本
总　计	**1369006907**	**1228412494**	**480090314**	**677264504**	**364418884**
房屋建筑业	664196960	595425903	225496898	356632142	193672939
土木工程建筑业	551754633	490134301	197850488	230646349	122741385
铁路、道路、隧道和桥梁工程建筑	361476654	321910077	128383869	149532944	79020910
水利和内河港口工程建筑	80974544	67636573	28293131	33907111	17023723
海洋工程建筑	611948	546058	175565	135444	116255
工矿工程建筑	49848835	45428981	19395356	18346060	9290546
架线和管道工程建筑	38055138	35865605	14278864	16990870	10876313
其他土木工程建筑	20787514	18747008	7323703	11733920	6413639
建筑安装业	87736202	82581262	33254991	47219048	25310580
建筑装饰和其他建筑业	65319113	60271028	23487937	42766966	22693981

5-11 各行业建筑业企业实收资本

单位：万元　　　　单　位：万元

行业	合计	国家资本	集体资本	法人资本	个人资本	港澳台资本	外商资本
总　计	**364418884**	**85767177**	**12751197**	**112619452**	**151597494**	**1123556**	**560010**
房屋建筑业	193672939	40508695	7123274	55495513	90119164	221859	204433
土木工程建筑业	122741385	40074952	3332618	41667622	37490666	107081	68446
铁路、道路、隧道和桥梁工程建筑	79020910	23661507	1397986	28281300	25605553	55890	18673
水利和内河港口工程建筑	17023723	7071959	347951	5791055	3804941	1406	6410
海洋工程建筑	116255	53500	6198	33046	23511	0	0
工矿工程建筑	9290546	4120079	132894	3331548	1668635	12223	25167
架线和管道工程建筑	10876313	4518314	1293452	2352286	2675877	27581	8804
其他土木工程建筑	6413639	649593	154138	1878387	3712149	9981	9392
建筑安装业	25310580	3855185	1684176	7977663	11246673	412380	134505
建筑装饰和其他建筑业	22693981	1328345	611129	7478654	12740992	382236	152626

5-12 各行业建筑业企业收入情况

单位：万元

行 业	主营业务收入	#主营业务成本	#主营业务税金及附加	其他业务收入	#其他业务利润
总 计	**1917493217**	**1726715735**	**23998188**	**24152613**	**1678508**
房屋建筑业	1140012697	1032665163	17282060	13023133	736133
土木工程建筑业	563216332	508458340	4607727	7477198	597438
铁路、道路、隧道和桥梁工程建筑	367372705	334623353	2869144	4386125	320512
水利和内河港口工程建筑	74658001	66407033	722914	859434	87195
海洋工程建筑	237923	206305	1170	6215	175
工矿工程建筑	47005129	42459847	263209	697366	49287
架线和管道工程建筑	45659916	39952712	412941	1229082	117667
其他土木工程建筑	28282658	24809090	338350	298975	22602
建筑安装业	116978336	101577535	1033182	2325902	221212
建筑装饰和其他建筑业	97285852	84014697	1075219	1326380	123725

5-13 各行业建筑业企业费用情况

单位：万元

行 业	管理费用	销售费用	财务费用	#利息收入	#利息支出
总 计	**63248585**	**7191251**	**12935329**	**3616048**	**12086621**
房屋建筑业	27943074	3510902	7537479	1330568	6328190
土木工程建筑业	23303606	1692430	4205609	2034450	4763446
铁路、道路、隧道和桥梁工程建筑	12967220	904924	2495722	1605864	3297931
水利和内河港口工程建筑	3552946	216720	843758	168548	639927
海洋工程建筑	20563	1426	5715	81	5060
工矿工程建筑	2405947	111974	513847	157948	486146
架线和管道工程建筑	3073189	278048	119024	61009	155902
其他土木工程建筑	1283740	179338	227544	41000	178480
建筑安装业	6929428	902263	530112	196162	515619
建筑装饰和其他建筑业	5072477	1085657	662129	54868	479365

5-14 各行业建筑业企业利润及税金情况

单位：万元

行 业	利润总额	#应交所得税	税金总额	主营业务税金及附加	应交增值税
总 计	**74917778**	**16162182**	**63673172**	**23998188**	**39674984**
房屋建筑业	43200787	9954189	41946817	17282060	24664758
土木工程建筑业	22337267	4180306	15080741	4607727	10473014
铁路、道路、隧道和桥梁工程建筑	14910948	2503211	9253101	2869144	6383957
水利和内河港口工程建筑	3149251	655614	2179939	722914	1457025
海洋工程建筑	6150	1193	4351	1170	3181
工矿工程建筑	1228759	249333	1225484	263209	962275
架线和管道工程建筑	1818469	479728	1484331	412941	1071391
其他土木工程建筑	1223690	291226	933536	338350	595185
建筑安装业	5347040	1121396	3595665	1033182	2562483
建筑装饰和其他建筑业	4032683	906292	3049948	1075219	1974729

5-15 各行业总承包和专业承包企业应收工程款及企业亏损情况

行 业	应收工程款(万元)	企业个数(个)	#亏损企业个数	亏损企业的比重(%)
总 计	**477934440**	**88074**	**13484**	**15.3**
房屋建筑业	246709540	39734	5363	13.5
土木工程建筑业	162326108	20477	2896	14.1
铁路、道路、隧道和桥梁工程建筑	103381081	11193	1545	13.8
水利和内河港口工程建筑	19374553	2636	326	12.4
海洋工程建筑	161433	16	4	25
工矿工程建筑	18317803	1180	201	17
架线和管道工程建筑	13267624	2915	407	14
其他土木工程建筑	7823614	2537	413	16.3
建筑安装业	34872068	12677	2323	18.3
建筑装饰和其他建筑业	34026724	15186	2902	19.1

5-16 各行业总承包和专业承包企业主要经济效益指标

行 业	产值利润率(%)	产值利税率(%)	资本利润率(%)	资本利税率(%)	人均利润(元/人)	人均利税(元/人)	资产负债率(%)
总 计	**3.5**	**6.5**	**20.6**	**38**	**12185**	**22541**	**66.9**
房屋建筑业	3.2	6.3	22.3	44	10328	20356	65.1
土木工程建筑业	3.9	6.6	18.2	30.5	17660	29582	70.5
铁路、道路、隧道和桥梁工程建筑	3.9	6.4	18.9	30.6	18308	29670	70.7
水利和内河港口工程建筑	4.2	7.1	18.5	31.3	20423	34560	70.4
海洋工程建筑	3.6	6.1	5.3	9	24070	41100	81.9
工矿工程建筑	2.8	5.7	13.2	26.4	12001	23970	73.1
架线和管道工程建筑	4.3	7.8	16.7	30.4	16918	30728	69.1
其他土木工程建筑	4.2	7.4	19.1	33.6	14210	25051	63.9
建筑安装业	4.6	7.7	21.1	35.3	14677	24546	65
建筑装饰和其他建筑业	4.1	7.2	17.8	31.2	11989	21056	60.4